U0663539

生态与社会经济可持续发展研究丛书

煤炭资源型城市转型
高质量发展深化研究

Deep research on transformation and high-quality
development of coal resource-based cities

汤姚楠　著

中国建筑工业出版社

图书在版编目（CIP）数据

煤炭资源型城市转型高质量发展深化研究 = Deep
research on transformation and high-quality
development of coal resource-based cities / 汤姚楠
著. -- 北京：中国建筑工业出版社，2023.10
（生态与社会经济可持续发展研究丛书）
ISBN 978-7-112-29203-5

Ⅰ.①煤…　Ⅱ.①汤…　Ⅲ.①煤炭工业—工业城市—
转型经济—经济发展—研究—中国　Ⅳ.①F426.21

中国国家版本馆CIP数据核字（2023）第184599号

　　本书是"生态与社会经济可持续发展研究丛书"的专著之一。在产业结构格局形成与演化机理、转型
实践分析与转型效率增长路径选择、支持政策实效性、高质量发展实践创新与模式借鉴等理论实践研究、
比较研究的同时，采用DEA-曼奎斯特模型、熵权法综合评价决策模型、耦合协调度模型、优势度模糊
熵优选模型、指标体系模型，对我国21个有代表性煤炭资源型样本城市高效、协调、高质量发展的转型
效率与耦合协调度及综合竞争力等模型分析实证研究，拓展和丰富资源型城市转型可持续发展理论；揭示
煤炭资源型城市转型高质量发展的内在规律；以理论与实践深化研究填补煤炭资源型城市转型及高质量发
展系统、深层次研究的空白，相关内容分8章论述，突出理论意义和实用价值。

　　本书可供从事生态与社会、经济可持续发展、资源型城市转型高质量发展的交叉学科研究与系统深层
次深化研究人员使用，也可供大专院校相关专业的师生使用。

责任编辑：胡明安
责任校对：姜小莲

生态与社会经济可持续发展研究丛书
煤炭资源型城市转型高质量发展深化研究
Deep research on transformation and high-quality development of coal resource-based cities
汤姚楠　著

*

中国建筑工业出版社出版、发行（北京海淀三里河路9号）
各地新华书店、建筑书店经销
北京建筑工业印刷有限公司制版
廊坊市文峰档案印务有限公司印刷

*

开本：787毫米×1092毫米　1/16　印张：13½　字数：324千字
2024年12月第一版　　2024年12月第一次印刷
定价：**65.00**元
ISBN 978-7-112-29203-5
（41256）

丛书编写编审委员会

"生态与社会经济可持续发展研究丛书"

前　　言

生态、生态环境、资源环境与社会经济可持续发展紧密关联。工业文明粗放式经济发展造成严重的生态环境危机，人类对资源过度开发，必然导致严重的资源短缺和环境恶化，人类对自然资源的利用和消耗超出其更新能力，严重威胁人类生存和社会的可持续发展。我国是世界上最大的发展中国家，可持续发展是我国基本国策与国家战略。当今我国社会已进入中国特色社会主义新时代，从工业文明到生态文明，从经济高速发展转向高质量发展已成必然。相关问题的研究多为可持续发展理论与实践中的热点研究，其中也涉及多学科交叉的前沿难点研究。

"生态与社会经济可持续发展研究丛书"，主要由中国建筑工业出版社重点出版，专著中也包括由中国经济出版社重点出版。本丛书从城市群、城市、城市社区与城市建筑宏观、中观、微观三个不同层面，采用生态学、环境学、生态经济学、区域经济学、产业经济学、城乡规划学、建筑学、社会学等多学科交叉方法，从不同视角进行生态及资源环境与社会经济可持续发展关联的多个热点问题研究。这套丛书基于著作者长期从事科研、教学、规划设计的重要成果积累，由中国科学院生态环境研究中心城市与区域生态国家重点实验室、沈阳建筑大学、东北财经大学、哈尔滨工业大学、中国城市建设研究院有限公司的教授、博导、博士、博士后为主的合作团队撰写与编审；并由教育部高等学校城乡规划专业教学指导分委员会副主任委员、中国建筑学会常务理事、中国城市规划学会常务理事石铁矛博导和中国科学院生态环境研究中心城市与区域生态国家重点实验室副主任、国际城市生态学会中国分会副理事长周伟奇博导任丛书编审委员会主任；中国城市经济学会生态文明专业委员会共同筹划，并作为生态文明的重要学术研究，邀请资深学者、国家发展和改革委员会国土开发与地区经济研究所原所长肖金成博导和国务院发展研究中心资源与环境政策研究所副所长、中国自然资源学会副理事长、中国国土经济学会常务理事谷树忠博导为顾问。值此丛书著作陆续出版之际，对丛书及其每本著作所有帮助、支持与指导过的每位学者、专家，以及中国建筑工业出版社对这套学术著作一直来的重点支持，一并表示衷心谢意！

这套丛书包括《城市环境低碳规划设计理论与实践》《辽中南城市群产业结构优化研

究》《煤炭资源型城市转型高质量发展深化研究》《生态系统服务评价与优化及生态环境可持续发展》（上下篇，上篇为《生态系统服务评价与优化体系—基于景观格局时空演变》。下篇为《生态安全与低碳化生态化发展》)、《可持续建筑技术教程》等专题著作。其中，《城市环境低碳规划设计理论与实践》专著，是城市环境低碳规划设计的理论研究与实践探索，是城市空间形态要素对生活碳排放影响的实证与量化分析，以及理论的丰富与拓展；《辽中南城市群产业结构优化研究》《煤炭资源型城市转型高质量发展深化研究》两本专著，论述与实证城市群区域、老工业基地和煤炭资源型城市的产业结构优化与供给侧结构性改革，以及生态转型与城市高质量可持续发展；《生态系统服务评价与优化及生态环境可持续发展》（上下篇），上篇论述景观格局演变和从工业文明到生态文明的城市环境演化效应，以及基于 GEP 的城市水与绿地生态系统服务价值及综合效益评价体系构建与应用，以及景观格局与生态系统服务优化体系与实施策略，下篇从环境保护生态安全，低碳化生态化发展，以及生态城市建设实践三个不同维度，探索全球生态危机背景下的可持续发展道路；《可持续建筑技术教程》一书论述与城市社区及建筑环境密切相关的可持续建筑理论、技术方法与设计。

上述著作一方面，就其"生态与社会经济可持续发展研究丛书"而言，是生态与社会经济可持续发展专题研究的部分集成，但就其每本书而言，又是内容独立的一本学术著作，因而，选择与组合更具灵活性；另一方面，这套丛书研究理论上跟踪学科前沿研究，研究载体的选择具有典型性、代表性，研究方法力求科学严谨，具有先进性、科学性和系统性的特色，突出理论意义与实用价值。

从整体来说，这套丛书可供从事生态、资源环境与社会经济可持续发展的系统工程研究人员和高校相关专业人员及相关交叉学科研究人员使用；根据每本书的特点，又分别适合从事生态环境、生态化发展、生态城市、低碳城市研究及其规划设计与建设管理人员，以及从事城市群、区域经济、产业结构优化及供给侧结构性改革，资源型城市转型高质量可持续发展，生态系统服务价值与城市环境资产核算的相关研究人员使用，也可作为可持续建筑与环境生态设计的专业人员作参考用书及辅助教材使用（详见每本书前言）。

由于生态与社会经济可持续发展研究涉及面广、专业性强，而编者水平有限，这套丛书还有诸多不足及有待进一步商榷之处。丛书编委会及著作者将认真吸取广大读者的意见与建议，在理论研究与应用实践中不断修改完善；同时，也将在相关深入研究基础上，补充相关著作，使丛书结构与组成得以进一步完善。

"生态与社会经济可持续发展研究丛书"编写委员会
"生态与社会经济可持续发展研究丛书"编写委员会主任
沈阳建筑大学副校长

本 书 前 言

本书是"生态与社会经济可持续发展研究丛书"的专著之一。煤炭资源型城市转型发展是世界面临解决的共性难题，也是我国区域协调发展战略，当前需要解决的难题。

一、研究背景

本书研究主要基于全球气候变暖及实现碳达峰、碳中和目标背景。

气候变化是人类面临的全球性问题，世界二氧化碳过度排放并因其较强的保温性引发全球气候变暖，进而引发冰川融化、海平面上升，导致多种生物因栖息地环境的骤然变化，而走向灭绝；同时，引发全球大气和洋流的变化使得全球气候发生剧变，导致人类生存与活动范围缩小、作物减少、大气污染等问题，同样也危及全人类生存。在此背景下，世界各国以全球协约的方式减排温室气体，我国由此提出了碳达峰、碳中和的"双碳"目标。而二氧化碳过度排放主要与煤炭能源消费结构的高碳排放等因素直接相关，我国是煤炭能源第一消费大国，实现碳达峰、碳中和目标任务十分艰巨。煤炭资源型城市转型发展是转变发展方式、实现碳达峰、碳中和的"双碳"目标的必然。

煤炭资源型城市在发展过程中过度依赖煤炭资源，产业结构失衡，经济发展以资源开采及其相关产业等的能源工业为主，特别是由于碳排放处于高位，面临的资源环境约束日趋严峻。优化经济结构，转变发展模式，推动新旧动能转换，实现可持续发展，是在碳达峰、碳中和的"双碳"目标下，煤炭资源型城市转型与转变粗放经济发展方式，实现高质量发展的必然选择。

同时，本书研究也基于生态、经济、社会危机资源型城市发展难以为继转型可持续发展是必然选择的背景。

煤炭资源型城市经济增长过分依赖自然资源，煤炭资源型城市在成熟期后期开始，尤其到了衰退期，煤炭资源型城市往往因资源枯竭与经济结构单一，接续产业培育没有跟上，造成经济下滑"矿竭城衰"，而资源枯竭危机又进一步引发经济危机、社会危机和生态危机，煤炭资源枯竭城市面临生存与发展的严重挑战，同时，也对区域经济的持续发展，乃至对国家整体的经济发展产生严重影响。毫无疑问，转型高质量发展已是煤炭资源型城市实现可持续发展的必然选择与必经之路。

二、内容与结构

本书分8章论述，并体现全书整体结构及其与各章内容之间的有机联系与协调。

第1章　绪论。通过相关研究领域前人研究和知识空白评述的文献梳理与研究分析，找出各章内容的关联，以及找准研究的切入点。

第2章　资源型城市演化机理与煤炭资源型城市转型分析。煤炭资源型城市生命周期、演化机理、发展路径、产业特性等，决定其特别在能否转型高质量可持续发展上与其他城市不同的本质差异，本章论述煤炭资源型城市生命周期与演化阶段、演化机理、转型的困惑与挑战、不同类煤炭资源型城市转型异同与借鉴等煤炭资源型城市高效、协调转型高质量可持续发展研究的理论基础和重要环节。

第 3 章　转型高效发展及转型效率模型评价分析。效率是煤炭资源型城市转型高质量发展的关键和必要条件，煤炭资源枯竭城市经济与生态危机严重，社会问题突出，转型发展的复杂性不言而喻，需要高效、合理处理转型的各种关系。本章侧重转型效率分析与影响因素及模型实证，相关论述与评价分析揭示：改变煤炭资源枯竭城市赶超型的经济增长范式，避免陷入中等收入陷阱，提高投资效率、生产效率是转变增长方式和推动转型的核心，以及转型效率评价是直接衡量和反映煤炭资源型城市转型高效发展水平的重要途径。

第 4 章　转型协调发展及耦合协调度模型评价分析。煤炭资源型城市（地区）转型的协调发展直接关系到新时期我国区域协调发展与区域经济的平衡发展，资源型城市转型，根本上来说是生态—经济—社会协调发展模式与发展方式的转变。本章侧重转型协调发展程度变化分析，相关论述与评价分析揭示：煤炭资源型城市经济社会稳定与可持续发展，必须走生态—经济—社会协调发展的道路。协调发展是释放高质量发展的新动力，同时，协调与高效发展体现高质量发展，是紧密联系、互相促进实现转型高质量发展不可或缺的两个重要方面。

第 5 章　转型综合竞争力及贡献度和障碍度模型评价分析。本章侧重转型发展的综合竞争力增长变化分析，相关论述与评价分析揭示：煤炭资源型城市（地区）转型高质量发展是保持经济持续健康发展，解决我国人民日益增长的美好生活需要和不平衡不充分发展之间社会主要矛盾的必然要求；煤炭资源型城市由于后备资源不足，整体技术落后，基础设施薄弱，市场机制不健全，经营管理粗放等诸多因素，导致其综合竞争力较弱；煤炭资源型城市转型发展的综合竞争力提升，直接体现实现我国新时期更高质量、更有效率、更加公平、更可持续的发展，直接反映煤炭资源型城市转型高质量发展成效。

第 6 章　转型高质量发展支持政策及实效性实证分析。煤炭资源型城市转型成功与高质量发展离不开政策支持，同时，转型成效也直接反映与衡量支持政策的实效。支持政策的实效性研究既是转型实效性规范研究，又是前 3 章转型效果实证研究的延续，本章剖析评价以各级政府相关支持政策的最大合力及精准对接为主要特点的徐州转型支持政策的显著实效性，提出强化支持政策，进一步发挥政策效应，以及提升空间挖掘的针对性建议，为我国煤炭资源型城市转型发展的政策支持及提高支持政策实效性，提供示范借鉴。

第 7 章　转型高质量发展实践创新及徐州模式借鉴。徐州作为煤炭资源型城市样本中的示范城市典型代表，其转型高质量发展率先成功的实践探索，既是煤炭资源型城市转型高质量发展系统、深层次研究，由面到点典型样本城市实践的具体剖析，又是为我国众多的煤炭资源型城市转型可持续发展提供的重要模式借鉴。

徐州煤炭资源枯竭城市转型实践探索的高质量发展之路，在所在区域，乃至全国同类煤炭资源型城市转型中，都有很好的示范与借鉴作用。进入新时代，徐州煤炭资源枯竭城市转型，坚持从发展的阶段性特征出发，以新发展理念着力转变发展方式，积极抢抓一系列重大政策机遇，在重点突出创建国家老工业城市和资源型城市产业转型升级示范区的同时，坚定不移推进作为区域中心城市的产业、城市、生态、社会转型高质量发展，走出一条符合自身实际、具有徐州地方特色的老工业城市与资源型城市转型振兴高质量可持续发展之路。

第 8 章　转型高质量发展理论与实践研究结论与讨论。本章是综合前 7 章融合生态学与经济学及社会学等多个交叉学科，深化煤炭资源型城市转型高质量发展研究的结论与讨论。内容包括转型高质量发展规范研究与模型实证研究的结论，相关研究讨论，以及后续研究与政策建议。

本书的研究目的、研究方法、研究重点、研究成果，详见本书前言后的研究摘要。

三、理论意义、应用价值及研究创新

（1）理论意义

本书研究融合经济学、生态学、社会学等多个交叉学科，通过对不同类别有代表性煤炭资源型城市，特别是资源枯竭城市的高效、协调、转型高质量发展系统、深层次研究，丰富和拓展资源型城市转型、高质量可持续发展理论，以及资源经济学、生态经济学等相关理论。

本书研究选择不同类别有代表性煤炭资源型城市数据来源与案例分析，采用规范研究、比较研究与不同模型实证分析相结合的研究方法，揭示煤炭资源型城市产业、城市、生态、社会转型的内在规律，探索煤炭资源型城市的转型高效、协调与高质量发展的路径选择、方法与对策，以及支持政策在内的转型实效性评估，包括转型效率静态、动态评价分析、转型效率影响因素及模型实证，协调转型的生态社会经济耦合协调度评价分析、转型协调发展程度变化分析，转型发展综合竞争力评价、代表性样本城市转型发展因素的贡献度障碍度评价分析。本书研究对全国老工业基地、煤炭资源枯竭城市的振兴与转型及高质量发展，具有理论指导意义。

同时，徐州等典型煤炭资源型城市转型及高质量发展实践，充分彰显了习近平新时代中国特色社会主义思想，特别是新发展理念的强大真理力量；相关的绿色转型实践探索，也是最好诠释了习近平总书记"绿水青山就是金山银山"理念的深远意义。

（2）应用价值

通过煤炭资源型城市转型高质量发展的规范、比较、实证研究，揭示煤炭资源型城市的演化规律与发展趋势，提出针对不同类型煤炭资源型城市的转型高效、协调、高质量发展方法、对策与可持续发展道路及路径选择。其理论研究与示范城市实践探索、模式创新对当前及往后相当长一段时期煤炭资源型城市转型高质量发展都有指导、借鉴的应用价值。以徐州典型示范实践为例，突出本研究的实用价值：

徐州所在淮海经济区具有我国东部沿海两个发达经济板块的"断裂带"和"经济低谷"的崛起重要战略地位，淮海经济区地处中国东部发达地区的经济区及西襟中原经济区的"洼地"，面临中西部竞争与沿海发达地区差距扩大等压力，徐州处在国家重大战略交汇点及"一带一路"重要节点上，在全国区域发展格局中具有沟通南北、连接东中的战略地位。作为淮海经济区中心城市，其转型示范带动周边城市产业转型升级、动能接续转换、生态修复治理，以及社会转型将突出发挥对上述区域的战略辐射带动作用与中心城市引领作用，并将在加快推动区域协同发展上发挥重要作用。

分布在淮海经济区、淮河生态经济带的老工业基地、煤炭资源枯竭城市较多。淮海经济区有 6 个老工业基地、9 个煤炭资源型城市，徐州转型及高质量发展对这些周边地区的连片转型崛起，具有很好的借鉴和辐射带动作用，将有利于打造东部地区新的经济增长

极，支撑国家战略深入实施，促进形成区域协调发展格局。

作为经济次发达地区，徐州转型高质量发展模式创新对许多城市也都具有借鉴作用。徐州是东部发达地区的次发达城市，主要经济指标总量与全国平均水平十分接近。徐州在全国所处发展位次、发展阶段的特定性，决定了发展成效、面临挑战、问题短板都有一些全国共性的特征。徐州振兴转型的实践经验，对国内许多城市都能提供宝贵的启发借鉴。

（3）研究创新

本书以全国煤炭资源型样本城市分类、分区理论与实践研究、比较研究与模型分析研究，以及点面结合实证示范研究，填补我国煤炭资源型城市，特别是煤炭资源枯竭城市转型高效、协调、高质量可持续发展系统、深层次深化研究的空白，并在整体理论研究与实践探索结合的系统、深层次研究方面，实现实证基础上转型高质量发展的深化研究创新。

4. 适用与致谢

本书可供从事生态与社会、经济可持续发展、资源型城市转型高质量发展的交叉学科研究与系统深层次深化研究，以及大专院校相关专业学习与工作的参考用书。

本书致谢，详见本书后记。

研 究 摘 要

煤炭资源型城市是数量最多的主要资源型城市,从 20 世纪中期开始面临严重的经济、生态、社会危机,其转型发展是世界面临解决的共性难题,也是我国区域协调发展战略当前需要解决的难题。

本研究填补了我国煤炭资源型城市转型高质量发展系统、深层次研究的空白,融合生态学、经济学及社会学等多个交叉学科,采用 DEA-Malmquist 模型、熵权法综合评价决策模型、耦合协调度模型、优势度模糊熵优选模型、指标体系模型,对我国 21 个有代表性的煤炭资源型样本城市转型效果实证分析得出:

(1)2006—2015 年煤炭资源型样本城市历年转型效率整体呈现上升趋势,年均转型效率最高的城市是焦作市,其次是徐州市、枣庄市,最低的城市是双鸭山市。东部地区和中部地区历年的样本城市年均转型效率要好于西部地区,但西部地区转型效率增长速度较快,技术进步提升比较显著,而纯技术效率和规模效率呈现负增长趋势,各个煤炭资源型城市转型发展全要素生产率主要得益于技术进步。

技术进步较大的城市主要为衰退型煤炭资源型城市,说明随着资源的逐渐枯竭,技术进步对城市转型发展的重要性更加突显;大部分煤炭资源型城市的生产管理水平比较好,生产管理水平较低的煤炭资源型城市集中在东北地区;大部分煤炭资源型城市生产规模没有达到最优,生产规模与要素结构不匹配,规模效率制约了转型效率的提升,更需要对经济结构作出调整;煤炭资源型样本城市的规模报酬变化趋势总体以递减为主。

经济发展水平(ED)、基础设施建设水平(IC)因素对煤炭资源型城市转型效率发挥了重要作用,其作用方向并没有因为煤炭资源型城市生命周期发展阶段与类型的不同而不同;制造业发展程度(MI)、资源依赖程度(RD)、环境治理效果(ET)、科技创新程度(SI)、创新发展潜力(IP)因素也对相应类型的煤炭资源型城市转型有较大影响,但作用方向与影响程度因城市不同类型或有所不同。

(2)2006—2015 年,21 个样本城市在转型发展的大部分时期都处于中度失调或濒临失调状态,"生态—经济—社会"三者间呈现逐步协调发展的趋势:2012 年是大部分样本城市从中度失调与衰退阶段进入另一个新阶段的分水岭,有 10 个进入濒临失调与衰退阶段,有 8 个进入初级协调发展阶段,尚有 3 个还处在原阶段;各样本城市转型耦合协调度总体呈上升态势,其中,徐州市历年均值最高,赤峰市年均增长率最高,协调度均值最低的阜新市尚处于失调衰退阶段,但协调关系在逐年改善。

(3)2015 年样本城市中徐州市和焦作市综合竞争力得分最高,2006—2015 年焦作市、赤峰市综合竞争力得分排名靠前且提升较多,表现出很好的发展态势,转型内生动力有较大幅度增强;萍乡市、淮北市综合竞争力得分排名处于中间,还有较大的提升空间,生态环境逐渐转好，接续替代产业发展势头良好，转型内生动力稳定增强；原综合竞争力得分落后的铜川市、双鸭山市、七台河市有明显或一定的进步，转型发展取得了较好或一定的阶段性成果，生态环境状况逐步好转，转型内生动力开始增强；鹤岗市的综合竞争力得分排名降低最为明显，反映鹤岗市的发展问题较多，发展仍然过度依赖资源，接续产业培育滞后，经济增长缺乏新动能。

徐州市生态、经济、社会 3 个子系统的因素贡献率比较均衡，且逐年更加均衡，转型高质量发展取得很好成效；服务业增加值占 GDP 比重方面的障碍度较高，产业结构优化调整虽然取得了一定成效，但还存在一定的失衡，服务业发展动力不足，是徐州市高质量发展的主要障碍；鹤岗市 3 个子系统中经济系统的贡献率最低，经济发展明显滞后，资源过度依赖以及产业结构失衡等问题造成鹤岗市经济下滑。

通过上述转型效率总体和聚类评价、全要素生产率及分解指标分析、规模报酬变化分析、转型效率影响因素回归总体分析、协调转型生态社会经济耦合协调度评价、转型协调发展程度变化分析、转型发展综合竞争力评价分析、代表城市的转型发展因素贡献度和障碍度深度比较分析，进而实证解密了我国煤炭资源型城市总体、不同分区、不同聚类、不同城市转型发展与转型效率、协调发展程度、综合竞争力的现状水平，实现高效、协调与高质量转型发展，提高城市综合竞争力的关键和主要影响因素，以及发展趋势和努力方向。

煤炭资源型城市的生命周期、演化机理、发展路径、产业特性等决定其发展方式，特别是在能否可持续发展方面有与其他城市不同的本质差异。本研究在上述特征分析、转型困惑与挑战、转型实践借鉴、支持政策实效性及政策效应提升空间、转型高质量发展示范模式借鉴等规范比较研究基础上，结合模型实证研究，揭示了煤炭资源型城市转型高质量发展的内在规律，理论与实证探究了煤炭资源型城市资源枯竭、经济下滑、转型困境的破解方法，以及转型高质量发展途径与对策，拓展和丰富了资源型城市转型可持续发展理论，突出对不同类型煤炭资源型城市转型高质量发展实践的理论指导意义和示范借鉴实用价值。

关键词：高效协调；转型高质量发展；煤炭资源型城市；系统深层次研究

Research Abstract

Coal resource-based cities are the main resource-based cities with the largest number, which have faced serious economic, ecological and social crises since the middle of the 20th century. Transformation is not only a common problem facing the world, but also a problem to be solved in Chinese regional coordinated development strategy.

This research fills in the gaps of systematic and deep-level research on the transformation and high-quality development of China's coal resource-based cities, integrating multiple interdisciplinary disciplines such as ecology, economics, and sociology, the research uses DEA Malmquist model, entropy weight method comprehensive evaluation decision model, coupling coordination degree model, dominance fuzzy entropy optimization model and index system model to analyze the transformation effect of 21 representative coal resource-based cities in China, the following results are achieved:

(1) The transformation efficiency of coal resource-based sample cities showed an overall upward trend over the years from 2006 to 2015.Jiaozuo City had the highest annual transformation efficiency, followed by Xuzhou City and Zaozhuang City, and Shuangyashan City had the lowest.The average annual transformation efficiency of the sample cities in the eastern and central regions over the years is better than that in the western region, but the transformation efficiency in the western region grows faster.Technological progress is relatively significant, while pure technical efficiency and scale efficiency show a negative growth trend.The transformation and development of total factor productivity in coal resource-based cities mainly benefits from technological progress.

The cities with high technological progress are mainly declining coal resource-based cities, indicating that with the gradual depletion of resources, technological progress plays a more important role in urban transformation and development.The production management level of most coal resource cities is relatively good, and the cities with low production management level are concentrated in Northeast China.The production scale of most coal resource-based cities is not optimal, the production scale does not match with the factor structure, scale efficiency restricts the improvement of transformation efficiency, so it is more necessary to adjust the economic structure.The change trend of returns to scale of coal resource-based cities is mainly diminishing returns to scale.

Economic development level (ED) and infrastructure construction level (IC) factors have played an important role in the transformation efficiency of coal resource-based cities, and the direction of action is not different due to the different stages and types of coal resource-based cities' life cycle development.The factors of manufacturing industry development degree (MI), resource dependence degree (RD), environmental treatment effect (ET), scientific innovation degree (SI) and innovation development potential (IP) also have a great impact on the transformation of corresponding types of coal resource-based cities, but the direction and degree of influence vary according to different types of cities.

（2）From 2006 to 2015, 21 cities were in a state of moderate imbalance or on the verge of imbalance during most of the period of transformation and development, and there was a trend of gradual coordinated development among ecology, economy and society system. In 2012, most cities entered a watershed from the stage of moderate imbalance and recession to another new stage.10 cities were on the verge of maladjustment and recession, and 8 cities entered the primary coordinated development stage.Three are still in the original stage.The coupling coordination degree of urban transformation and development shows an overall upward trend, with Xuzhou having the highest average over the years and Chifeng having the highest average annual growth rate.Fuxin, the city with the lowest average coordination degree, is still in the stage of maladjustment and recession, but the coordination relationship is improving year by year.

（3）In 2015, Xuzhou and Jiaozuo cities score the highest in comprehensive competitiveness. From 2006 to 2015, the comprehensive competitiveness scores of Jiaozuo City and Chifeng City ranked high and improved significantly, showing a good development trend, and the endogenous driving force for transformation has a relatively large margin.Pingxiang and Huaibei rank in the middle and improved greatly in the comprehensive competitiveness score, the ecological environment has gradually improved, the continuous replacement industry has a good momentum of development, and the endogenous driving force of transformation has been steadily enhanced. Tongchuan, Shuangyashan and Qitaihe, which are lagging behind in the score of comprehensive competitiveness, have made obvious or great progress, the transformation and development has achieved good or certain phased results, the ecological environment has gradually improved, and the endogenous power of the transformation has begun to strengthen.By contrast, Hegang's comprehensive competitiveness score ranking decreased most significantly, reflecting that Hegang has many development problems, the development is still over-dependent on resources, the cultivation of successive industries lags behind, and economic growth lacks new momentum.

The factor contribution rates of the ecological, economic, and social subsystems in Xuzhou City are relatively balanced and more balanced year by year.Good results have been achieved in transformation and high-quality development.The added value of the service industry has a high degree of obstacles to the proportion of GDP.Although the optimization and adjustment of the industrial structure has achieved certain results, there is still a certain imbalance.The lack of motivation for the development of the service industry is the main obstacle to the high-quality development of Xuzhou.Among the three subsystems of Hegang, the economic system has the lowest contribution rate, and the economic development is obviously lagging behind.The biggest obstacle to development is the over-reliance on resource-based industries, the unbalanced industrial structure, the severely lagging development of the service industry, and the economic downturn.It is necessary to find a suitable replacement industry and gradually get rid of the dependence of development on resources.

Through the overall and cluster evaluation of transformation efficiency, analysis of total factor productivity and decomposition indicators, analysis of changes in returns to scale, regression analysis of factors affecting transformation efficiency, evaluation of ecological, social and economic coupling and coordination degree of coordinated transformation, analysis of changes in the degree of coordinated transformation development, evaluation and analysis of comprehensive competitiveness of transformation development, and in-depth comparative analysis of contribution and obstacle degree of transformation development factors of representative cities. Furthermore, the empirical analysis revealed the changes in the overall, different zones, clusters, transformation and development efficiency, coordinated development degree, and comprehensive competitiveness of coal resource-based cities in China. The key and main influencing factors for achieving efficient, coordinated, and high-quality transformation and development, as well as the development trend and direction of efforts, were identified to improve the comprehensive competitiveness of cities.

The life cycle, evolution mechanism, development path, and industrial characteristics of coal resource-based cities determine their development modes. Especially in terms of whether they can achieve sustainable development, there are essential differences from other cities. Based on the above-mentioned relevant factors regarding the different essential differences in sustainable development between coal resource-based cities and other cities, as well as on the basis of normative research and comparative research on transformation confusion and challenges, references from transformation practices, the effectiveness of support policies and the room for improvement in policy effects, and references from demonstration models of high-quality transformation development, combined with empirical research using models, this study reveals the internal laws of the transformation and high-quality development of coal resource-based cities. It theoretically and empirically explores the solutions to the problems of resource exhaustion, economic decline, and transformation dilemmas in coal resource-based cities, as well as the approaches and countermeasures for high-quality transformation development. It expands and enriches the theory of sustainable development in the transformation of resource-based cities, highlighting the theoretical guiding significance and the practical value of demonstration and reference for the transformation and high-quality development practices of different types of coal resource-based cities.

Keywords: High efficiency and coordination, Transformation and high-quality development, Coal resource-based cities, systematic and deep-level research

目　　录

第1章 绪　　论

本章包括煤炭资源型城市转型发展研究背景、可持续发展若干问题的提出、相关概念界定与辨识、相关理论基础与文献综述研究、煤炭资源型城市转型特点与目标分析、研究内容与方法、研究意义与创新。

通过相关研究领域前人研究和知识空白评述的文献梳理，以及研究分析，找出本研究各章内容的关联，找准研究的切入点。

1.1　煤炭资源型城市转型发展研究背景

1.1.1　全球气候变暖及实现碳达峰碳中和目标的背景

（1）二氧化碳过度排放全球气候变暖，危及全人类生存

气候变化是人类面临的全球性问题，世界二氧化碳过度排放，因其具有较强的保温性引发全球气候变暖，进而引发冰川融化、海平面上升，导致多种生物因栖息地环境的骤然变化而走向灭绝；同时，引发全球大气和洋流的变化使得全球气候发生剧变，导致人类生存与活动范围缩小、作物减少、大气污染等问题，这些问题也危及全人类生存。

（2）全球协约减排温室气体与我国碳达峰、碳中和的"双碳"目标

在上述背景下，当下世界各国以全球协约的方式减排温室气体，我国由此积极提出碳达峰、碳中和的"双碳"目标。2020年9月，习近平主席在第75届联合国大会提出我国2030年前碳达峰、2060年前碳中和目标，在2021年3月的中央财经委员会第九次会议上又再次强调：实现碳达峰、碳中和是一场广泛而深刻的经济社会系统性变革，要把碳达峰、碳中和纳入生态文明建设整体布局。

（3）煤炭资源型城市转型是转变发展方式实现碳达峰、碳中和"双碳"目标的必然

李绍萍等人[1]研究得出，煤炭能源消费与碳排放强度之间的关联度最高。二氧化碳过度排放主要与煤炭能源消费结构的高碳排放等因素直接相关，我国又是煤炭能源第一消费大国，实现碳达峰、碳中和目标任务十分艰巨。这一方面需要调整优化产业结构、能源结构、能源消费结构，以及通过发展高新技术产业和现代服务业等来控制压减煤炭高耗能产业，降低GDP能耗，同时控制能源消费总量增长，减少煤炭和煤基产品的直接使用。

根据《BP世界能源展望》报告预测，中国煤炭占一次能源消费比例将从2017年的60%降低到2040年的35%，而2018煤炭占一次能源消费比例已首次低于60%，多元化、低碳化、清洁化是能源的发展趋势；另一方面，要求提高新能源、可再生能源开发和利用技术的自主创新能力，建立可再生能源完整的技术体系，开发利用煤液化和煤气化等碳减

排转化技术和煤转化技术，就煤炭产业而言，未来发展的一个重点是发展以煤炭为原料的现代煤化工，生产适合煤化工特点的产品。显然，这一些方面都特别与煤炭资源型城市转型、转变发展方式相关。

煤炭资源型城市在发展过程中过度依赖煤炭资源，产业结构失衡，经济发展以资源开采及其相关产业等的能源工业为主，特别是由于碳排放处于高位，面临的资源环境约束日趋严峻。优化经济结构，转变发展模式，推动新旧动能转换，实现可持续发展，是碳达峰、碳中和"双碳"目标下，煤炭资源型城市转型与转变粗放经济发展方式，高质量发展的必然选择。

1.1.2　生态经济社会危机下资源型城市转型可持续发展必然选择的背景

（1）资源型城市尤为严重的生态环境胁迫

生态环境胁迫是指人类活动对自然资源和生态环境构成的压力，可能导致生态系统发生变化、产生响应或功能退化与失调等问题[2]。

城市是经济产值最为集中的区域经济中心。在全球大约有 75% 的经济产值来自城市，这一比例还会随发展中国家的快速城市化而继续上升。同时，城市也是人类创造的对自然环境影响最大的载体，大约有 67% 的能源消耗和 70% 的大气效应来自城市化效应[3]。

伴随工业文明的快速发展，城市特别是占总数 40% 的资源型城市的粗放式经济发展，以及加速的城市化进程面临严重的生态破坏、环境胁迫。在人类活动胁迫下城市区域生态环境质量退化、功能下降、居民健康风险增加；同时，工业文明时代城市，特别是资源型城市单一的偏重工业产业结构，生态环境胁迫更是十分突出，加之资源枯竭，资源型城市发展更是难以为继。

城市面临生态环境胁迫主要反映在大气污染、水污染、热岛效应等方面。生态环境胁迫可以用人口密度、经济活动强度、水资源开发强度、能源利用强度、大气污染、水污染、热岛效应等参数来评价。

图 1-1 为唐山资源型城市与北京、天津单位 GDP 的 COD 和人均 COD 排放量的比较。

图 1-1 中 2000—2010 年单位 GDP 的工业废水 COD 排放量和人均工业废水 COD 排放量都是唐山最高，北京最低，说明唐山作为资源型城市其产业结构粗放式发展资源利用效率低，城市地区单位 GDP 和城市人均工业废水 COD 排放量比北京、天津高出很多，环境胁迫尤为严重；而 2006 年后由于重视生态环境，上述 COD 排放呈下降趋势，但与北京、天津相比差距还是不小。

资源型城市环境胁迫尤为严重的同时，生态危机问题也十分突出。以与唐山煤炭工业城市相似，因煤而兴的资源型城市和老工业基地徐州为例，矿产资源开发和长期的偏重工化产业结构，在为经济发展做出很大贡献的同时，也付出了巨大的生态环境代价。

图 1-2 为徐州煤炭资源型城市在生态修复前的采煤、采石、河道污染环境胁迫情况。

（2）转型是生态经济社会危机下煤炭资源型城市可持续发展的必然选择

从 20 世纪中期开始，世界能源结构的调整和煤炭资源产业比较优势的丧失，以及煤炭资源枯竭"矿竭城衰""矿竭城亡"，发达国家集中地出现了煤炭资源型城市衰退现象；而经过多年的高强度开采，我国现在也已有 1/3 以上的煤炭资源型城市其煤炭储备逐渐枯竭。

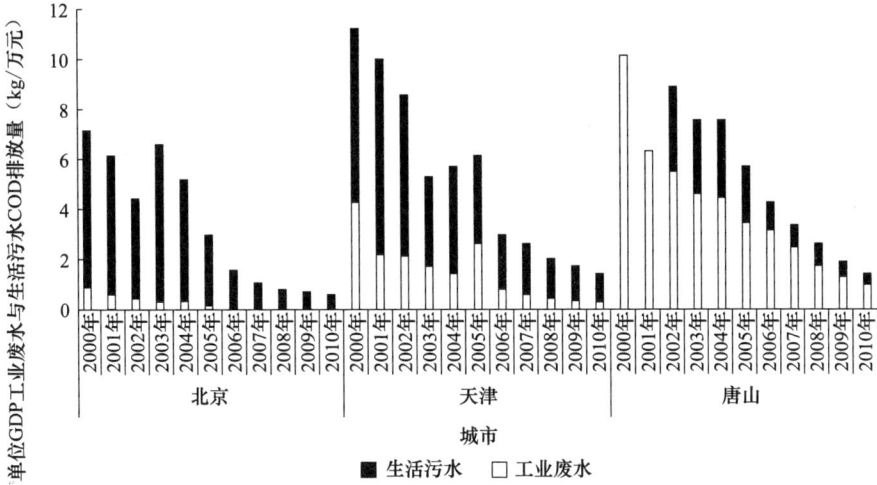

（a）

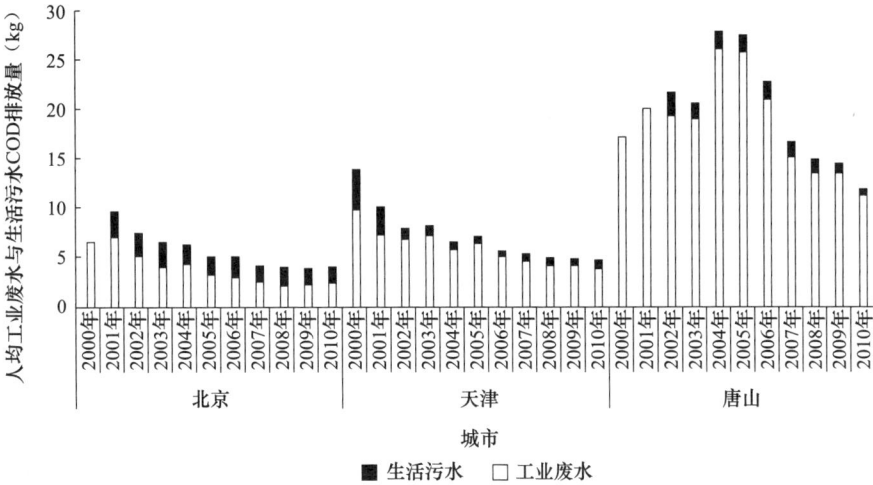

（b）

图 1-1 唐山资源型城市与北京天津城市地区单位 GDP 和人均 COD 排放量比较

（a）2000—2010 年工业废水与生活污水的单位 GDP 的 COD 排放量比较；

（b）2000—2010 年工业废水与生活污水的人均 COD 排放量比较

资料来源：周伟奇，韩建立. 京津冀区域城市化过程及其生态环境效应［M］. 北京：科学出版社，2017[4]（本研究改用）。

（a）

图 1-2 徐州煤炭资源型城市在生态修复前的采煤、采石、河道污染环境胁迫情况（一）

（a）生态修复前的庞庄煤矿采煤塌陷地

（b）

（c）

图 1-2　徐州煤炭资源型城市在生态修复前的采煤、采石、河道污染环境胁迫情况（二）
（b）生态修复前的采石场遗址；（c）生态修复前的奎河河道污染
资料来源：作者徐州绿色发展课题前期调研。

从 20 世纪 80 年代中后期开始，我国有越来越多的煤炭资源型城市资源开发相继进入衰退期，资源的储备严重下降，按照现有的开采能力测算，可供开发的煤炭不可再生资源的年限已经大大缩短，经济社会发展面临的资源压力与生态环境约束日益严重。长期倚重高能耗和高污染的粗放型经济增长方式，致使经济增长与生态和谐之间的矛盾日益凸显，煤炭资源型城市粗放型经济发展更是难以为继。

一方面，煤炭资源型城市的发展高度依赖煤炭资源，产业层级低，经济发展方式很容易形成惯性，其产生的产业结构等的锁定与挤出效应，使得现代制造业、现代服务业、高新技术产业发展滞后，转型发展的内生动力不强。随着煤炭资源的逐渐枯竭，开采成本急剧上升，煤炭资源相关产业的衰退和产业结构的刚性促使煤炭资源型城市经济发展滞缓，经济发展缺乏动力。

另一方面，长期粗放式的发展使煤炭资源型城市的经济社会发展与资源枯竭的矛盾日益尖锐，隐形失业问题严重、收入增长缓慢、生活水平下降、公共设施建设不足等问题接踵而至，"矿竭城衰"的社会现象尤为严重。

再一方面，传统的粗放式经济发展模式，以及加速的城市化进程，使煤炭资源型城市面临严重的生态系统退化与环境胁迫问题，生态环境质量退化、功能下降、居民健康风险增加。煤炭资源型城市因煤炭资源的过度开发，环境胁迫与生态危机与一般城市不同，而且问题更突出。

煤炭资源型城市经济增长过分依赖自然资源，煤炭资源型城市在成熟期后期，尤其到了衰退期，煤炭资源型城市往往因资源枯竭与经济结构单一，接续产业培育没有跟上，造成经济下滑"矿竭城衰"，而资源枯竭危机又进一步引发经济危机、社会危机和生态危机，煤炭资源枯竭城市面临生存与发展的严重挑战，同时，也对区域经济的持续发展，乃至对国家整体的经济发展产生严重影响。

煤炭资源型城市的转型发展，是我国经济发展的战略问题。在我国经济发展过程中，以煤炭为主的能源结构在今后一段时期内还难以有颠覆性改变。但由于粗放式的发展，忽视城市发展的限制条件及煤炭资源的不可再生性，高强度开采利用导致了加快煤炭资源型城市煤炭资源的濒临枯竭和煤炭产业的萎缩，对煤炭资源型城市的社会经济发展造成了极大的冲击。毫无疑问，转型高质量发展已经是煤炭资源型城市实现可持续发展的必然选择与必经之路。

1.2　可持续发展若干问题的提出

1.2.1　如何从根本上破解可持续发展难题

根据近些年相关部门统计数据显示，我国 40% 的城市，是以当地资源开采加工为支柱产业的资源型城市，其中占城市总数 16% 的资源枯竭城市已经进入资源性产业逐步衰落的发展演化阶段。而我国煤炭资源枯竭城市占资源枯竭城市的 54%，煤炭资源型城市及煤炭资源枯竭市的数量在我国城市和资源型城市及资源枯竭城市中都占有很大比例。煤炭资源型城市，特别是煤炭资源枯竭城市面临严重的生态、社会、经济危机，其转型可持续发展迫在眉睫。而煤炭资源型城市转型发展不仅是世界面临解决的共性难题，也是我国解决区域不平衡不充分发展的战略问题，无论从我国城市整体层面，还是资源型城市（地区）层面，煤炭资源型城市转型发展都是直接关系到新时代我国能否解决好人民日益增长的美好生活需要和不平衡不充分的发展之间的矛盾的重大问题。

煤炭资源型城市如何从根本上破解可持续发展难题？在我国经济从高速增长转向高质量发展的大背景下，实现转型及高质量发展，是新时代煤炭资源枯竭城市经济社会可持续发展方法、道路及路径的最好选择，也是根本选择。而转型及高质量发展也正是煤炭资源型城市可持续发展的关键。

我国进入新时代，发展不平衡、不充分成为满足人民日益增长的美好生活需要的主要制约因素，对于煤炭资源型城市（地区）表现更为突出。发展不平衡，包括区域发展不平衡、城乡发展不平衡、供需结构不平衡、群体发展不平衡。而发展不充分，主要指创新能力不够强，转变发展方式还处于攻坚阶段。面对新的社会需要，国家区域的供给还有许多差距，由此，煤炭资源型城市不仅要求转型发展，而且还要求高质量发展与创新发展。就煤炭资源型城市（地区）而言，转型发展涉及城市社会、经济、生态环境及制度建设的方方面面，是煤炭资源型城市（地区）可持续发展的最好选择，也是煤炭资源型城市（地区）平衡、充分、协调发展的必然选择；而高质量及创新发展正是解决煤炭资源型城市（地区）尤为突出的不平衡、不充分发展的内在要求，也是其更平衡、更充分发展要求的外在表述。

基于生态文明战略的煤炭资源型城市转型及高质量发展，是以牢固树立质量第一、改革创新、生态优先、人民至上观念，以供给侧结构性改革为主线，以改革开放创新为动力，以推动绿色发展为方向，以人民对美好生活向往为导向的煤炭资源型城市新时代要求的可持续发展模式。煤炭资源型城市转型及高质量发展体现以人民为中心的发展思想，把人民利益放在最高位置、深刻把握社会主要矛盾变化，积极顺应人民群众对美好生活的新期待，通过高质量发展创造高品质生活，坚持在发展中保障和改善民生，不断增强人民群众的幸福感、获得感、安全感。

1.2.2 转型及高质量发展的若干焦点与关键问题

产业转型是城市转型的关键，煤炭资源型城市尤其如此[5]。但煤炭资源型城市的产业转型和系统升级又尤为艰难，"资源丰富时不愿意转型，资源枯竭时无力转型"的现象普遍存在，煤炭资源型城市可持续发展既面临一般城市共同的挑战与任务，又面临自身转型发展所特有的困境和约束。

包括煤炭资源型城市在内的资源型城市在发展早期往往依靠丰富的资源，生产技术由自我强化和自我积累机制产生技术锁定，进一步造成产业结构单一。资源价格波动大，容易导致价格下跌时政府财政负担过高，资源枯竭时若无新的经济增长点，经济可能崩溃。发展观念、资源环境制度、经济发展水平、产业结构、科技进步、对外开放等社会因素都会影响资源型城市的高质量发展[6、7]。资源型城市的根本问题在于，一方面丰富的自然资源使该地区资源开采和以资源为依托的重化工业具备比较优势，从而更多发展资源型产业，并形成路径依赖的锁定效应[8]，导致资源型地区不愿意转型升级；另一方面，自然资源使得更多的人力资本和物质资本在资源型产业内部流动与循环，容易形成对非资源型产业活动和创新的挤出，尤其是对制造业的挤出[9]，使得资源型产业难转型升级。进而表现为产业结构单一、非资源型产业乏力，经济发展高度依赖于资源价格，经济发展可持续性不足且更容易出现经济波动。

我国经济发展由高速度发展阶段到高质量发展阶段，高质量发展的内涵、评价体系、实现路径等研究尚处在起步阶段，很多问题尚未达成共识[10]。而煤炭资源型城市，因资源禀赋优势使得城市发展更容易陷入"资源诅咒"，经济发展粗放化、产业结构单一化现象尤为严重，对破解转型及高质量发展难题更加迫切，针对当前相关研究的现状与问题，更有必要从煤炭资源型城市转型效率、协调性、城市综合竞争力、支持政策实效性，以及转型模式借鉴等方面开展系统、深层次的理论与实证及创新研究。其中的若干焦点与关键问题概述如下。

（1）以产业转型为基础的多元化发展经济模式转型

煤炭资源型城市以资源的开发和利用为基础，资源枯竭，城市面临衰退和转型问题。《中华人民共和国国民经济和社会发展第十个五年计划纲要》就已明确提出要"积极地关闭资源枯竭的矿山，因地制宜地促进以资源开采为主的城市和大矿区发展接续产业和稳妥的替代产业，研究探索矿山开发的新模式。"相关可持续发展战略为煤炭资源型城市转型提供了理论基础。

经济是社会发展的核心，经济转型是煤炭资源型城市转型的核心所在。产业效益是影响城市经济发展水平的关键因素，煤炭资源型城市转型，需要以产业结构调整、产业转型为基础，改造资源传统产业，延伸产业链，发展接续产业和替代产业，按市场配置资源，分类实现多元化发展经济模式转型，才能为煤炭资源型城市转型及高质量发展提供足够的动力。

（2）科技、产业、文化创新加快新旧动能转换改变传统发展模式

煤炭资源型城市转型可持续发展既是当今之要，更是长远之计。煤炭资源型城市解决面临的资源枯竭及严重的环境污染问题，实现长远高质量发展都需要科技、产业、文化创新，培育转型动力机制，加快新旧动能转换改变传统发展模式。

加快新旧动能转换从根本上改变过去煤炭资源型城市依靠资源、能源、大规模投资和大量要素投入推动经济增长的传统发展模式，转而依靠科技、人才和创新，依靠高质量的要素、产品和服务供给，推动经济转型升级和可持续发展[11]。

（3）转型效率与高效转型发展

转型效率和高效转型发展研究是煤炭资源型城市转型发展研究的核心，也是转型及高质量发展的关键和必要条件。就转型难度而言，煤炭资源型城市数量多，煤炭资源枯竭城市在资源枯竭城市中占比高，生态环境问题、经济问题、社会问题更多，城市发展难以为继，转型发展难度大，需要高效、合理处理好转型时的各种关系；就产业经济增长而言，对经济增长最大的影响因素是产业部门比重和该产业部门效率变动的乘积，改变煤炭资源枯竭城市赶超型的经济增长模式，避免陷入中等收入陷阱，提高投资效率、生产效率是转变增长方式和推动转型的关键。

（4）社会经济与生态环境的协调转型发展

社会经济与生态环境的协调转型发展，也是转型高质量发展的关键所在和必要条件。煤炭资源型城市为国家和所在地区的经济发展和社会进步作出了突出贡献，但与此同时，也积累了就业形势严峻、社会保障历史欠账多、资源过度开发、区域生态条件恶化等大量的历史遗留问题。煤炭资源型城市转型应从当前实际情况出发，从经济、社会、环境等多个方面着手，构建转型的基本框架，坚持低碳、环保的经济发展模式，加大生态环境技术的科研和推广力度，坚持以生态为先，经济、社会与生态环境协调转型，工业文明与生态文明协调转型，才能实现转型可持续发展。当前，生态文明建设倒逼经济转型，催生发展新动能、新活力；而经济转型发展又促进实现生态优化环境改善，推进生态文明纵深发展。

（5）生态经济发展的高质量发展模式创新

生态经济发展模式是对现有的煤炭资源型城市经济发展模式的高质量发展模式创新。生态经济发展模式主要包括：环境友好型的经济发展模式，"双碳"目标下生态转型；资源节约型经济发展模式，减少城市经济发展过程中对资源的浪费；循环经济型发展模式，使资源和产品之间形成良性的再生循环系统。

（6）转型支持政策及转型发展保障体系与支撑体系

转型高质量发展都离不开政策支持。转型支持政策实效性是煤炭资源型城市转型高质量发展效果评价的一个重要方面，应该从生态、经济、社会三个方面对煤炭资源型城市转型发展支持政策的实效性进行深入分析研究，从资金、政策、法律法规等方面给予煤炭资源型城市转型高质量发展更多的、更有实效的政策保障与支持。

从形成完善转型发展保障机制、补偿机制和支持政策体系三个方面，研究构建以民生为本的煤炭资源型城市转型发展的保障体系与支撑体系，有利于促进煤炭资源型城市快速走出资源枯竭的困境，促进煤炭资源型城市转型与健康发展。

1.2.3　可持续发展的市场经济下资源配置重构问题

煤炭资源型城市的主导产业为资源开采和初级加工业，因此，其产品附加值往往较低，相应的资本积累也就比较缓慢。由于计划经济时代我国对资源性产品实行价格干预和管制，以维持市场价格体系的稳定和保证能源的有效供应，因而使得资源性产品价格未能反映出真实的供需状况，以致资本收益增长乏力。从经济增长的另一主动力（人力资本）的角度来看，受煤炭资源型城市主导产业的影响，其从业人员的文化水平大多不高；而当资源枯竭对经济社会发展影响较大时，高技能人才往往流失较多。不仅如此，受地理位置、生活环境等因素的影响，煤炭资源型城市的教育发展水平也与其他综合型城市相比有不小的差距；同时，其科技创新体系主要围绕资源的开采和加工进行建设，短期内难以适应经济结构调整对创新能力的要求。

从经济增长中的物质资本和人力资本两大要素的视角，资本积累缓慢和人才缺乏已成为煤炭资源型城市实施可持续发展战略的短板。政府无力投资新兴产业的发展和解决沉重的人口、生态负担，同时人才的缺乏又限制了技术进步和资本的流入，最终形成恶性的"马太效应"循环。因而，就煤炭资源型城市的转型可持续发展而言，重构煤炭资源型城市在市场经济条件下的资源配置，作为焕发其潜在生机与活力的必要条件，以及建立相应机制无疑势在必行。

1.3　相关概念界定与辨识

1.3.1　自然资源与环境资源

自然资源（Natural resources）是指为人类提供生存、发展和享受的整个自然界的物质与空间，包括空气、水、土地、森林、草原、野生生物、各种矿物和能源等。

环境资源（Environmental resources）是指影响人类生存和发展的各种天然的和经过人工改造的自然因素的总体，包括大气、水、海洋、土地、矿藏、森林、草原、野生生物、自然遗迹、人文遗迹、自然保护区、城市和乡村[12]。

环境资源既具自然资源属性，即环境的单个要素（如土地、水、空气、动植物、矿产等），以及它们的组合方式（环境状态），也有环境资源属性，即与环境污染相对应的环境纳污能力或"环境自净能力"。

资源环境（Resource and environment）是人们从自然资源到环境资源认识的一种深化，几乎所有的自然资源都构成人类生存的环境因子。

1.3.2　可再生资源与不可再生资源

可再生资源（Renewable resources）是指能够通过自然力以某一增长率保持或增加蕴藏量的自然资源，或指消耗以后可以在较短时间内再度恢复的资源[13]。

可再生资源是具有自我更新的、自我复原的特性并且可持续被利用的一类自然资源或非自然资源。可再生资源的持续利用受自然增长规律的制约[14]。应通过合理调控资源使用率，实现可再生资源的持续利用。

不可再生资源（Unrenewable resources）是指经人类开发利用后，在相当长时期内不可能再生的自然资源。包括地质资源中的化石燃料、金属与非金属矿等。

可再生资源再生周期短，不需要几百年的地壳运动；不可再生资源的成矿周期往往以数百万年计。对不可再生资源应尽可能地节约使用、综合利用，避免浪费，在可持续发展中应该更多推广使用绿色资源。

1.3.3 资源型城市分类及资源枯竭城市

（1）资源型城市（地区）

资源型城市（地区）（Resource type city（Area））是指以本地区矿产、森林等自然资源开采、加工为主导产业，即资源性产业在工业中占有较大份额的城市（地区）[15]。

资源型城市的资源性产业，对矿产一类资源型城市来说，既包括矿产资源的开发，也包括矿产资源的初加工，如钢铁工业和有色冶金工业。作为基础能源和重要原材料的供应地，资源型城市为经济社会发展作出了突出贡献。

根据《全国资源型城市可持续发展规划》（2013—2020年），全国有262个资源型城市，其中地级行政区（包括地级市、地区、自治州、盟等）126个，县级市62个，县（包括自治县、林区等）58个，市辖区（开发区、管理区）16个。全国资源型城市名单详见书后附录一。

（2）资源型城市分类

资源型城市问题导向型的特征与政策引导方向之间的紧密联系，是资源型城市在政策导向下进行类型划分的重要影响因素。政策导向下资源型城市的类型划分，应以资源保障程度和城市发展问题的积累程度为主导[16]。我国资源型城市通常按资源保障程度的状况和可持续发展能力差异，以及城市发展问题的积累程度的组合关系划分以下类别：

1）成长型城市：指资源型城市中资源保障程度高、发展问题少，处在成长阶段的成长型城市。

2）成熟型城市：指资源型城市中，城市资源保障程度略有下降，发展问题也有一定积累的城市。

3）衰退型城市：指资源型城市中资源已经接近枯竭，发展问题积累较多的城市。

4）再生型城市：指资源型城市中，城市资源开采几近枯竭之后，城市资源保障程度很低，但城市转型发展较好，各种问题得到解决的城市。

根据国务院发布的《全国资源型城市可持续发展规划（2013—2020年）》，我国的262个资源型城市中，31个为成长型城市，141成熟型城市，67个衰退型城市，23个再生型城市，如表1-1所示。

我国资源型城市综合分类（2013年）	表1-1

成长型城市（31个）
地级行政区20个：朔州市、呼伦贝尔市、鄂尔多斯市、松原市、贺州市、南充市、六盘水市、毕节市、黔南布依族苗族自治州、黔西南布依族苗族自治州、昭通市、楚雄彝族自治州、延安市、咸阳市、榆林市、武威市、庆阳市、陇南市、海西蒙古族藏族自治州、阿勒泰地区；
县级市7个：霍林郭勒市、锡林浩特市、永城市、禹州市、灵武市、哈密市、阜康市；
县4个：颍上县、东山县、昌乐县、鄯善县

成熟型城市（141 个）

地级行政区 66 个：张家口市、承德市、邢台市、邯郸市、大同市、阳泉市、长治市、晋城市、忻州市、晋中市、临汾市、运城市、吕梁市、赤峰市、本溪市、吉林市、延边朝鲜族自治州、黑河市、大庆市、鸡西市、牡丹江市、湖州市、宿州市、亳州市、淮南市、滁州市、池州市、宣城市、南平市、三明市、龙岩市、赣州市、宜春市、东营市、济宁市、泰安市、莱芜市、三门峡市、鹤壁市、平顶山市、鄂州市、衡阳市、郴州市、邵阳市、娄底市、云浮市、百色市、河池市、广元市、广安市、自贡市、攀枝花市、达州市、雅安市、凉山彝族自治州、安顺市、曲靖市、保山市、普洱市、临沧市、渭南市、宝鸡市、金昌市、平凉市、克拉玛依市、巴音郭楞蒙古自治州；

县级市 29 个：鹿泉市、任丘市、古交市、调兵山市、凤城市、尚志市、巢湖市、龙海市、瑞昌市、贵溪市、德兴市、招远市、平度市、登封市、新密市、巩义市、荥阳市、应城市、宜都市、浏阳市、临湘市、高要市、岑溪市、东方市、绵竹市、清镇市、安宁市、开远市、和田市；

县（自治县、林区）46 个：青龙满族自治县、易县、涞源县、曲阳县、宽甸满族自治县、义县、武义县、青田县、平潭县、星子县、万年县、保康县、神农架林区、宁乡县、桃江县、花垣县、连平县、隆安县、龙胜各族自治县、藤县、象州县、琼中黎族苗族自治县、陵水黎族自治县、乐东黎族自治县、铜梁县、荣昌县、垫江县、城口县、奉节县、秀山土家族苗族自治县、兴文县、开阳县、修文县、遵义县、松桃苗族自治县、晋宁县、新平彝族傣族自治县、兰坪白族普米族自治县、马关县、曲松县、略阳县、洛南县、玛曲县、大通回族土族自治县、中宁县、拜城县

衰退型城市（67 个）

地级行政区 24 个：乌海市、阜新市、抚顺市、辽源市、白山市、伊春市、鹤岗市、双鸭山市、七台河市、大兴安岭地区、淮北市、铜陵市、景德镇市、新余市、萍乡市、枣庄市、焦作市、濮阳市、黄石市、韶关市、泸州市、铜川市、白银市、石嘴山市；

县级市 22 个：霍州市、阿尔山市、北票市、九台市、舒兰市、敦化市、五大连池市、新泰市、灵宝市、钟祥市、大冶市、松滋市、潜江市、常宁市、耒阳市、资兴市、冷水江市、涟源市、合山市、华蓥市、个旧市、玉门市；

县（自治县）5 个：汪清县、大余县、昌江黎族自治县、易门县、潼关县；

市辖区（开发区、管理区）16 个：井陉矿区、下花园区、鹰手营子矿区、石拐区、弓长岭区、南票区、杨家杖子开发区、二道江区、贾汪区、淄川区、平桂管理区、南川区、万盛经济开发区、万山区、东川区、红古区

再生型城市（23 个）

地级行政区 16 个：唐山市、包头市、鞍山市、盘锦市、葫芦岛市、通化市、徐州市、宿迁市、马鞍山市、淄博市、临沂市、洛阳市、南阳市、阿坝藏族羌族自治州、丽江市、张掖市；

县级市 4 个：孝义市、大石桥市、龙口市、莱州市；

县 3 个：安阳县、云阳县、香格里拉市

资料来源：《全国资源型城市可持续发展规划（2013—2020 年）》。

（3）资源枯竭城市

资源枯竭城市（Resource depleted city）是指矿产资源开发进入后期、晚期或末期阶段，其累计采出储量已达到可采储量的 70% 以上的城市。我国共有 69 个资源枯竭城市详见书后附录二。

1.3.4　煤炭资源型城市

煤炭资源型城市（Coal resource-based city）是指伴随煤炭资源的开发而发展或壮大起来的城市，煤炭能源是国家的主要能源，煤炭资源型城市是最主要也是尤为重要的资源型城市。

当前，煤炭资源型城市学术界还未形成统一的定义。李文彦最先采用统计资料对煤炭资源型城市进行界定：即煤矿职工占全市职工的比例大于 25%、煤炭工业产值占全市工业

总产值比例不能低于 15%、煤矿的生产规模不能低于 200 万 t/ 年、煤炭开发是城市兴起的主要原因，满足上述 4 个指标的方可称为煤炭资源型城市。后期的学者对煤炭资源型城市的定义基本上遵循了这种思想，只是各统计指标的门槛或高或低而已。

1998 年，国家计划委员会宏观经济研究院课题组进一步将界定标准明确化：就产值结构而言，县级市煤炭采掘业产值要求超过 1 亿元、地级市要求超过 2 亿元，且在工业总产值中的比重要高于 10%；从就业结构来考察，要求县级市的煤炭采掘业从业人员数不少于 1 万人、地级市则不能少于超过 2 万人，且在全部从业人数的比重高于 5%。刘耀彬等人[17]从城市经济发展与煤炭资源的依赖关系出发来界定煤炭资源型城市：按 6∶4 的比例将矿业从业人员占全部从业人员比重和矿业产值占城市总产值比例进行加权，得到矿业依存度指标，若矿业依存度大于 10，则被称为煤炭资源型城市。可见，无论哪类界定标准，煤炭产业的就业人数和产值是煤炭资源型城市界定较为重要的依据。

在新历史背景下，本研究综合文献的相关定义及方法，将煤炭资源型城市界定为：因煤炭资源的开发而形成或壮大，煤炭资源采掘业产值占工业产值的比重高于 40%、从业人员占全部从业人员的比重不低于 5%，或者将两者按 6∶4 加权得到的矿业依存度指标大于 10 的城市。

按照国务院印发的《全国资源型城市可持续发展规划（2013—2020 年）》，并参考相关资料选择资源型城市中的煤炭强依赖性的不同分类煤炭资源型城市中地级市 47 个、县级市 25 个共 73 个（表 1-2）。

煤炭强依赖性的不同分类煤炭资源型城市名单 表 1-2

类型	地级市	县级市
成长型	朔州市、鄂尔多斯市、六盘水市、毕节市、黔南布依族苗族自治州、昭通市、榆林市	霍林郭勒市、锡林浩特市、永城市、禹州市、灵武市、哈密市、阜康市
成熟型	张家口市、邢台市、邯郸市、大同市、阳泉市、长治市、晋城市、忻州市、晋中市、临汾市、运城市、吕梁市、鸡西市、宿州市、亳州市、淮南市、济宁市、三门峡市、鹤壁市、平顶山市、娄底市、广元市、广安市、达州市、安顺市、渭南市、平凉市	古交市、调兵山市、登封市、新密市、巩义市、荥阳市、绵竹市
衰退型	乌海市、阜新市、辽源市、鹤岗市、双鸭山市、七台河市、淮北市、萍乡市、枣庄市、焦作市、铜川市、石嘴山市	霍州市、北票市、九台市、新泰市、耒阳市、资兴市、冷水江市、涟源市、合山市、华蓥市
再生型	通化市、徐州市	孝义市

资料来源：《全国资源型城市可持续发展规划（2013—2020 年）》。

1.3.5 转型高质量发展

1.3.5.1 转型内涵及若干相关概念界定与辨识

转型（Transformation）一词最早出现在生物学范畴，之后被借用到社会学领域，演变成为学术词语，通常情况下描述性应用为主，一般可指事物从一种运行形式向另一种运行形式转变过渡的过程[18]。目前常见的有经济转型和社会转型，其中经济转型是指社会的经济结构从一种形态向另一种形态的转换，包括发展模式、发展要素、发展路径、产业结构等方面的转变，是经济体制和结构发生的一个由量变到质变的过程；社会转型是指传统社会向现代社会过渡的过程，可具体到某一特定时刻的社会形态转型，也可泛指人类社会整体性的、根本性的、全面性的社会经济形态、政治形态、文化形态的变革，包括社会系统各个构成要素的发展与变化，例如生活方式、思想建设、社会保障、医疗保健、社会秩序等。

生态转型、绿色转型、经济转型、产业转型、社会转型相关的若干概念界定与辨识如下。

（1）生态现代化与现代化生态转型

生态现代化（Ecological modernization）是指现代化与自然环境的一种互利耦合，是世界现代化的一种生态转型，作为人类社会形态的发展范式，将自然系统的天然存在转换为之于社会系统的价值存在[19]。

生态现代化理论源于对环境保护和经济发展之间关系的重新定位和对传统现代化模式的反思与变革，反映了西方国家在遭遇工业化发展危机后，在社会经济体制、经济发展政策和社会思想意识等方面的生态化转向，为当代社会的绿色变革提供了较为现实的政策和手段选择[20]。这是西方国家寻求解决现代性缺陷问题的必然选择，并在理解和阐释现代工业社会如何应对环境问题层面，逐渐成为社会科学的一种主导理论，同时也为中国现代化的生态转型提供了理论借鉴[21]。

现代化生态转型（Modern ecological transformation）是指向符合生态学原理发展的模式转变。本研究具体是指生态现代化城市的社会、经济、环境及制度等向符合生态学原理发展的模式转变。

（2）绿色转型与绿色生态转型

绿色转型（Green transformation）是指由人与自然相背离以及经济、社会、生态相分割的发展形态，向人与自然和谐共生以及经济、社会、生态协调发展形态的转变[22]。

绿色转型以生态文明建设为主导，以循环经济为基础，以绿色管理为保障，发展模式向可持续发展转变，实现资源节约、环境友好、生态平衡，人、自然、社会和谐发展的转型方式。

绿色生态转型（Green ecological transformation），本研究是指煤炭资源型城市全方位的绿色化、生态化转型，是煤炭资源型城市社会、经济、生态的协调转型，包括从工业文明时代到生态文明时代煤炭资源型城市的经济转型、产业转型、社会转型。

（3）煤炭资源型城市的经济、产业、社会转型

煤炭资源型城市既具有资源的特殊性，又具有城市的统一性。本研究提出的煤炭资源型城市转型发展，是指以生态文明建设为主导，调整经济结构，转变发展模式，减轻对资源的依赖，最大程度降低对生态环境的破坏，实现煤炭资源型城市的经济、社会、生态协调可持续发展。同时，涉及以下相关转型概念：

经济转型（Economic transformation），本研究是指煤炭资源型城市经济发展方式转变与经济结构调整及支柱产业的替换，是经济体制和结构发生的一个由量变到质变的过程。

产业转型（Industrial transformation），本研究是指煤炭资源型城市转型的基础，煤炭资源型城市转型的实现，需要以产业转型为基础，为城市转型创造足够的动力。产业转型属经济转型范畴，通过产业结构调整和培育新动能新优势，推进经济转型。

社会转型（Social transformation），本研究是指煤炭资源型城市传统社会向现代社会过渡的过程，是其社会问题解决与社会质量优化的过程。

1.3.5.2 高质量发展内涵

高质量发展（High quality development）是指我国经济进入新常态各项经济转型的一个综合性表述，是新时代我国经济发展的基本特征，表明我国经济已由高速增长阶段转向高质量发展阶段。

综合相关研究，本研究认为，煤炭资源型城市高质量发展内涵强调以下方面：

1）以人民为中心的发展。包括更好的教育、更稳定的工作、更满意的收入、更可靠的社会保障、更高水平的医疗服务、更舒适的居住条件、更优质的环境与更丰富的精神文化生活。

2）更加平衡的发展。减少人民日益增长的美好生活需要和不平衡不充分的发展之间的矛盾是当务之急。

3）经济社会生态环境制度等更加协调发展。

4）更高经济结构水平、更高经济效益、更加绿色地发展。

5）促进创新驱动的发展。创新实现集约节约化配置，进一步提高产出效益。

6）核心培育形成经济增长新动能，关键实现体制机制改革。体制机制改革既是实现高质量发展的支撑，也是推进经济发展从高速度转向高质量的重要制度保障。

1.4 相关理论基础与文献综述研究

1.4.1 相关理论基础研究

（1）可持续发展理论

可持续发展研究始于20世纪70年代，可持续发展理论指出经济增长对自然生态系统产生威胁，亟须解决经济与生态均衡发展的矛盾。1972年，联合国人类环境大会首次指出经济可持续发展的前提条件是保护好环境[23]。1987年，联合国首次明确提出了可持续发展，20世纪90年代，"可持续发展理论"被应用于各国发展战略制定中，"可持续发展既满足当代人的需求，又不对后代人满足其需要的能力构成危害的发展"的定义被广泛接受。

学术界广泛认为，可持续发展由经济、生态和社会相互关联、互相影响的三个部分组成。可持续发展理论指出，经济发展需要考虑资源承载力，不能为经济发展牺牲未来，保证资源利用速度不能高于资源再生速度；社会方面应维持社会文化系统的稳定，保证教育、医疗、物质收入等方面全面提高；生态方面要维护物种多样性，保证不对后人发展的生态环境产生破坏，可持续的利用各种物种和生态系统。

（2）协调发展理论

在可持续发展理论不断完善并逐渐备受关注的同时，协调发展理论的提出无疑是人类社会发展历程中对自然和人关系进一步思考和进化的产物。虽然对协调发展的具体内涵仍没有统一的共识，但是，上至复杂系统下至因果要素，都需要内部和各个系统间的合理关系才能实现由低向高的有序进化和良性循环，这种关系即协调发展的基本观念，也即强调共同的、持续的、有效的整体发展和进步，重点在于系统间或系统内部要相互促进，相互关联，但并不意味着简单的平等关系或平均发展，而是辩证的、动态的、多元化地发展模式[24]。

协调发展是在公平性原则的基础上，合理解决各方利益群体的矛盾与冲突，在系统间和系统内部形成稳定、和谐的秩序并持续进步[25]。

协调发展理论涉及生态学、经济学、社会学等多学科交叉，强调"以人为本"，注重多元化发展，提出统筹人地协调发展[15]。协调发展的核心是均衡，强调整体性和全面性，需要统筹经济发展和生态、社会、资源、环境等方面协调共进。近年来相关研究指出，实现人与自然协调发展应当统筹生态环境、社会、经济三个系统[26]，技术进步协调是可持续发展的关键性因素，科学合理的支持政策可以为协调发展提供重要保障。

随着协调发展理论应用性不断扩大，使在得其学科交叉领域，尤其是生态学、环境学、经济学等学科的影响越来越明显，加之现代生活中，强调"以人为本"，注重环境保护和人地关系的协调发展，使得协调理论具有广泛的实用性[15]。近些年，许多学者将制度、科学技术等因素纳入协调发展的考虑范围内，深入讨论了市场机制和政府作用对区域协调发展的影响，得出技术进步是加强和促进协调发展水平的关键性因素，制度的制约作用和激励机制是推进可持续发展的有力保障。只有寻求经济、社会和生态环境三者之间的最佳组合才能真正意义上实现人和自然的协调发展。

（3）高质量发展理念

高质量发展是我国经济社会发展的根本方向，也是推进和拓展中国式现代化的根本路径。党的十九大作出我国经济已由高速增长阶段转向高质量发展阶段的重大判断，党的二十大报告把高质量发展作为全面建设社会主义现代化国家的首要任务。这些论断是习近平新时代中国特色社会主义思想的重要组成部分。

高质量发展是一种新发展理念。以新发展理念统领高质量发展，新发展理念回答了关于发展的目的、动力、方式、路径等一系列理论和实践问题，在整个新发展阶段具有战略性、纲领性、引领性作用。要以新发展理念为统领，推动高质量发展成为能够满足人民日益增长的美好生活需要的发展。以新发展格局推动高质量发展。高质量发展的重要特征之一，就是供给侧与需求侧的相互匹配和相互适应。任何高质量的供给都需要依靠有效需求来实现。以畅通国民经济循环为主构建新发展格局，就是为了更好发挥内需体系对我国供给侧结构性改革的支撑作用，以更好地推动高质量发展。

（4）生态经济学理论

生态经济学是研究生态系统和经济系统的复合系统的结构、功能及其运动规律的学科，即生态经济系统的结构及其矛盾运动发展规律的学科，是生态学和经济学相结合而形成的一门边缘学科。

生态经济基本理论包括：社会经济发展同自然资源和生态环境的关系，人类的生存、发展条件与生态需求、生态价值理论、生态经济效益、生态经济协同发展等。

20世纪90年代初，西方学者开始在可持续发展的理论平台上探索自然资本的相关问题，并把它纳入生态经济学的理论框架，促进了西方生态经济学理论的新发展。20世纪90年代中期以来，生态服务理论受到经济学家和生态学家的广泛青睐，成为西方生态经济学研究的前沿。近些年来，我国学术界对生态经济学理论的研究主要围绕着生态经济学学科理论体系构建、对西方生态经济学理论前沿的研究以及西方生态经济学理论在中国的实践与创新三大主题展开[27]。

（5）生命周期理论

1）产品生命周期理论

产品生命周期理论最初是由美国哈佛大学教授雷蒙德·弗农（Raymond Vernon）[28] 于 1966 年在其《产品周期中的国际投资与国际贸易》一文中首次提出的，用于解释制成品的国际贸易。弗农认为，成品和生物一样也有一个生命周期，按弗农的生命周期理论，包括资源型产品在内的产品市场营销过程划分为产品导入期、产品成长期、产品成熟期和产品衰退期四个过程。产品从进入市场、占领市场到退出市场的整个过程就是产品的生命周期，典型的表现为 S 形曲线。如果产品及时进行创新，或在使用中发现了新的特征或新的用途，其生命周期就会连续不断地延伸，生命周期曲线就会呈扇贝形。

2）煤炭资源型城市发展过程及周期性变化响应

煤炭资源的不可再生性决定了煤炭资源型城市发展过程必然要经历兴起、发展、成熟、衰退的周期性发展规律，煤炭资源型城市经济也必然出现这种周期性变化的响应。

西方学者 Lucas[29]、Bradbury[30] 以及 Aschmann[31] 等人提出了不同阶段的矿业城市生命周期理论；我国学者结合新中国煤炭资源型城市发展实际，也继承和发展了矿业城市生命周期理论，将煤炭资源型城市发展历程分为成长期、成熟期、衰退期 3 个阶段[32]。

（6）城市更新理论

城市更新理论是城市发展的重要理论之一。

城市更新理论是由美国学者谢莉·安斯汀（Sherry Arnstein）在 20 世纪 80 年代初期提出融合环境保护和经济发展的一种城市发展理论。城市更新理论提出城市可以通过进行更新来实现社会正义和城市繁荣。城市更新的目的是改善城市环境，提高城市空间的利用率，增强城市功能，减少城市贫困，改善城市社会结构，提高城市的经济绩效。

通过城市更新使城市更具有竞争力和更加具有活力。城市更新理论的内容包括：规划更新、经济更新、社会更新、环境更新、基础设施更新、建筑更新等。

1.4.2 文献综述研究

1.4.2.1 绿色转型发展理论研究综述

（1）绿色经济相关研究分析

1）资源环境与经济发展关系分析

绿色经济研究，包括环境经济学、生态经济学、可持续发展理论、环境友好型经济、资源节约型经济、循环经济的取向和特征等，在分析资源环境和经济发展的关系上，认为经济与环境、资源三者是并列平行关系，重点研究三者之间协调发展的关系；也有把经济体系作为第一大系统，而资源环境作为经济体系的一个子系统，资源环境会直接影响经济。但是这两种研究都没有成熟的研究核算方法来准确把握资源环境作为经济发展内在的变量，因而不能简单把其纳入经济发展和增长一体化中研究和分析。存在的缺陷在一定程度上影响经济、社会发展同环境、资源之间协调分析。

2）绿色经济发展要素分析

绿色经济发展要素分析的不同在于绿色经济批判地继承传统经济增长理论，取其精华的同时，更加重视以人为本、生态环境容量、资源承载能力和技术进步等要素分析，多角度全方位地评价经济发展和社会发展。

传统经济增长理论包括古典经济增长理论、"资本积累论"以及新经济增长理论。传统经济学家亚当·斯密、哈罗德、多马、罗默、卢卡斯等理论共同的着眼点：经济是衡量生产和社会发展的唯一标准。在传统的理论中，影响经济增长的要素很多，有直接因素和间接因素。直接因素包括：生产要素和资源的使用率；间接因素包括：技术和制度。传统经济增长理论局限在于把自然资源和环境排除在增长理论的经济分析框架之外。

（2）绿色经济研究文献综述

1989年出版的《绿色经济蓝皮书》中，英国经济学家皮尔斯首次提出"绿色经济"，认为："经济发展必须是自然环境和人类自身可以承受的，不会因盲目追求生产增长而造成社会分裂和生态危机，不会因自然资源耗竭而使经济无法持续发展。因此，绿色经济是从社会及其生态条件出发，以求建立一种可承受的经济。"从环境经济角度对可持续发展的含义及其实现途径做了较为全面的论述，为绿色经济研究奠定了基础。

经济发展是资源环境约束下的发展，然而，传统经济理论和国民经济核算体系往往忽视了自然资源和环境对经济发展的约束作用。研究绿色经济将在理论上揭示经济发展规模和速度与环境容量和资源承载力的关系，寻求经济社会发展的最优规模和速度，实现可持续发展，从更高的层次上去探索人类生产、消费行为，从更高层次上提升对环境资源的宏观控制和管理。

英国学者认为经过设立碳排放管理规划后，英国可再生能源供应所占比例将会提高，住房的节能改造也将使得生活方式朝节能方向改进，政府从政策和资金两方面均向低碳产业倾斜，使得英国在碳捕获、清洁煤等新技术领域处于领先地位。德国的绿色经济重点在于生态工业的建立，并为其建立了一系列的行业环保政策，在绿色技术的研发与扩张方面，积极与欧盟其他国家合作，国家加大对内的绿色技术投资，引导传统经济向绿色经济转轨。法国则将绿色经济的重点放在核能和可再生能源上面，公布一揽子旨在发展可再生能源的计划，包括生物能源、地热能、风能等多个领域。美国也是将绿色经济的重点放在了可再生能源的有效利用方面，这说明绿色经济的发展与清洁资源的开发和利用密不可分，并且这些国家都采取了有利于可再生能源的发展的积极政策，这对发展中国家，特别是对我国这样的资源消耗大国来说有很重要的借鉴意义。发展中国家的绿色经济发展更加刻不容缓，印度尼西亚在政策上对能源供应有两大目标，一是保证基本的工业生产和增长，二是逐步增加可再生能源的比例[33]。Alexandra Lawa等人[34]对旅游业占主导产业的地区的绿色经济发展建立了一个DEA模型，有针对性地从系统动力学的角度为特定地区进行绿色经济改革提供参考手段，以抓住发展机遇和挑战。

（3）绿色经济发展理论与模式研究文献综述

20世纪60年代初，美国海洋生物学家雷切尔·卡逊撰写了《寂静的春天》一书，一经出版就引起了很大的反响，这部书中预言了农药会对人类环境有极大危害，会造成不可挽回的损失。尽管这个观点与当时流行于全世界的"向大自然宣战""征服大自然"的主流思潮背道而驰，可是，后来得到印证，并引发了人们对工业发展给环境资源带来破坏的深思。1972年是人类关于资源环境绿色反思的标志性年份，以丹尼斯为首的17人小组向"罗马俱乐部"提交了《增长的极限》报告，该报告对可持续发展问题展开研究，从而引发了人们对传统经济伦理和传统经济增长方式的反思。同年，联合国召开了关于环境问题的第一次国际会议。会议通过的《联合国人类环境会议宣言》，呼吁各国政府和人民为维护、改善人类环境，造福子孙后代而共同努力；英国经济学家皮尔斯在 1989 年出版的《绿色经济蓝皮书》中首次提出"绿色经济"；20 世纪 90 年代以来，许多学者的著作是有关绿色经济发展的，比如：赫尔曼·戴利的《超越增长》、艾尔斯的《转折点》、霍肯的《商业生态学》、梅多思的《超越极限》、哈丁的《生活在极限之内》等。

进入 21 世纪，绿色经济发展进入了一个全新的阶段，特别以联合国可持续发展大会首脑会议（又称"里约＋20"峰会）为代表，区分了弱可持续发展性与强可持续发展性，指出前者强调经济、社会、环境三个支柱的总和进步，只要经济增长能抵消环境和社会损失，就是可持续发展；而后者强调可持续发展是关键自然资本如地球生态服务等的非减化和社会公平性，增加了可持续发展新内涵[35]。2001 年 11 月美国布朗教授在《生态经济——有利于地球的经济构想》一书中提出经济系统是生态系统的一个子系统的观点，这一思想在生态经济学界掀起轩然大波，给人们提供了一种全新的视角。2003 年布朗撰写的《B 模式：拯救地球延续文明》一书问世，对人类社会经济的发展有较强的警示作用和积极意义。在 2012 年的"里约＋20"峰会上，在呼吁经济范式变革的意义上提出了绿色经济新理念，引领了绿色经济发展的新趋势。David J.Brunckhorst[36]认为，社会的可持续能力决定于调节社会、经济与生态系统功能延续性及其相互关系的资源管理系统，产业生态将不可持续变为可持续发展，是通过经济与社会的转型进化到一个新系统的状态，而不是依赖效率提高的发展模式来保留现有系统结构。

苏时鹏[37]论述了绿色经济网络的形成与演进过程，并构建了绿色经济系统演进的推拉模型，推导出绿色经济网络发展趋势。陈华文[38]从传统的"天人合一"的思想来解释绿色经济的内涵，解释我国生态问题，提出从加快产业发展、创新绿色经济补偿与约束机制、建立健全生态环保法律法规方面来解决绿色经济发展的症结。索贵彬[39]通过建立城市生态位扩展评价指标体系，对环渤海经济圈相关城市的生态位扩展情况进行主成分分析和聚类分析。徐岚[40]构建迈尔奎斯特生产力经济增长指数，运用二阶段线性规划技术估算反映区域经济前沿的距离方程，分析长江三角洲 16 个城市的综合实力和重要经济指标。张小刚[41]构建长株潭绿色经济评价指标体系，并对长株潭绿色经济发展现状进行分析和评价，从而为长株潭"两型社会"建设提供基于绿色经济发展路径的决策依据。高艳霞[42]在关注绿色经济的相关理论后，进一步深思在构建绿色经济效益指标的需要考虑的因素，指出人力资源也是绿色经济建设应该考虑的重点。

1.4.2.2 煤炭资源型城市转型发展文献综述

（1）资源型城市转型研究综述

相关研究表明，不同类型、不同阶段的资源型城市，其研究背景、内容、重点都会有所不同。

国外资源型城市研究经历了理论奠基与初步发展、理论规范性研究、转型研究和可持续发展研究四个阶段，各阶段在研究背景、研究内容、理论基础、研究重点等方面具有不同的特点。进而开展的国内外资源型城市研究的对比分析，发现上述研究在资源型城市的定义和范畴、城市特征、企业与城市关系，以及研究领域和研究传统、研究手段和研究方法等方面存在联系与差异[43]。

国内学者对资源型城市经济转型与发展研究大体经历了三个阶段，相关理论成果可归结为 8 个方面的内容：资源型城市概念与分类、基本现状与问题、产业结构调整与优化、经济转型、可持续发展模式、发展循环经济、创新问题和"资源诅咒"研究等，这些内容是一个有机的整体[44]。未来有关研究要将定性和定量研究、个案和共性研究、宏观和微观研究、理论和实证研究结合起来[44]。

（2）煤炭资源型城市转型研究综述

国外学术界集中研究煤炭资源型城市转型发展，始于20世纪中叶国外许多煤炭资源型城市（地区）因资源枯竭而陷入衰退，相关研究主要分析煤炭资源型城市发展的生命周期、转型特征与影响因素等方面，研究方法以定性为主。国外煤炭资源型城市转型研究相关理论与案例为我国资源型城市的转型与发展提供了借鉴。

国内煤炭资源型城市转型发展相关研究可划分三个阶段。第一阶段：20世纪80年代之前，李文彦[45]率先研究了资源型城市工业化特点与城市规划的关系，其后学术界逐渐开始关注资源型城市发展，相关研究处于初级阶段；第二阶段：20世纪80～90年代，由于部分的煤炭资源型城市逐步陷入资源枯竭，煤炭资源产业由于成本过高难以为继，城市的经济结构调整成为相关研究的重点；第三阶段：21世纪初，由于大量的煤炭资源型城市一方面资源陷入枯竭，另一方面由于长期的煤炭开采环境破坏严重，传统的粗放式发展模式不可持续，相关研究的重点转向煤炭资源型城市转型可持续发展，学术界对煤炭资源型城市概念的界定、问题分析、转型方式、结构优化、可持续发展等方面探究进行了深入研究，取得了一系列成果。樊杰[46]重点分析了煤炭资源型城市发展面临的问题，并提出了结构优化方案；肖滢等人[47]通过经验分析得出我国资源型城市绿色转型效率普遍较低的结论，并提出了对策建议；潘颖[48]基于区域经济学等理论，从经济、产业结构、社会和生态环境4个维度构建指标体系，测得黑龙江煤炭资源型城市转型效果仍不理想；田玉川[49]重点研究了资源型城市转型的体系、背景与特点，并指出了科学合理的城市规划对城市转型发展的重要性；李虹等人[5]基础产业结构分析，研究了资源型城市转型发展的门槛效应，提出环境规制对资源型城市转型发展与结构优化十分有利；汪克亮等人[50]结合因子分析法和熵权法，测度了煤炭资源型城市可持续发展能力；郝祖涛等人[51]通过满意度评价分析资源型城市的转型绩效及空间分异，虽然数据来源存在一定主观性，但分析方法较有新意；刘志明等人[52]在梳理煤炭资源型城市发展特征、现存问题后探索了促进其转型发展的路径；贾云翔[53]通过熵值法和模糊综合评价法分析了山西煤炭资源型城市转型的方法、特点、效果。

综上所述，煤炭资源型城市转型发展的相关研究，大部分集中于个案研究，研究方法与数据来源存在一定的主观性；缺乏诸如剖析煤炭资源型城市总体转型效果与分类转型效果实证、评价等的系统、深入研究，反映在由于大样本数据的缺失，涉及相关评价体系及方法尚不能说明其准确性，同时对总体转型效果也不能形成较为清晰的认识；在转型水平分析上也仅仅从环境或者经济的单一层面进行考察，缺乏同时从经济、社会、生态多个不同维度进行效果评价，同时缺乏足够的趋势分析。

1.4.2.3 煤炭资源型城市高效协调可持续发展及评价文献综述

（1）煤炭资源型城市高效发展及评价研究综述

目前，学术界对煤炭资源型城市高效发展的研究相对比较完善。刘晓雯等人[54]采用超效率SBM-DEA模型和Malmquist模型评价我国16座煤炭资源枯竭型城市可持续发展转型效率，发现2017年大部分城市转型效率较高，但仍有部分城市转型效率不足；吴战勇[55]分析了不同类型资源型城市转型效率，以及其发展面临的瓶颈；黄天能等人[56]采用改进的 TOPSIS 法评价大冶市 2007—2016 年转型发展的绩效后诊断影响其转型发展的主要障碍因子，结果表明这些因子的排序 10 年保持一致；张茜茜、廖和平[57]将研究重点放在了空间转型上，分析了城市土地利用变化对转型效率的影响；田淑英等人[58]以 22 个煤炭资源型地级城市为研究对象，运用 Tobit 模型分析发现对城市绿色发展效率有显著正向影响的因素是人均 GDP、教育和科技水平，而对外开放程度则无显著影响；曾贤刚等人[59]评价了我国煤炭资源型城市绿色转型效率，发现我国煤炭资源型城市的绿色转型效率存在着一定的两极分化，发展不平衡的现象在煤炭资源型城市中普遍存在；张晶[60]将三废排放作为投入指标，运用超效率方法测算并评价了徐州市的工业生态效率；汪克亮等人[50]在构建煤炭资源型城市可持续发展指标体系的基础上，运用熵权因子分析法测算，指出经济、社会、资源和环境之间相互促进，必须统一协调才能助力城市的可持续发展；徐杰芳等人[61]运用超效率 DEA 测算 27 个煤炭资源型城市 10 年的生态效率，并用 Malmquist 指数对生态效率进行分解；刘晓萌[62]通过信息熵、BP 神经网络等方法重点分析了淮南煤炭资源型城市的转型效率、机理与发展趋势。

综上，学术界对煤炭资源型城市的发展效率从经济、生态、科教、资源禀赋等多个角度展开了一系列研究，研究方法主要有 DEA-Malmquist 模型、TOPSIS 法、Tobit 模型、障碍因子法等。

但是，相关研究还存在不少缺陷。首先，已有研究未能与我国"绿色高质量发展"理念有效衔接，存在诸多不足。例如，煤炭资源型城市绿色发展现状如何？该类型城市绿色发展效率如何进行测算？ 如何继续助力煤炭资源型城市的可持续发展？ 这些问题还亟待进一步探讨。对煤炭资源型城市绿色发展效率的测度，现有研究并不多，研究主要集中在资源型城市某一方面效率的测度，如碳排放效率、工业效率等，且多以某个或某些典型的资源型城市的短期发展为例，缺少以较多的不同类型煤炭资源型样本城市为例，且测度其长期以来的绿色发展效率。其次，在探索影响煤炭资源型城市转型的因素和障碍因子时，均基于二元关系或通过聚类分析等方法分析组态效应。而这些方法均因未考虑到因素间的相互依赖和整体统筹规划，而得出不同甚至相悖的结论。另外，学者在使用 DEA 模型测算时多将"环境污染"作为投入指标，而将其作为非期望产出研究的并不多，非期望产出的减少和期望产出的增加更能代表绿色发展效率的提升。

（2）煤炭资源型城市协调可持续发展及评价研究综述

随着国外许多煤炭资源型城市陷入资源诅咒及发展瓶颈，以及可持续发展概念的提出，煤炭资源型城市转型与可持续发展逐渐成为相关研究的热点。

Callados & Duane[63]最先通过数学模型的方式探究了资源型城镇自然资本与居民生活质量的关系，并从自然资本的环境服务能力、可持续发展能力、自我恢复能力来判断它对一个地区生活质量的可持续发展作用。Walker 等人[64]研究了美国和俄罗斯不同煤炭资源型城市面临的金属污染，并指出了煤炭资源型城市可持续发展的重要性。Kwolek[65]同样研究了煤炭资源型城市煤炭开采对环境的影响，提出通过环境评估、合理规划和法律约束等手段减轻环境破坏，促进城市可持续发展。Yu 等人[66]对资源型城市可持续发展能力进行了评估，并分析了资源型城市发展的影响因素及与影响因素的相互作用规律。Gross[67]研究了煤炭资源型城市发展过程中，人口、生态、经济的互动关系，并探讨了生态学、工程学在人口较少情境下如何应用于煤炭资源型城市转型发展决策。姚平等人[68]认为要实现煤炭资源型城市经济可持续发展，近期仍然要在合理开发利用煤炭资源的基础上进行转型发展。方创琳等人[69、70]注重城市化与生态环境作用机理的研究，提出城市化与生态环境相互作用关系的 6 大基本定律。汪克亮等人[50]基于资源、环境、就业、经济 4 个维度构建指标体系测度了煤炭资源型城市的可持续发展能力，并分析了各个维度因子相互影响、相互作用的规律。曾刚贤等人[50]针对煤炭资源枯竭城市构建转型评价指标体系，来评价绿色转型绩效并进行对比分析。洪开荣等人[71]则从环境、社会、资源、经济 4 个子系统协调发展角度分析了资源型城市协调发展现状，以及不同的子系统协调发展的制约因素。

根据以上文献分析，煤炭资源型城市协调可持续发展的总体研究也还存在不足：从研究内容上看，研究切入点主要为经济、资源、生态、环境单一方面，或者仅分析经济和生态两者耦合关系，个别研究中也只加入少部分社会评价因子进行探讨，总体上对社会响应及其与生态、经济相互影响的研究不够深入；从研究对象上讲，不同研究尺度各有缺陷，以煤炭资源型城市整体研究，忽略了其不同发展阶段、不同类别之间的差异；而以单一城市案例的研究，研究成果弱化了煤炭资源型城市可持续发展普遍规律性的探讨；从研究方法分析，指标体系的构建存在主观性，指标选取不够全面、不够科学，与研究主题的关联性描述不足，致使研究结论说服力不强。

1.4.2.4　煤炭资源型城市转型发展综合竞争力及评价文献综述

城市竞争力是城市研究课题的重要组成部分。研究核心围绕城市竞争力概念的界定、评价模型与指标体系的构建以及衡量方法的选择等展开[72]。

其一，城市竞争力的概念界定：从单一视角如从生产力发展视角出发认为城市竞争力诠释的是某一城市的生产效率，也有从资源配置视角定义城市竞争力为吸引、获取和应用多元要素的能力，还有立足于市场供需与政府服务的综合视角提出城市竞争力，即某一城市提供公共与私人产品的能力，同时，以往城市竞争力的评价主要集中于和谐、可持续、生态、文化、知识及信息等方面竞争力。

其二，城市竞争力评价的模型构建：国外学者对城市竞争力的研究较早，对城市竞争力评价模型的重要贡献主要有五种类型，分别是显隐双框架理论、"3 + 1"理论、多要素结构模型、"迷宫"模型和"金字塔"模型[73～75]，国内学者在国外学术研究基础上对城市竞争力评价模型进行研究修订后主要有 4 项成果，分别是"城市价值链"模型、"飞轮"模型、"弓弦箭"模型及"轮舵"模型[76～78]。

其三，城市竞争力的评价指标：对其评价指标的构建大多是从目标层、准则层、指标层三层次进行设定三个级别的指标，指标差异存在于二、三级指标中，如二级指标有基础竞争力与核心竞争力之分，也有硬竞争力与软竞争力之别，三级指标更是针对竞争力研究对象与研究主体的不同，从经济、制度、环境、生态、基础设施、社会管理等多个角度进行划分细定[79]。

其四，城市竞争力的衡量方法：评价思路源于统计分析的权重确定，对评价指标体系的原始数据进行处理后加权计算得出总分，综合评价城市竞争力水平，其中层次分析法、熵值法、主成分分析法与模糊综合评价法等方法运用比较普遍。

国内上述相关研究在概念界定、模型构建、评价指标与衡量方法等方面对城市竞争力有较多探究，但对于煤炭资源型城市转型可持续发展竞争力的研究仍处在空白与摸索阶段。学术界的相近研究主要积聚于某一城市发展综合评价指标体系、某一行业或企业竞争力研究、区域发展竞争力指标体系等方面，但是有针对性地以煤炭资源型城市为研究主体，基于转型视角构建城市竞争力评价模型以及确立指标体系，并通过实证分析进行城市可持续发展综合评价的研究尚未形成。

1.4.2.5 煤炭资源型城市高质量发展文献综述

2017 年，党的十九大报告首次提出"高质量发展"的表述。其后，学术界从不同视角对高质量发展的内涵进行了研究阐释：一是从发展目标视角，提出高质量发展是在经济增长的基础上，强调效率、结构、协调以及环境的改善和人们生活水平的提高[80～82]；二是从绿色发展理念视角，指出环境治理和绿色发展可改善生态环境，提高发展质量，进而推动高质量发展[83]，绿色全要素生产率增长是高质量发展的重要体现；三是从发展动力角度，指出高质量发展以创新为第一动力，协调为内部特征，绿色为重要形态，开放为实现道路，共享为根本目的[84]，高质量发展要实现动力转换，从依靠要素转向依靠技术创新、优化制度供给等创新驱动上来。但这一测度指标未将环境因素考虑其中，无法反映经济发展质量的真实水平。综上所述，高质量发展是经济、生态、社会和文化等方面在创新驱动作用下的全面发展。

煤炭资源型城市高质量发展是"十四五"时期推进高质量发展主题的重要组成。2021年《国务院关于推进资源型地区高质量发展"十四五"实施方案的批复》（国函〔2021〕93 号）明确，推进资源型地区高质量发展，着力激发创新活力，着力完善体制机制，着力夯实转型基础，着力补齐民生短板，加快形成内生动力强劲、人民生活幸福、生态环境优美的高质量发展新局面。资源型城市经济高质量发展过程中面临的最大阻碍是长期依赖自然资源导致的产业结构单一，资源枯竭时无新的经济增长动力，进而导致资源型城市经济增长效率不高、增长速度不稳定[85]。提高城市经济增长效率是实现资源型城市经济高质量发展的必要条件，更是资源型城市经济高质量发展水平的重要体现[86]。李虹等人[5]研究发现，20 世纪 80 年代以来，随着资源开发的不断推进和资源储量逐渐枯竭，资源类产品产能严重过剩，大批资源型城市进入了成熟期和衰退期。对于煤炭资源型城市而言，经济高质量发展与其他城市相比还存在一定差距，尤其是尚未实现转型发展的煤炭资源型城市，经济增长速度的稳定和效率的提高是资源型城市经济高质量发展需要重点关注的问题[5]。刘志彪[87]提出 GDP 增长率、人均实际 GDP 等单一指标虽然具有一些合理性，但存在较大的片面性和局限性，无法诠释经济发展的多维性特征。Wang 等人[88]提出暴露出的产业结构单一、生态环境恶化等"资源诅咒"问题使得煤炭资源型城市的发展面临着严峻的挑战。与非资源型城市相比，由于资源的大规模开发，资源型城市面临着更为严重的资源枯竭和生态环境问题。陈诗一等人[83]利用人均实际 GDP 反映城市经济发展质量，探究了雾霾污染、政府治理与经济高质量发展之间的关系及其作用路径。Ali 等人[89]指出，由于经济增长乏力和环境恶化，资源型城市的贫困率和失业率也相对比较高，且资源行业的超额利润会加剧收入不平等，更容易导致一些社会问题。

综上所述，煤炭资源型城市要实现高质量发展，摆脱"资源诅咒"，就需要根据自身的资源特色，在经济、社会、生态三个方面协调可持续发展。目前，煤炭资源型城市的高质量发展相关研究，还需要从经济、社会、生态协调发展的效果，以及相关高质量发展政策的实施效果方面进行进一步研究。

1.4.2.6　资源型城市转型与更新可持续发展文献综述

城市更新既是世界各国正在共同推进解决的共性问题，也是我国当前促进区域协调发展的重大问题[90]。城市更新起源于欧美"第二次世界大战"后对不良住宅区的改造，而后扩展至对城市其他功能地区的改造[91]。基于国外城市更新的历史和经验，国内学者在 20世纪 80 年代初期，陈占祥提出城市更新是城市"新陈代谢"的过程[92]。吴良镛从城市的"保护与发展"角度，在 20 世纪 90 年代初提出了城市"有机更新"的概念[93]。进入 21 世纪以来，城市建设的综合性与整体性得以重视，但城市更新尚无统一的见解和定义[94]。

欧美国家的城市化发展进程表明，当城镇化率达到 70% ～ 80% 时，城市发展基本就进入了再城镇化时期。2018 年年末我国已有约 35 个大中城市进入再城镇化发展阶段，2019 年我国整体城镇化率已达到 60.60%，表明通过城市转型更新实现城市可持续发展已成为必由之路。资源型城市在世界城市体系中占据着重要的地位，资源型城市转型与更新可持续发展，是全球普遍关注的问题之一。从 20 世纪中期开始，世界能源结构的调整和资源产业比较优势的丧失，以及资源枯竭"矿竭城衰""矿竭城亡"，发达国家集中出现了资源型城市衰退现象。

我国 657 个城市总数的 40%，是以当地资源开采加工为支柱产业的资源型城市，而其中占城市总数 16% 的资源枯竭城市已经进入到资源性产业逐步衰落的发展演化阶段。从20 世纪 80 年代中后期开始，我国有越来越多的资源型城市相继进入资源开发衰退期，经济社会发展面临的资源压力与生态环境约束日益严重。根据中国矿业协会前些年的统计，我国 390 多座以采矿为主的资源型城市中，20% 处于成长期，68% 处于成熟期，12% 处于衰退期。全国有 400 多座煤矿已经或即将闭坑，大约 50 多座矿业城市的资源处于衰减状态，面临资源枯竭的威胁。国家发展改革委同时提出重点推动特别类型城市更新，支撑老工业城市和资源型城市加快转型发展，彰显国家对推动资源型城市这一特别类型城市更新，加快转型发展的高度重视和支持。

城市更新最初缘起是应对经济增长停滞问题，如何使经济具有活力，如何处理社会问题，如何形成环境质量和生态平衡，一直是城市更新里讨论非常核心的内容[95]。城市更新契合正面临生态、经济、社会危机的资源型城市转型可持续发展的战略需求。

国内城市更新研究整体上较为关注城市更新的实践背景、实践地区及实践的价值取向等论题[96]，而资源型城市诸如煤炭资源型城市更新可持续发展研究较少，特别是缺乏煤炭资源型城市绿色转型与城市更新耦合可持续发展方面的研究。

1.5　煤炭资源型城市转型特点与发展目标分析

1.5.1　煤炭资源型城市转型主要特点

煤炭资源型城市转型发展的主要特点是：

1）转型过程中需要释放更强的市场潜力，以及更多支持性、倾斜性的政策资源。煤炭资源型城市转型国家及省、市政府的支持政策与资金扶持力度大，有力推动煤炭资源型城市生态修复、环境治理，培育发展接续替代产业、解决社会历史遗留问题等，对煤炭资源型城市转型的经济社会生态发展产生直接和重大的影响。

2）煤炭资源型城市转型以高质量可持续发展为根本目的。

3）转型及高质量发展的前提和基础是足够资产存量，以及创造转型高质量发展的更多增量和更强支撑带动力，资产存量与增量包括生态资产的存量与增量。由此，结合生态文明城市建设，大力开展生态园林城市建设与生态修复工程，解决采煤塌陷地等环境安全隐患，促进城市生态环境持续改善是转型高质量发展过程中的又一大特点。

4）实现长远高质量发展需要科技、产业、文化创新，培育转型动力机制，加快新旧动能转换，改变传统发展模式是转型主要特点之一。

5）以产业结构调整产业转型为主导，大力发展第三产业，构建现代产业体系，推进煤炭资源型城市生态经济社会协调转型，也是转型主要特点之一。

1.5.2 煤炭资源型城市转型发展目标

煤炭资源型城市转型发展目标，是本研究衡量煤炭资源型城市转型发展是否达到预期目标评价与对比的依据，也是研究制定相关评价指标体系主要的考虑出发点。不同类型不同地区不同时期煤炭资源型城市转型发展目标会有差别，本研究侧重煤炭资源枯竭城市视角的煤炭资源型城市共性转型发展目标。

根据国内外煤炭资源型城市转型理论研究与实践探索，本研究从产业、经济、生态、城市、社会转型的多维视角，基于转型期特点与转型发展目的要求分析，提出煤炭资源型城市转型成功总体上应达到以下目标要求：

1）多元产业格局基本形成，体现产业多元化，传统资源开发型产业占比大幅降低，资源依赖的典型特征消失，现代产业体系逐步建立；

2）实现低碳循环经济，体现经济平稳快速增长，单位 GDP 能耗、水耗较低，达到碳达峰和碳中和要求的趋向目标；

3）生态环境友好，体现植被覆盖率高，采煤塌陷区基本治理，废弃物实现综合利用，空气质量明显改善，点源面源污染有效控制，资源环境承载能力显著增强；

4）城市发展较好，体现城市人口、人才流失有效控制，城市规模按规划发展，科技创新技术进步，基础设施体系完备，综合服务功能加强，集聚辐射能力提升；

5）社会发展和谐稳定，体现人民安居乐业，居民收入较高，社会保障覆盖率高，公共服务设施完善。

1.5.3 "双碳"目标下煤炭资源型城市转型趋势

"双碳"目标下，我国煤炭在能源消费中的占比将逐步下降，由主体能源转变为基础能源，再由基础能源转变为保障能源，最后转变为支撑能源，煤炭资源型城市转型也将向绿色智能的方向发展，并将呈现以下转型发展趋势：

（1）建立创新驱动绿色智能发展体系

树立煤炭全生命周期的绿色发展理念。以绿色勘查、近零损害的绿色开采、节能低碳的绿色利用，最大程度地减少煤炭生产对生态环境的损害，打造煤炭资源型城市绿色开发与治理技术体系，建立创新驱动的绿色智能发展体系，实现绿色开采、建设生态矿山，保持绿色煤炭长效发展。

依托技术革新，向高质量高技术产业发展，向数字化、智能化的新产业和新业态转型。"双碳"目标下，煤炭产量将回归合理规模，走高质量发展、高端发展之路。

煤矿开采由机械化、自动化向数字化升级，打造采掘智能化、井下无人化、地面无煤化，最大限度地减少采煤过程对生态环境的破坏。

将数字技术融入煤炭资源的开发、加工、利用全产业链，全面提升煤炭的管理和治理水平和综合利用效率。最终步入井下无人、地上无煤的煤炭工业 5.0 时代，实现深地原位利用，煤、电、气、热、水、油一体化供应，以及太阳能、风能、抽水蓄能与煤炭协同开发，基本近零排放。

（2）建设协同融合的绿色低碳发展体系

探索建立适用不同区域煤层气开发利用的技术、工艺、装备体系，大幅提升煤层气抽采利用的规模、效率、质量，降低碳排放量。立足煤矿生产的过程特点和所在区位，推进煤炭与可再生能源生产的深度结合。

生态修复绿色经济新增长点。矿区生态修复未来可利用矿井空间发展可再生能源、现代农业、现代医疗等。利用采矿沉陷区进行光伏电站建设，把光伏发电和矿山生态治理相结合，解决土地资源有效利用的同时，促进生态环境治理。

（3）建设高效、绿色、经济的综合能源基地

煤矿区建设地面－井下一体化的风、光、电、热、气多元协同的高效、绿色、经济的综合能源基地。同时，"双碳"目标下，煤炭资源型城市推进高效转化和循环利用转型，煤炭将更多用于生产煤基高端化工品和碳材料等精品。

1.6　研究内容与方法

1.6.1　研究内容

本研究填补我国煤炭资源型城市转型高质量发展系统、深层次深化研究的空白，内容包括相关基础理论研究与转型实践分析，高效、协调、高质量发展及转型效果模型实证分析，转型综合竞争力及贡献度和障碍度模型评价分析，支持政策及实效性实证分析，转型高质量发展实践创新与模式借鉴。分以下 8 章论述：

第 1 章　绪论。包括煤炭资源型城市转型发展研究背景、可持续发展若干问题的提出、相关概念界定与辨识、相关理论基础与文献综述研究、煤炭资源型城市转型特点与目标分析、研究内容与方法、研究理论意义与应用价值。

通过相关研究领域前人研究和知识空白评述的文献梳理与研究分析，找出各章内容的关联，以及找准研究的切入点。

第 2 章　资源型城市演化机理与煤炭资源型城市转型分析。资源型城市依托自然资源禀赋、资源性产业形成与发展，本章论述的煤炭资源型城市生命周期、演化机理、发展路径、产业特性等决定其特别在能否转型高质量可持续发展上与其他城市不同的本质差异，本章论述煤炭资源型城市生命周期与演化阶段、演化机理、转型的困惑与挑战、不同类煤炭资源型城市转型异同与借鉴等煤炭资源型城市高效、协调转型及高质量可持续发展研究的基础和重要环节。

本章是煤炭资源型城市转型高质量发展基础的规范研究。研究内容包括资源型城市产业结构格局的形成与演化机理、煤炭资源型城市生态转型困惑与挑战、煤炭资源型城市转型实践分析、国外典型煤炭资源型城市（区域）生态转型借鉴，以及本章研究结果分析。

第3章　转型高效发展及转型效率模型评价分析。效率是煤炭资源型城市转型高质量发展的关键和必要条件，煤炭资源枯竭城市经济与生态危机严重，社会问题多，转型发展的复杂性不言而喻，需要高效、合理处理转型的各种关系。本章侧重转型效率分析与影响因素及模型实证，相关论述与评价分析揭示：改变煤炭资源枯竭城市赶超型的经济增长范式，避免陷入中等收入陷阱，提高投资效率、生产效率是转变增长方式和推动转型的核心，而转型效率评价是直接衡量和反映煤炭资源型城市转型高效发展水平的重要途径。

本章是煤炭资源型城市转型高质量发展效果模型实证分析的核心内容之一，内容包括转型高效发展与高质量发展、转型效率的模型评价方法、样本城市与数据来源、转型效率静态分析、转型效率动态分析、转型效率影响因素及模型实证，以及本章研究结果分析。

第4章　转型协调发展及耦合协调度模型评价分析。煤炭资源型城市（地区）转型的协调发展直接关系到新时期我国区域协调发展与区域经济的平衡发展，资源型城市转型，根本上来说是生态—经济—社会协调发展模式与发展方式的转变。本章侧重转型协调发展程度变化分析，相关论述与评价分析揭示：煤炭资源型城市经济社会稳定与可持续发展，必须走生态—经济—社会协调发展的道路；协调发展是释放高质量发展的新动力，同时，协调与高效发展体现高质量发展，是紧密联系、互相促进实现转型高质量发展不可或缺的两个重要方面。

如同前一章，本章也是煤炭资源型城市转型效果模型实证分析的核心内容之一，研究内容包括转型协调发展与高质量发展、转型发展的协调性模型评价方法、协调转型的生态社会经济耦合协调度评价分析、转型协调发展程度变化分析，以及本章研究结果分析。

第5章　转型综合竞争力及贡献度和障碍度模型评价分析。本章侧重分析近些年煤炭资源枯竭城市，尤其是再生期的煤炭资源型城市转型发展的综合竞争力的增长变化，相关论述与评价分析揭示：煤炭资源型城市（地区）转型高质量发展是我国城市与城市区域推进高质量发展的重要组成部分，是保持经济持续健康发展，解决我国人民日益增长的美好生活需要和不平衡不充分的发展之间的矛盾的必然要求；煤炭资源型城市由于后备资源不足，整体技术落后，基础设施薄弱，市场机制不健全，经营管理粗放等诸多因素，导致其综合竞争力较弱；煤炭资源型城市转型发展的综合竞争力提升，直接体现实现我国新时期更高质量、更有效率、更加公平、更可持续的发展，直接反映煤炭资源型城市转型高质量发展成效。

本章是煤炭资源型城市转型效果模型实证分析的重要核心内容，研究内容包括转型发展综合竞争力评价方法、转型发展贡献度和障碍度评价方法、转型发展综合竞争力评价分析、代表性煤炭资源型城市转型发展因素的贡献度和障碍度模型评价，以及本章研究结果分析。

第6章　转型高质量发展支持政策及实效性实证分析。煤炭资源型城市转型成功与高质量发展离不开政策支持，同时，转型成效也直接反映与衡量支持政策的实效。本章支持政策的实效性研究既是转型实效性规范研究，又是前3章转型效果实证研究的延续，同样，也是煤炭资源型城市转型高质量发展实效研究的重要组成之一。

本章从我国 21 个有代表性煤炭资源型样本城市中，选取转型高质量发展综合竞争力强、转型效率与协调转型耦合协调度高的徐州市作为转型支持政策实效性分析研究的典型案例与示范城市。基于城市生态系统的热岛效应、空气质量与河湖水质量，经济系统的经济增速、产业结构、产业布局、科技创新、旅游业发展，社会系统的工资水平、生态福祉等方面的演变分析，剖析评价以各级政府相关支持政策的最大合力及精准对接为主要特点的徐州转型支持政策的显著实效性，提出强化支持政策，进一步发挥政策效应，以及提升空间挖掘的针对性建议，为我国煤炭资源型城市转型发展政策支持与提高支持政策实效性，提供示范借鉴。

本章研究数据的选取对应本项研究选取的 2005—2015 年时间段，既是集中体现徐州再生期煤炭资源型城市转型成效的十年，又是很好反映基于转型高质量发展的政府支持政策的出台背景与转型发展历史演变的十年。本章研究的内容包括徐州煤炭资源型示范城市转型高质量发展支持政策出台的背景、徐州不同时期转型高质量发展支持政策的重点与历史过程分析、徐州生态经济社会子系统转型发展支持政策的实效性分析、转型发展支持政策延续与政策效应提升空间分析，以及本章研究结果分析。

第 7 章 转型高质量发展实践创新及徐州模式借鉴。徐州市作为煤炭资源型样本城市中的示范城市典型代表，其转型高质量发展率先成功的实践探索，既是煤炭资源型城市转型高质量发展全面、系统、深层次研究，由面到点典型样本城市实践的具体剖析，又是为我国众多的煤炭资源型城市转型可持续发展提供的重要模式借鉴。

徐州市及所在的淮河生态经济带与淮海经济区在我国区域经济发展中，具有重要的战略地位。徐州市煤炭资源枯竭城市转型实践探索的高质量发展之路，在所在区域，乃至全国同类与共性煤炭资源型城市转型中，都有很好的示范与借鉴作用。进入新时代，徐州市煤炭资源枯竭城市转型，坚持从发展的阶段性特征出发，以新发展理念着力转变发展方式，积极抢抓一系列重大政策机遇，在重点突出创建国家老工业城市和资源型城市产业转型升级示范区的同时，坚定不移推进作为区域中心城市的产业、城市、生态、社会转型高质量发展，走出一条符合自身实际、具有徐州市地方特色的老工业城市与资源型城市转型振兴高质量可持续发展之路。

本章从老工业城市、资源型城市转型升级示范区的视角，论述徐州市煤炭资源枯竭城市转型高质量发展的实践创新，及其发展模式借鉴。研究内容包括转型高质量发展的机遇与挑战、老工业基地与煤炭资源枯竭城市的产业转型发展及趋势分析、区域中心城市视野的城市绿色转型分析、煤炭资源枯竭城市的生态转型及生态体系建设分析、以人为本与民生为重点的社会转型分析、城市转型与更新耦合的高质量发展模式创新，以及本章研究结果分析。

第 8 章 转型高质量发展深化研究结论与讨论。本章是综合前 7 章融合生态学与经济学及社会学等多个交叉学科，煤炭资源型城市转型高质量发展理论与实证研究的结论与讨论。内容包括转型高质量发展理论与实践研究结论、转型高质量发展模型实证研究结论、转型高质量发展理论与实证研究讨论，以及后续研究与政策建议。

1.6.2 研究方法与技术路线

1.6.2.1 研究方法

本项研究主要采用以下方法：

（1）相关理论与文献梳理综述研究方法

在大量查阅国内外相关理论及前沿研究文献梳理综述的基础上，深入了解相关领域的前人工作和学科相关前沿研究及知识空白，在为研究方法提供重要参考与借鉴的同时，也为找准关键问题的切入点，以及研究思路与创新奠定基础。

（2）理论研究与实证研究、整体研究与分类研究相结合的方法

选择与采用不同模型实证研究与理论研究比较研究相结合，在理论与实证研究中，对理论与实践进行深层次研究与探索，以取得更好的研究效果。

同时，采用资源型城市转型整体研究与分类研究相结合方法。

（3）比较分析研究方法

采用同类别资源型城市或同一城市转型发展前后的时空变化比较分析研究，揭示资源枯竭城市高效、协调转型发展的内在规律，探索高质量发展的对策与方法。

1.6.2.2 研究技术路线与框架结构

（1）研究思路

主要按以下思路展开研究：

1）针对研究的背景与提出的问题，确定关联的研究内容及研究方法；

2）文献梳理与综述，寻求研究的发展历程、前人研究轨迹，以及认识的进步与研究的借鉴；

3）从基础理论研究和前人研究的轨迹中，找出需要深入研究和填补空白研究的切入点；

4）理论研究与实证研究结合，从基础研究到核心内容循序深入研究；

5）学科交叉多方法、多视角论证与比较，直到得出满意、可靠的研究结论，包括实施途径与支持政策。

（2）研究技术路线与框架结构

图 1-3 为研究技术路线与框架结构。

（3）研究关联与思考

图 1-3 表征了研究技术路线与框架结构中的各章研究关联。各章分析与思考重点：

1）第 1 章绪论，研究背景与问题的提出，以及基础理论与文献综述研究，重点分析煤炭资源型城市转型及高质量发展的内涵与战略意义，以及煤炭资源型城市的转型特点与衡量转型成功的转型目标。

2）第 2 章资源型城市演化机理与煤炭资源型城市转型分析，重点分析煤炭资源型城市的形成与演化、转型机理、演化规律与转型面临困境、以及中外相关实践的启示与借鉴。

3）第 3 章、第 4 章、第 5 章煤炭资源型城市转型高质量发展及转型效率、转型协调发展及耦合协调度、转型发展综合竞争力及贡献度和障碍度模型评价分析，通过全要素生产率及分解指标、转型发展规模报酬变化、不同层面生态社会经济转型耦合协调度与转型协调发展程度，以及转型高质量发展综合竞争力、贡献度、障碍度等的模型实证分析，重点研究分析我国煤炭资源型城市转型发展现状水平，存在问题，发展趋势，努力方向，转型效率的影响因素，不同地区、不同类型的煤炭资源型城市转型实效及比较。

4）第 6 章转型高质量发展支持政策及实效性示范分析，重点研究分析如何充分发挥

转型支持政策的政策效应，强化转型支持政策的实效性，以及政策保障机制。

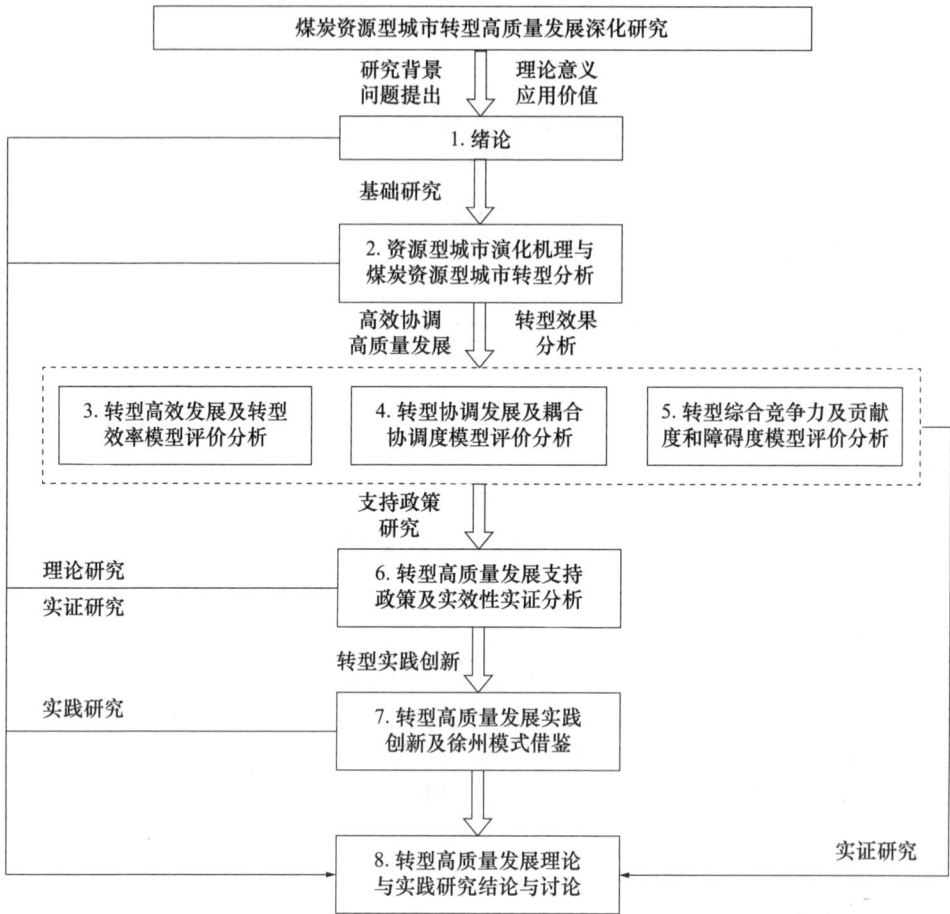

图 1-3   研究技术路线与框架结构

资料来源：作者自绘。

5）第 7 章转型高质量发展实践创新及徐州模式借鉴，通过煤炭资源型城市转型高质量发展系统、深层次研究由面到点典型样本城市的具体剖析，重点研究如何从徐州所在区域战略地位与转型实践探索及模型实证分析层面，充分理解与发挥为我国众多的煤炭资源型城市转型可持续发展提供的徐州重要模式借鉴与示范作用。

6）第 8 章转型高质量发展深化研究结论与讨论，重点分析本研究取得的成果，研究结论、政策建议与机制保障，以及从延伸研究视角的后续深化研究设想。

1.7   研究理论意义与应用价值

煤炭资源型城市为国家、地区经济社会发展作出了突出贡献。煤炭资源型城市既是我国城市的重要组成部分，也是我国区域发展中社会、经济、生态环境各方面矛盾集中与问题凸显的地区。煤炭资源型城市特别是煤炭资源枯竭城市的转型高效、协调、高质量发展研究具有重要的理论意义与应用价值。

1.7.1 理论意义

本项对我国不同类别有代表性煤炭资源型城市，特别是资源枯竭城市的高效、协调转型高质量发展系统、深层次研究，重点突出以下理论意义：

1）丰富和拓展资源型城市转型可持续发展理论，以及相关资源经济学、生态经济学等交叉学科理论。

2）理论与实证研究，揭示煤炭资源型城市产业、城市、生态、社会转型的内在规律；同时，研究探索煤炭资源型城市的转型高效、协调与高质量发展的路径选择、方法与对策，以及支持政策在内的转型实效性评估与综合竞争力评价，对我国老工业基地、煤炭资源枯竭城市的转型振兴，更具理论指导意义。

（3）徐州等典型煤炭资源型城市转型高质量发展实践，以及绿色转型实践探索，充分彰显了习近平新时代中国特色社会主义思想，也最好地诠释了习近平总书记"绿水青山就是金山银山"的深远意义。

1.7.2 应用价值

通过煤炭资源型城市转型高质量发展的理论与实证研究，揭示煤炭资源型城市的演化规律与发展趋势，提出针对不同类型煤炭资源型城市的转型高效、协调、高质量发展方法、对策与可持续发展道路及路径选择。其理论研究与样本示范城市的实践探索、模式创新对当前及后相当长一段时期煤炭资源型城市转型高质量发展都有指导、借鉴的应用价值。

以徐州典型示范实践为例，突出本研究的以下应用价值：

1）作为淮海经济区中心城市，其转型示范带动周边城市产业转型升级、动能接续转换、生态修复治理，将在加快推动区域协同发展上发挥重要作用。

2）对周边地区的连片转型崛起，具有很好的借鉴和辐射带动作用，将有利于打造东部地区新的经济增长极，支撑国家战略深入实施，促进形成区域协调发展格局。

3）作为经济次发达地区，徐州转型及高质量发展模式创新对全国许多城市也都具有借鉴作用。

上述详见 7.7.1 战略地位与示范带动。

第2章 资源型城市演化机理
与煤炭资源型城市转型分析

资源型城市依托自然资源禀赋、资源性产业，形成与发展。煤炭资源型城市生命周期、演化机理、发展路径、产业特性等决定其特别在能否转型高质量可持续发展上与其他城市不同的本质差异，本章论述煤炭资源型城市生命周期与演化阶段、演化机理、转型的困惑与挑战、不同类煤炭资源型城市转型异同与借鉴等煤炭资源型城市高效协调转型及高质量可持续发展研究的理论基础和重要环节。

本章是煤炭资源型城市转型高质量发展的基础规范研究。研究内容包括资源型城市产业结构格局的形成与演化机理、煤炭资源型城市转型困惑与挑战、煤炭资源型城市转型实践分析、国外典型煤炭资源型城市（区域）转型借鉴，以及本章研究结果分析。

2.1 资源型城市产业结构格局的形成与演化机理

2.1.1 资源型城市（区域）产业结构格局的形成与演化分析

资源型城市依托自然资源禀赋、资源性产业形成与发展，资源性产业成为城市（区域）主导产业。资源型城市（区域）产业结构格局的形成和发展的影响因素主要包括城市（区域）的资源禀赋，国家的产业政策，城市或区域经济发展规划等。其中，自然资源禀赋是资源型产业成为资源型城市（区域）主导产业的必要前提。资源型城市产业结构格局的形成与演化往往伴随关联的资源型城市区域产业结构格局的形成与演化，对资源型城市产业结构格局的形成与演化分析也可以采用对资源型城市相关联资源型工业区域产业结构格局的形成与演化分析。

以辽中南资源型工业区域（下简称辽中南工业区）为例，辽中南工业区以煤炭、冶金、油气资源开采为主，矿产品为基本原料进行生产的地区级资源型城市包括抚顺、本溪、鞍山、盘锦4个城市，是我国重要的老工业基地。这一资源关联工业区域以沈阳、大连为核心城市，其工业化历经70年，1949年中华人民共和国成立到2011年的成长时期，从2011年经济增长率下滑、2013年后明显连续下滑开始，到实施新一轮东北振兴战略经济复苏取得成功前的衰落时期。

2.1.1.1 工业化初中期资源产业的经济成长阶段

辽中南工业区具有丰富的资源禀赋。开发利用较早。中华人民共和国成立后，辽中南工业区延续并强化中国最重要的工业基地的角色，在计划经济体制下，明显放大了自然资源禀赋因素和作用，国家过分强调资源型城市（区域）的专业化功能，对资源型城市（区域）的资源性产业集中投资，在工业项目与产业安排上形成了以资源开采、加工为主的产业结构。在国家"一五"计划期间，国家156项重点工程，24项在辽宁，其中15项属矿产资源开发建设；地方配套建设730项为以资源开采为主；先后在辽中南工业区投资重化工业超过40亿元，重点发展化工、机械、冶金、建材、能源等行业，资源开采、加工为主的产业结构和工业布局得到进一步强化，并逐渐形成了辽中南工业区的重工业布局结构体系：沈阳——机械工业；鞍山——钢铁工业；抚顺——石化、装备制造工业；本溪——钢铁工业；辽阳——化学工业；大连——造船工业；锦州——石油工业的紧密产业布局结构，1958—1977年辽宁工业增加值占GDP的比重基本都超过50%，直至改革开放前，辽中南工业区的重工业占工业的比重一直超过75%，甚至一度超过80%。

2.1.1.2 工业化中后期的资源产业经济衰落阶段

由于过分依赖于自然资源的产业结构，工业化中后期伴随不可再生的自然资源枯竭，主导产业的资源性产业也必然衰落。如果城市（区域）产业结构具有较强的转换能力，则有可能在资源主导产业衰落之前或开始衰落之时形成替代主导产业，支撑城市与区域经济的发展。但资源型城市（区域）高度非均衡的产业结构一旦形成便具有很强的刚性，这种刚性严重束缚了城市（区域）产业结构的转换能力。制度约束造成了区域内的产业关联弱。资源型产业及其所支撑的城市形成了相对独立的运行系统，区域关联产业得不到有效发展。辽中南工业区以重工业为主导的资源产业经济发展模式被固化，对冶金、石化为代表的传统资源产业依赖度很大，经济结构调整困难重重。辽中南工业区在国家多次重大改革背景下显现出不适应，1954—1960年辽宁省的GDP一直排名全国首位，1961—1977年被上海超越排名全国第二，但改革开放后，由计划经济引发的经济问题及资源产业经济发展模式与经济结构性问题日益突出，辽宁经济增长速度呈现明显下滑趋势，自1978年后辽宁经济总量逐渐被国内多个省份超越。在国家东北经济振兴战略大力支持下，2003—2007年辽中南工业区经济保持整体快速增长。2008—2010年，辽中南工业区的经济增长速度受国家经济结构调整影响略有波动，增长速度变化不大。2011年，特别是2013年后，由于需求管理政策的边际效益递减，以及后遗症突出等原因，使得经济结构性问题进一步显现，与前整个时期比较经济增长率已连续明显下滑（图2-1），表明辽中南工业区已处在工业化时期中后期的重工业经济衰落阶段。以资源性产业为主导产业的辽中南工业区产业结构问题主要表现在以下方面：第一，产业结构单一，高度集中煤炭、钢铁、炼油为主的传统资源性重工业，2012年辽宁省重工业产值占第二产业产值的69.4%，受国家能源消费转型升级等影响，煤炭等相关产业的需求减少，产能过剩，产业的衰退引发了区域经济的衰退；第二，资源日趋枯竭，环境严重恶化；第三，技术落后、设备老化，基础设施更新慢、软件配套差及大量人口外流；第四，经济增长主要依靠投资驱动；第五，虽然东北老工业基地振兴战略一定程度上优化了国有企业的企业制度和治理结构，但同时也形成了"等靠要"风气，长期养尊处优，改革缺乏动力，经济发展缺乏主动性和市场活力。

从图2-1经济增长率变化（详见表2-1　1995—2015年辽中南工业区经济增长速度及与辽宁省、全国比较）中可以发现，1995—2013年辽中南工业区的GDP增长率明显高于辽宁省GDP增长率，且1996—2013年也一直高于全国GDP增长率，但辽中南工业区的GDP增长率从2011年（12.9%）开始下滑，比2010年（15.4%）下滑近2.5个百分点，而

2014 年（5.8%）的 GDP 增长率更是出现了"断崖式下跌"，此后的经济增长率一直低于全国 GDP 增长率，甚至在 2015 年成为全国最低。同时，固定资产投资负增长、投资动力严重缺乏，对外贸易大幅负增长、外需严重萎缩。表明辽中南工业区已处在工业化中后期的资源产业经济衰落阶段。因此，可以认为从 2011 年经济增长率下滑、2013 年后明显连续下滑开始到实施新一轮东北振兴战略经济开始复苏前为辽中南工业区工业化中后期的资源产业经济衰落时期。辽中南工业区工业化时期资源产业经济成长与衰落阶段的产业结构主要还是第二、第三、第一产业的比例结构。

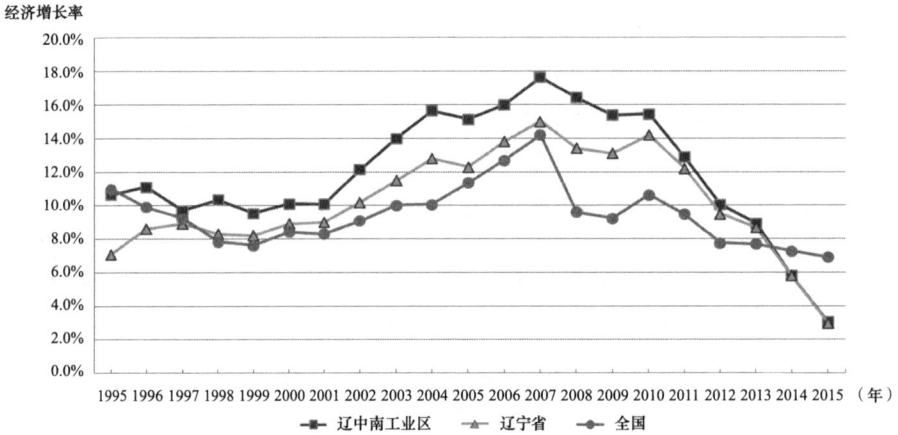

图 2-1 1995—2015 年辽中南工业区经济增长率变化及相关比较

资料来源：作者自绘。

1995—2015 年辽中南工业区经济增长速度及与辽宁省、全国比较（%）　　表 2-1

年份	沈阳	大连	辽中南工业区	辽宁省	全国
1995 年	9.9	15.2	10.7	7.1	11.0
1996 年	11.0	13.0	11.1	8.6	9.9
1997 年	10.0	11.2	9.7	8.9	9.2
1998 年	10.9	12.2	10.3	8.3	7.8
1999 年	10.0	11.2	9.5	8.2	7.6
2000 年	10.3	11.8	10.1	8.9	8.4
2001 年	10.1	11.9	10.1	9.0	8.3
2002 年	13.1	14.1	12.1	10.2	9.1
2003 年	14.2	15.2	14.0	11.5	10.0
2004 年	15.5	16.2	15.6	12.8	10.1
2005 年	16.0	14.2	15.1	12.3	11.3
2006 年	16.7	16.5	16.0	13.8	12.7
2007 年	20.5	17.4	17.6	15.0	14.2
2008 年	16.3	16.5	16.4	13.4	9.6
2009 年	14.1	15.0	15.4	13.1	9.2

续表

年份	沈阳	大连	辽中南工业区	辽宁省	全国
2010 年	14.1	15.2	15.4	14.2	10.6
2011 年	12.3	13.5	12.9	12.2	9.5
2012 年	10.0	10.3	10.1	9.5	7.7
2013 年	8.8	9.0	8.9	8.7	7.7
2014 年	6.0	5.8	5.8	5.8	7.3
2015 年	3.4	4.2	3.1	3.0	6.9

资料来源：作者根据历年中国统计年鉴和辽宁省统计年鉴相关数据整理计算。

注：辽中南工业区的经济增长率根据辽宁省统计年鉴中各城市 GPD 数据，按 GDP 指数平减计算。

2.1.1.3 经济振兴复苏后的高效益综合发展阶段

美国东北部工业区高效益综合发展阶段的区域经济特征是工业化、城市化水平已较高，加工制造业向资金密集型和技术密集型全面升级；第二、第三产业比重较大，第三产业的增长速度和产值比重超过第二产业，第三产业成为推动区域经济发展的重要力量，高科技成为区域发展的主导力量；基础设施齐全，交通和通信基本形成网络。区域内部的发展差异缩小，区域的开放程度和对外联系增强，区域经济发展水平较高。

自 2003 年我国实施振兴老工业基地战略以来，辽中南工业区获得政策、资金和项目的支持，城市经济重新焕发活力，工业化得到进一步深化。表 2-2 为 2015 年辽中南工业区主要城市及与全国平均第二、第三产业产值占比比较。

2015 年辽中南工业区主要城市及与全国平均第二、第三产业产值占比比较　　表 2-2

城市	第二产业占比（%）	第三产业占比（%）
沈阳	47.77	47.53
大连	43.31	50.83
鞍山	47.19	46.97
抚顺	48.87	43.07
本溪	51.43	42.81
盘锦	53.48	36.89
辽中南工业区	46.44	46.58
全国	40.93	50.19

资料来源：作者根据《辽宁统计年鉴 2016》相关数据整理计算得出。

表 2-2 中，2015 年辽中南工业区核心城市沈阳、大连第二、第三产业比重较大，大连第三产业的增长速度和产值比重超过第二产业，第三产业成为推动区域经济发展的重要力量，煤炭资源型城市盘锦、本溪、抚顺第二产业产值占比均超过全国平均水平，其中盘锦、本溪占比还超过了 50%。第二产业这一经济结构的发展趋势与以美国东北部工业区为代表的国际高效益综合发展阶段区域经济特征相似。辽中南工业区经济结构调整的发展趋

势特征将逐渐与美国工业区高效益综合发展阶段的区域经济特征相吻合，但是从上面分析看，这一趋势特征刚刚开始。特别是表 2-2 中辽中南工业区的第三产业产值比重，除大连外，其余城市都低于全国平均水平，其中盘锦仅为 36.89%；并且区域内部的发展差异，区域的开放程度和对外联系，区域经济发展水平等方面与美国东北部工业区高效益综合发展阶段也都存在不少差距。

但伴随实施新一轮东北振兴战略和资源型城市转型发展，辽中南工业区经济有望复苏，随后将跨越工业化中后期的资源产业经济衰落阶段，开始进入高效益的综合发展阶段，也即转型高质量发展阶段，而这一阶段的产业结构将体现"三、二、一"结构。

2.1.2　生命周期视角的煤炭资源开发演化阶段与演化机理分析

煤炭资源型城市在历史上为国民经济的发展提供了丰富的煤炭矿产资源，极大地促进了区域经济的发展，但也同时面临着不可再生资源随着较长时期开发趋于枯竭的困境。选择不同开发模式，煤炭资源型城市生命周期不同，并有不同的阶段划分。

2.1.2.1　煤炭资源型城市演化阶段与演化过程的生命周期分析

毋庸置疑，不可再生资源终究是有限的，由此带来资源型城市生存和发展的巨大压力。

根据中国矿业协会近些年对我国资源型城市的统计，全国约有 4000 多座矿山已经或者将要闭坑。分析得出，大量的煤炭资源型城市面临严重的资源枯竭、矿竭城亡的威胁。探究煤炭资源型城市生命周期与演化阶段、演化机理及转型可持续发展很有必要。

根据 1.4.1 节弗农的产品生命周期理论，由于自然资源的稀缺性，煤炭资源型城市开发必然要经历一个由勘探发掘—高产稳定发展—衰退枯竭—再生更新发展的过程，因此煤炭资源型城市的发展依次会出现成长期、成熟期、衰退期，然后通过转型进入再生期阶段，这种阶段性的特点直接作用于这个城市的发展。

煤炭资源型城市演化发展与资源性产品开发一样，也呈现出相应的生命周期性及其演化机理特征。弗农的生命周期理论对于探讨煤炭资源型城市的生命周期及其演化机理、演化阶段、演化过程分析具有重要的启发和借鉴意义。

煤炭资源型城市生命周期，如图 2-2 所示。

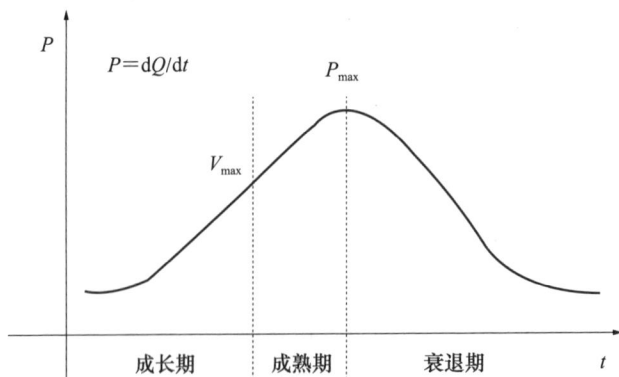

图 2-2　煤炭资源型城市生命周期

资料来源：李成军，中国煤矿城市经济转型研究，北京：中国市场出版社，2005.

表 2-3 为煤炭资源型城市生命周期的阶段特征。

煤炭资源型城市生命周期的阶段特征 表 2-3

阶段	阶段区分	建设历史	主要特征
成长期	煤炭生产速率增长率持续上升达到 V_{max}，煤炭资源型城市及其产业的形成阶段	有 20 年左右的开发建设历史产业形成一定规模	煤炭产业对区域乃至全国经济发展有一定的影响力，形成专门化生产技术及装备设施
成熟期	煤炭生产速率增长率有所下降，煤炭生产速率逐步达到最高点 P_{max} 阶段	有 20～50 年的建设历史	城市煤炭产业逐步扩大形成规模效应，城市发展资源依赖性较强，煤炭资源产业逐渐成为城市的主导产业
衰退期	煤炭生产速率最大时点（P_{max}）到可采煤炭资源存量剩余 10% 的时间段	有 50 年以上的开发建设历史	煤炭生产速率下降，资源枯竭。开发难度增加，成本加大，利润下降，主导产业地位下滑，生态经济社会危机严重，转型发展进入再生期

2.1.2.2 煤炭资源型城市单一资源开发的生命周期及其演化机理分析

煤炭资源型城市不同的资源开发模式有不同的生命周期。根据相关研究，单一资源开发的煤炭资源型城市的发展阶段和生命周期可划分为原始期、成长期、成熟期、衰退期四个阶段[97]。由于城市经济结构与经济发展基于单一资源开发，煤炭资源型城市的生命周期在各发展阶段的城市经济总量，即不可再生资源开发量呈现"因矿城兴""矿竭城衰"的现象与生命周期特征。煤炭开采是煤炭资源型城市形成期的初始发展阶段，由于单一资源开发及对资源开发的高度依赖，发展初期的特点是企业少，产品单一，其中一些煤炭资源型城市形成往往是"先矿后城"，经济发展、城市发展处于起步阶段；成长期阶段是煤炭资源型城市、产业快速发展成长到接近成熟时期。因多个矿区逐渐建成，形成规模生产与规模经济效应，生产能力不断扩大，产量持续增长，生产成本逐步下降，企业销售收入和工业增加值迅速上升，这一阶段持续到企业进入稳定的繁荣期，同时，因国家投资配置资源，大量外部资金的涌入，煤炭资源型城市往往成为城市与区域经济的增长点；成熟期阶段资源型产业进入成熟期，是煤炭资源型城市最辉煌的时期，一直至衰退期的初期，这一时期，资源性产业、产品生产稳定并达到了顶峰；衰退期阶段是资源型产业萎缩，城市衰落时期。这一时期资源枯竭，资源型产品产出逐步减少，生产或加工能力明显减弱，原有的资源优势逐渐消失，资源型产业迅速衰退，并制约相关产业的发展，城市出现经济、生态危机，社会问题突出，也严重影响区域经济发展，城市政府财政负担加重，大量的下岗人员转岗困难，亟须调整产业结构、培育接替产业的更新与转型，以避免自然资源衰竭对煤炭资源型城市发展的限制及"资源诅咒"的发生。由此，实现煤炭资源型城市（地区）可持续发展，必须不再局限于矿产资源禀赋，而是通过城市的自然资源，包括人文资源等，实现煤炭资源型城市的可持续发展。

2.1.2.3 煤炭资源型城市综合资源开发的生命周期及其演化机理分析

煤炭资源型城市各类资源综合开发利用，使生命周期模型在解释煤炭资源型城市转型方面显得更加细化，煤炭资源型城市综合资源开发与不可再生资源单一开发的生命周期特性比较如图 2-3 所示。

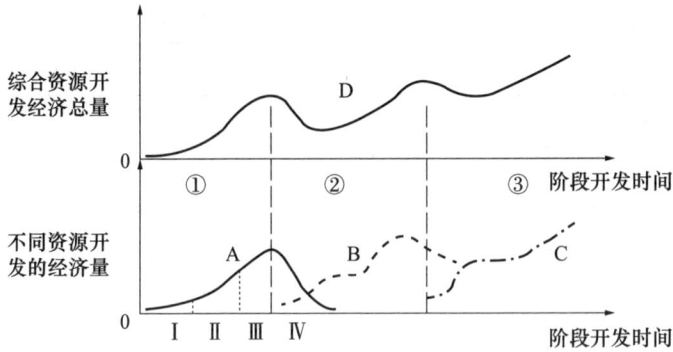

图中：

1. Ⅰ、Ⅱ、Ⅲ、Ⅳ表示单一资源开发的原始期、成长期、成熟期、衰退期四个阶段；

2. ①、②、③分别表示单一不可再生资源开发阶段、自然资源叠加共同开发阶段、综合资源协调开发阶段；

3. A、B、C、D分别表示不可再生资源开发量曲线、自然资源开发量曲线、包括人工资源的各类资源综合开发量曲线、城市经济总量变化曲线。

图 2-3　综合资源开发与不可再生资源单一开发的生命周期特性比较

资料来源：作者综合研究绘图。

煤炭资源型城市综合资源开发生命周期，按开发阶段划分为不可再生资源单一开发阶段、自然资源与不可再生资源共同开发阶段、综合资源协调开发阶段。

图 2-3 中不可再生资源单一开发阶段中不可再生资源曲线 A，也即煤炭单一资源开发的生命周期曲线，显示煤炭资源储量充分时，城市经济总量伴随煤炭资源开发量的增长而增长，城市经济总量曲线 D 随不可再生资源曲线 A 上升而上升；自然资源与不可再生资源共同开发阶段中，因其他自然资源与衰退期的煤炭不可再生资源共同开发，城市经济总量曲线 D 为自然资源开发量曲线 B 与不可再生资源曲线 A 的叠加，新产业的发展起步刺激城市经济发展，经因煤炭不可再生资源衰退的回落后，城市经济进入一个新的增长期；综合资源协调开发阶段，自然资源与包括人文资源的各类资源综合开发利用，形成优势互补，实现产业结构的多元化，保障城市经济增长的稳定性，城市经济总量曲线 D 为包括人工资源的各类资源开发量曲线 C 与自然资源开发量曲线 B 的叠加。以集聚经济和规模经济带动城市发展，促进生态、社会、经济协调转型发展和城市更新，使城市生命周期得以不断延长。研究实践还得出，自然资源共同开发阶段与综合资源协调开发阶段之间没有严格界限，也即综合资源协调开发阶段可提前实现。

2.2　煤炭资源型城市转型困惑与挑战

总体说来，我国煤炭资源型城市转型显得步履维艰，长期以来过度依靠自然资源开采和粗加工产业的单一经济结构等带来煤炭资源型城市转型的困惑与挑战，集中表现在以下方面：

2.2.1　产业结构刚性产生对其他产业的挤出效应

在传统计划经济体制下，我国煤炭资源型城市的发展是受到国有资源开发企业的垄断控制，表现为一个城市企业化和企业城市化的过程。在制度和产业技术的双重约束下，煤炭资源型城市的产业结构具有高度刚性，严重阻碍了生态产业、高新技术产业、战略性新兴产业的多元化综合发展。煤炭资源型城市形成了不可再生自然资源的勘探开发、生产及加工销售为主的经济结构，而不是综合发展的产业结构。煤炭资源型城市往往第一产业基础薄弱，第二产业比重过分偏大且超重型化，第三产业发展缓慢，对城市后续发展形成刚性制约，同时，煤炭矿产开采和相关制造业都属于劳动密集型产业，不仅挤占了生态产业、高新技术产业、战略性新兴产业的投资资金，同时对生态产业、高新技术产业、战略性新兴产业的劳动力保障产生了挤出效应。

长期以来，我国轻重工业的比例关系不合理，存在诸多问题：

1）严重制约资源合理利用和生产力合理配置，导致产业间的发展失衡，轻工业以及现代服务业的发展滞后，产业间的关联简单，而且单一的工业结构使资源利用面窄，产品门类简单。

2）在三大产业中，第二产业比重较大，第二产业比重多数在60%～70%，甚至80%以上。产品的科技含量和附加值普遍较低。

3）输出区外的产品以资源型产品为主，而消费品对外依赖性强，造成煤炭资源型城市长期存在利润向外转移的现象，不利于城市轻工业和第三产业的发展，同时也降低了政府财政收入，进而加大了煤炭资源型城市的转型约束。

2.2.2 煤炭资源型城市的"路径依赖"与"锁定效应"

路径依赖指一个体系，一旦在某些外力的作用下走上了一条发展路径，就很可能不被其他或许更加优秀的体系所替代。煤炭资源型城市的产业发展极易陷入"路径依赖"效应中，这是由煤炭资源型城市的发展方式决定的。城市经济过度依赖资源和资源型主导产业支撑，资源一旦枯竭，则矿竭城衰；煤炭资源型城市的发展往往"资源产业"独大，从城市建立的早期开始就形成了粗放式的产业发展模式，结果是资源产业及其相关产业压制了其他产业的发展。

"锁定效应"是由美国经济学家阿瑟在对后进国家的技术创新进行研究时提出的。煤炭资源型城市产业发展的锁定效应体现在煤炭资源产业的结构被严格锁定，难以伴随政策、技术、市场的发展而升级，包括技术锁定、结构锁定、功能锁定、认知锁定等。"路径依赖"特征将诱发产业集群生命周期演化中的"锁定效应"，并导致产业集群衰亡。

伴随资源枯竭，煤炭资源型城市单纯依赖自然资源的发展难以长久，避免"路径依赖"与"锁定效应"，煤炭资源型城市必须转变"资源产业"独大的产业发展方式，调整优化产业结构，发展循环经济。

2.2.3 "资源诅咒"固有性使失去资源优势后陷入比较劣势

资源诅咒（Resource Curse）是发展经济学中的一个著名命题，经济学通常用"资源诅咒"来概括煤炭资源型城市可持续发展出现的问题[98]。其含义是指，煤炭资源型城市在工业化过程中，依托一种或几种优势资源而迅速建立起来的主导产业群，在地区产业结构中占有绝对支配地位。煤炭资源贫乏地区在市场竞争压力下，通过技术和制度创新，实现产业结构的升级换代，使经济获得较快发展。而煤炭资源富集地区则过度依赖煤炭资源开发，将有限的资本、劳动聚集于煤炭资源型产业，弱化了技术和管理创新，进而导致制造业萎缩和人才的匮乏，经济增长乏力。煤炭资源型城市丰富的资源趋于阻碍而非促进经济发展，煤炭资源丰裕地区的增长速度往往慢于煤炭资源贫乏的地区。同时，煤炭资源丰裕城市也对应低的绿色经济增长水平。煤炭资源的开发加大了生态环境的压力，城市环境问题突出，污染治理水平较差。脆弱的自然环境状况不仅阻碍了地区潜在优势的发挥，而且成为经济发展的主要障碍。在煤炭资源接近枯竭时，经济发展的可持续性受到了严峻的挑战，由此引发了大量的失业和社会不稳定问题。

煤炭资源富集地区因过度依赖煤炭资源，弱化创新，资源富集却妨碍发展。同时，"资源诅咒"的固有性，使得煤炭资源型城市在失去资源优势之后，陷入比较劣势状态，在市场竞争中处于劣势，形成煤炭资源型城市的资源丰裕与经济增长相悖，同样，也影响煤炭资源型城市转型发展。

2.2.4　煤炭资源开发造成生态破坏严重与生态修复难度大

煤炭资源型城市赋存的能源资源是经济建设和社会发展的物质基础，然而能源资源开发利用是当前我国生态环境的重要污染源[99]。我国煤炭资源型城市普遍存在环境污染严重的问题，煤炭资源开采和利用都伴随严重的大气、水资源和土壤污染，煤炭矿业生产过程中所产生的废水、废气、废渣对土地、水体和大气等生态环境破坏力强，造成环境污染和生态破坏问题严重。

煤炭资源开发对土地资源也产生重要影响，一方面，煤炭矿产开发过程本身需要占用大量的土地，其资源开采行为对土地资源造成很大的破坏；另一方面，矿区内露天采掘、倾卸固体废石、尾矿坝和地面沉陷等导致矿区土地难以重新利用。此外，近年来我国煤炭资源型城市的地质灾害问题凸显，多处煤炭废弃矿区被列入矿山地质环境重点治理工程，包括塌陷区重点治理工程，如大同市王村煤矿区等。

煤炭资源型城市在煤炭开采、运输和使用过程中产生的生态环境问题日益突出，严重制约城市的发展，严重的环境污染在很大程度上加剧了煤炭资源型城市的生态系统退化。我国煤炭资源型城市日趋严重的生态问题已经威胁到城市居民的生产生活安全和人民身体健康，生态转型势在必行，但与此同时，过高的生态修复成本、漫长的见效时间使煤炭资源型城市的生态转型变得极为困难。

以徐州市为例。作为曾经的煤炭资源开发为主的煤炭资源型城市，徐州在生态修复过程中，由于煤矿多采用垮落法管理顶板进行煤炭开采，煤炭开采后，采空区顶板全部垮落，同时，采煤时需要抽排大量的地下水，导致开采区上方大面积的土地塌陷，对地表造成极大破坏，所以生态修复首先是针对土地的破坏。徐州矿区属华东高潜水位矿区，且分布于平原地区，土地塌陷最直接的影响是积水，许多土地严重返碱、受渍，无法耕种。二是对地表设施的破坏，煤炭开采引起的地表沉陷，直接造成地表生产、生活设施的破坏。三是对水体的破坏，由于开采破坏了地下岩层，一些灰岩岩溶水相继断流，大量水井干枯，地表积水由于受矿井水排放、矸石淋溶等污染，水质较差，原本地下水质良好的富水区逐渐变为缺水区，时常出现居民饮水困难。截至 2012 年，徐州的塌陷地累计总面积 2.133 万 hm^2，此前复垦的仅有 0.733 万 hm^2，涉及 5 个县区、28 个乡镇、塌陷村庄 183 个。完成这些土地复垦不仅需要数十亿元的资金，而且需要具备"沉稳"等复垦条件。同时，还面临着村庄搬迁难、塌陷深复垦难、采而未征征收难等诸多困难。此外，随着资源开采的减少，对就业的稳定产生了巨大的冲击，需要通过转产、转岗、转移等途径解决工人再就业问题。由于资源开采企业工人普遍技术单一、文化水平偏低，转岗困难，因此，就业和生产力低下的双重压力将是地方经济社会发展中较长期存在的矛盾。

2.2.5 转型过程中存在严重的利益冲突

煤炭资源型城市在特殊的历史条件下形成，大多在大强度开采、挖掘条件下发展，而且国家给煤炭资源型城市、煤炭资源开采企业各种倾斜政策，煤炭资源型城市发展对煤炭资源的依赖性极高，转型难度大，任务艰巨，是一个长期系统而繁杂的过程，包括产业结构转型和经济增长方式转型。随着煤炭资源的枯竭，煤炭资源型城市转型中，煤炭资源开采企业在城市经济发展中的作用逐渐减弱，地位逐渐降低，对城市的财政控制减弱，转型过程中存在严重的利益冲突，为城市可持续发展，政府推进转型，政府和企业之间的转型利益格局也需要进行重要调整。

可持续发展给长期依赖煤炭资源发展的煤炭资源型城市提出挑战。政府追求城市长远发展，而企业追求利润最大化，导致政府与企业的利益冲突，煤炭资源型城市绿色转型面对这种冲突的背景。

2.2.6 转型的市场规模与市场化程度障碍

煤炭资源的开发和生产，存在较高的进入门槛，于是形成了以国家行政为主导、国有企业垄断经营为手段的经济管理模式，导致煤炭资源性企业长期在行业垄断和封闭的状态下运行，具有资本、人才、技术等要素市场不发达、垄断性强等特征。已有研究表明[100]，经济性沉淀成本与信息不完全的结合会在很大程度上扭曲资源配置，不利于生产要素的流动，以及煤炭资源型城市的转型发展。也就是说，煤炭资源型城市的市场较为单一、市场规模较小、市场化程度偏低。这既不利于区域内和区域间生产要素的流动，也不利于煤炭资源型城市发挥其集聚效应和扩散效应，从而成为煤炭资源型城市向可持续发展模式转型的主要障碍。

2.2.7 计划经济体制的累积影响及历史补偿机制与接续产业培育的缺失

煤炭资源型城市一般只对特定的资源进行开发利用，主要限于开采、采掘和初加工领域，产品附加值不高。煤炭资源型城市以上游产业为主，能源、原材料构成了城市产业的主体。煤炭、电力两项工业占工业总产值的比重超过 50%。煤炭资源型城市"矿竭城衰"主要问题还在于计划经济体制的累积性影响和煤炭资源开发历史补偿机制与接续产业培育的缺失，致使城市负担过重。

受长期以来计划经济模式的影响，国有大中型煤炭资源开采企业作为煤炭资源型城市的经济主体承担了许多城市公共服务职能，除与企业经营相关的税费负担、债务负担外，还有离退休人员负担、教育负担、社会保障负担等，形成了"企业办社会"的模式。这无疑会提高企业成本、降低运行效率、加大企业资金压力，最终不利于企业的可持续发展与竞争实力的提升。不仅如此，"企业办社会"的模式还导致了一系列的问题，比如许多医院、学校、社区，甚至一些基础设施和部分公共设施都依赖于矿业企业投资或支撑，从而导致基础建设成本高、基础设施条件差、煤炭资源型城市的公共服务水平相对较低。1994

年实行国有企业改革以来，国有资源开采企业的负担虽然有所减轻，但上述问题又由企业向政府转嫁，导致政府的财政负担较重；煤炭资源枯竭城市"矿竭城衰"，经济结构单一，生产规模和就业机会也大幅下降，接续产业培育没有跟上，直接导致下岗人员骤增，就业安置困难，同时因产业结构失衡，第三产业发展滞后，对劳动力吸纳能力有限，就业渠道单一，引起结构性失业、人才流失与两极分化严重，成为社会矛盾积重难返的症结。上述矛盾的累积与资源开发历史补偿机制的缺失，无疑加大了转型期内煤炭资源型城市政府的财政压力和社会压力。也都使得煤炭资源型城市陷入转型困境。

2.3　煤炭资源型城市转型实践分析

2.3.1　培育发展新动能生态经济社会全面转型分析

影响煤炭资源型城市持续发展的关键问题是煤炭资源枯竭接续性替代产业尚未选择与培养或发展滞后，以及对煤炭资源的深度挖掘不足，产业链延伸长度不够，还没有形成煤炭资源发展与城市发展的联动机制，主要还是局限于煤炭资源开采和煤炭资源的初步加工制作，依赖资源的开发而建立的低端产业链的格局尚没有完全打破。

根据国家发展改革委提出的探索新模式促进成长型城市有序发展，激发新活力推动煤炭资源成熟型城市跨越发展，拓展新路径支持煤炭资源衰退型城市转型发展，以及聚集新要素引导煤炭资源再生型城市创新发展［《国家发展改革委关于加强分类引导培育资源型城市转型发展新动能的指导意见》（发改振兴〔2017〕52 号）］，煤炭资源型城市转型规划应按不同时期的煤炭资源开发利用、经济社会发展与生态环境状况，侧重培育发展新动能，探索总结不同的煤炭资源型城市转型模式、转型途径。

2.3.1.1　成长期与成熟期，侧重接续替代产业（集群）的发展新动能培育转型升级

（1）梯次产业结构及相关接续替代产业发展新动能培育

煤炭资源型城市逐步摆脱传统发展模式依赖，在经济发展新常态下发展新经济、培育新动能，是实现转型升级，可持续发展的重要环节。煤炭资源型城市按新发展理念，既要发挥优势，补齐短板，又要不失时机落实接续替代产业培育发展新动能，探索可持续发展的有效路径。煤炭资源枯竭型城市产生资源、经济、生态三大危机是可供开发的不可再生煤炭资源的有限，以及"资源消耗—产品消费—污染排放"的物质单向流动开放式线性经济的必然结果。三大危机的实质是产业结构危机，即主导产业衰退后接续产业发展滞后所导致的产业接替危机。符合循环经济要求的、合理的、富有梯次的产业结构及相关接续替代产业发展新动能培育不仅是解决煤炭资源型城市危机的关键，也是煤炭资源型城市转型可持续发展的关键[101]。

（2）产业链延伸发展形成产业集聚效应

自然资源开采业从根本上说是一种生产中间产品的产业，产业发展具有很强的关联效应。资源型产业位于工业链的上游，具有较强的延伸性。经过技术改造后的煤炭资源型产业可以延伸出相当长的产业链。建立起从煤炭资源采掘—深加工—生产性服务业的产业链条适时改变原来的产业发展模式，不仅能充分发挥本地区的煤炭资源禀赋优势，而且能将产业上下游厂商在生产经营管理方法和先进加工技术上不断扩散，提升整个产业链的生

产技术水平。建立在本地煤炭资源优势基础上的转型，其难度系数也相应降低，也易于形成综合性的产业群。同时，随着产业链的不断延伸，大规模的产业集聚效应就会发挥出来，不仅能带来产业结构的优化，而且能带来生产方式的变革，推动产业分工的发展，降低交易成本，提高劳动生产率，从而增强产业竞争优势，带动整个城市的经济社会全面发展。

（3）多元化产业体系的转型接续发展

根据煤炭资源型城市的不同开发模式的生命周期分析，建立多元化产业体系对于转型接续发展十分重要。应发展战略性新兴产业，优先发展现代物流等与当地资源型产业相关的生产性服务业，充分发掘本地自然山水和人文资源，培育壮大旅游、养老等特色服务业。

（4）成长期与成熟期煤炭资源型城市接续替代产业的发展新动能培育

不同分类煤炭资源型城市对接续替代产业有不同要求，按煤炭资源型城市不同分类正确选择接续替代产业的发展模式是实现煤炭资源型城市转型可持续发展的前提。

对于成长期和成熟期煤炭资源型城市，特别是成长期煤炭资源型城市资源型产业处于建设或开发的初期阶段，城市经济总体增长迅速，财力相对充足，社会矛盾较少，是接续替代产业选择的有利时期，应未雨绸缪，通过煤炭资源型城市发展潜力评估，设计产业发展的多情境方案，转型规划应采用多种接续替代产业发展模式，充分激发煤炭资源型城市自身的内生动力，加快煤炭资源型产业的技术升级，延伸产业链条，同时，依托产业技术优势和市场知名度，向产业基础技术相通、消费者相近的产业领域拓展，使生产要素在产业间进行横向转移。

成长期和成熟期煤炭资源型城市资源产量稳定，原料供给的便捷性和人力资源的较易获得，发展矿产品深加工产业的难度较小。主要采用延长煤炭资源型产业链发展模式利用煤炭资源型城市在资源开发上的便利条件，加大煤炭资源加工深度，同时对现有煤炭资源进行再利用，延长加工产业链，培育矿产开采—粗加工—精深加工—制成产品一条龙的生产链条，把"原料矿业"转化为"成品矿业"。对于不同的产业进行不同的产业链延长模式。煤炭资源型城市延伸产业链条：一是开采—洗选—发电；二是开采—洗选—发电—高耗能产业；三是开采—洗选—发电—煤化工。推动煤电化一体化发展，有序发展现代煤化工，统筹考虑资源、环境、市场等条件，打造若干产业链完整、特色鲜明、主业突出的煤炭资源深加工产业基地。

成长期煤炭资源型城市上述延长资源型产业链发展模式也包括在选择部分资源富集地区，建设重点煤炭矿种矿产地储备体系，形成一批重要煤炭矿产资源战略接续基地。同时，城市发展还应强化绿色高效的煤炭资源开发方式，注重发展高水平的煤炭资源精深加工产业，促进煤炭资源开发和城市发展相协调。

成熟期煤炭资源型城市的转型发展模式侧重深化供给侧结构性改革、构建多元化产业体系、激发新活力推动跨越发展构建新型营商环境。

成熟期煤炭资源型城市应采用市场主导，政府配合的方式，将产业的发展重点从资源依赖型产业转移到现有其他产业。特别是在产业综合化发展趋势比较明显的城市，从现有产业中比选出发展潜力大，带动力强的产业作为接续替代产业加大扶持力度，促使它们尽快成为支撑城市经济发展的主导力量。

2.3.1.2　衰退期再生期，侧重转变方式与优化结构生态、经济、社会、城市全面转型

（1）衰退期煤炭资源枯竭城市全面转型

衰退期煤炭资源型城市转型发展模式侧重于促进煤炭资源枯竭城市全面转型，大力实施独立工矿区改造搬迁，推动采煤沉陷区综合治理。

衰退期煤炭资源型城市处于资源枯竭或者濒临枯竭，煤炭资源型城市负担过重，社会矛盾累积，转型发展内生动力严重不足，宜采用建立新的城市产业体系，再造城市的竞争力的发展模式。由政府主导，立足于本地的比较优势，选择不依赖城市原有煤炭资源、科学含量较高、产业带动能力较强、产品的市场前景较好、对生态环境的影响较少的新兴产业。重点发展先进制造业、高技术产业、文化旅游业和现代服务业，提升产业发展层次和市场竞争力。依托产业基地和产业园区，引导生产要素的集聚，围绕新能源、新材料、电子信息和生物医药等产业，培植若干各具地方特色的高技术产业群，提升城市整体的产业结构水平。坚持现代服务业与传统服务业并重，生产性服务业与生活性服务业并举，统筹兼顾、突出重点，尽快形成就业容量大、经济效益好、辐射功能强的现代服务业体系。

（2）再生期功能综合，生态、经济、社会、城市全面转型

再生期煤炭资源型城市转型发展采取转变方式与优化结构，聚集新要素，多元创新发展模式。侧重推动经济提质增效，鼓励创业、创新，塑造良好的人居环境。

再生期煤炭资源型城市的转型强调在产业结构调整的基础上，实现生态、经济、社会、城市全面转型。生态转型，把原来煤炭资源开发造成的生态环境问题，通过生态修复和环境治理，建设生态城市；经济转型，在根本上从粗放型的高投入、高消耗、高排放、低产出的发展方式，转变为节约型、低碳排放的循环经济发展方式，单一的经济结构向多元经济结构转变；社会转型，通过社会转型解决城市凋敝、下岗和再就业问题、城乡居民收入增长缓慢等社会问题。城市转型，把原来矿城合一的城市形态转变为功能综合的城市形态，使城市按照自身的发展规律演进。

2.3.2　典型煤炭资源型城市的分类转型实践比较

不同类别煤炭资源型城市的基本转型模式是煤炭资源型城市高效协调转型及高质量发展基础研究的组成内容之一。榆林、焦作、长治、徐州不同类型典型煤炭资源型城市转型实践突出成长期、成熟期与衰退期、再生期煤炭资源型城市的转型实践比较，有利在比较研究与分析的同时，深化不同类型煤炭资源型城市转型模式与路径的经验总结与示范借鉴。

2.3.2.1　榆林市从典型成长期煤炭资源型城市向创新中心城市转型

从较低起点到较高层次跨越，榆林市从典型成长期煤炭资源型城市向创新中心城市转型，侧重促进产业有序接续精深加工与协调发展，以及强化绿色高效的资源开发方式、发展高水平的资源精深加工产业、按资源开发和城市发展相协调的引导要求，实现了创新中心城市生态、经济、社会协调发展转型的跨越。

榆林市煤炭、石油、天然气储量十分丰富，既是能源大市又是生态脆弱、环境恶化地区。榆林市以建设陕甘宁蒙晋区域中心城市为契机，不断培育城市经济发展的核心竞争力，努力打造独具特色的支柱产业及其产业集群，不断挖掘文化资源的升值力，不断打造

生态环境的持续力，绿色成为城市发展主基调，大力促进典型成长期煤炭资源型城市向创新中心城市转型，实现从落后地区向快速发展地区的跨越、能源基地向能化综合基地的跨越、从内陆小城市向生态现代化中等城市的跨越、从生态恶化地区向生态治理示范区的跨越。同时，从产业转型升级、新动能培育、生态环境保护与整治、区域均衡发展等方面提出了转型创新路径和构建资源开发总量控制制度、南北区域均衡发展制度、可持续发展准备金制度，以及推进矿权协调发展机制、利益分配共享机制、社会资本引导机制等试验设想。

（1）产业链延伸与产业多元纵深转型

以"创新引领、主动转型"战略为统揽，推动能源化工产业链延伸，同时，大力发展新能源，推进现代农业、服务业协同快速发展。

以市场为导向，延伸产业链条，煤制甲醇、煤制烯烃、煤油混炼等实现了大型化、规模化、产业化，被列为联合国"清洁煤技术示范推广项目"的延长靖边园区煤油气资源综合转化项目、中煤榆横煤制烯烃项目、陕西有色煤电铝镁一体化项目等 3 个超百亿元资源深度化项目已建成投产；全球首个煤油混炼工业示范项目，延长煤油混炼项目开始运行。按照"优煤、稳油、扩气、增电、强化工"的思路，全面构建高端化、多元化、集群化现代产业体系。全面加快能化产业工艺、产品、技术和产业链在榆林市升级，推动能化基地建设高端化、多元化、集群化发展。着力推动国家级煤清洁利用示范城市建设。除全国煤制烯烃产能第一大市外，粉煤热解技术取得重大突破，兰炭在国家层面被列为洁净煤，成为京津冀鲁地区替换烟煤的主力军。

在传统能源升级的同时，榆林市利用得天独厚的自然条件，大力发展以风能、太阳能为主的新能源产业，全力开启新能源发展时代。成为全国新型能源的战略高地和国家首批新能源示范创建城市。已建成全国首个分散式风电项目，投运陕西省首个风电场、首个大型光伏电站，榆林市百万千瓦风电基地全面建成，能源结构由化石开发为主向化石能源和非化石能源开发并举转变。加快启动并建成了一批非能源产业项目，初步形成能源、新能源、非能源产业多元发展的新格局。积极培育了一批战略性新兴产业项目，积极承接产业转移，重点瞄准装备制造、电子信息、新能源、文化旅游等一大批非资源型特色产业，推进产业结构多元化纵深转型发展。

（2）打造政产学研用深度融合的创新环境科技园区凸显承载引领作用

近些年，榆林市能源化工基地的发展承载能力和基础配套水平大幅提升。建成了以榆林市高新区、榆神工业区、靖边能化园区、神木锦界工业区、府谷高新区等为核心的国家级和省级重点化工园区，按"两区六园"的空间布局，发展成为"一县一区、一区多园"的产业园区发展格局。

榆林市以国家高新区、国家农业科技园区、国家经济开发区、国家创新型城市试点、国家可持续发展实验区为载体，深入推进农业"193"、工业"222"科技工程及科技型企业"333"行动计划，以及沿黄旅游带等文化旅游产业。设立 1.5 亿元的科技成果转化引导基金，大型煤炭分质清洁高效转化关键技术研发与应用示范被列为全省首个重点产业创新链。通过开展产学研合作，联合西安交通大学、西北工业大学、西北农林科技大学等16 所高校和市内 102 家企业共同成立了榆林市产学研合作联盟。建成 26 个工程技术研究中心、25 个重点实验室及 39 个科技园区和示范基地，实施了 35 个重大科技专项，支持镁节能多联产循环经济产业化等 20 多个重大产业化项目。走出一条独具特色的煤炭资源型城市转型发展之路。

（3）循环产业与生态建设环境治理并进

在加快能化基地建设的同时，榆林市高度重视生态建设，坚持"珍惜资源、深度转化"的原则，着力构建从矿区到园区到厂区"吃干榨尽"的循环产业链，全面实施矿井疏干水利用、采空区塌陷治理、矿井回填治理、绿色矿区建设等重点治理工程，全力打造了一批绿色化、循环化的现代煤化工示范企业。大片荒沙荒山和矿区得到绿化，全市森林覆盖率提高到 33%，城区绿化覆盖率达到 37.73%，人均公园绿地面积达到 16.93m²。

榆林市以"创新引领、主动转型"战略为统揽，全面打造新兴煤炭资源型城市转型发展先行区、陕甘宁革命老区统筹城乡试验区、西北地区生态文明建设示范区和中国内陆开放开发战略新高地"三区一高地"，推动能源化工产业链延伸，大力发展新能源，推进现代农业、服务业协同快速发展。

榆林市宜在现有创新中心城市生态、经济、社会综合转型的跨越基础上，进一步完善现代产业集群、加快发展现代服务业，实现低碳化、生态化协调转型发展。

2.3.2.2　长治市成熟期煤炭资源型城市"高新绿"接续替代产业的发展新动能培育转型升级

长治市是全国首批、山西省唯一的老工业城市和资源型城市产业转型升级示范区，作为一个典型的以煤炭为主的资源型城市，"因煤而兴"，又"因煤而困"。面对产业结构单一、发展方式粗放、生态破坏、环境污染等一系列结构性矛盾和深层次问题，构建现代产业体系和现代能源体系、实施传统产业改造、产学研协同创新，强力推动高质量发展，经济向结构更合理阶段迈进，实现了一个又一个新突破，加速形成了成熟期煤炭资源型城市发展的新支点和新亮点。长治市是成功实现"高新绿"接续替代产业的发展新动能培育转型升级的典型成熟期煤炭资源型城市。因老工业基地调整改造和培育新产业新业态新模式成效突出，长治市位列全国首批产业转型升级示范区考核评估优秀行列。

（1）构建现代产业体系和现代能源体系，增强经济发展韧性，实现高质量发展。按照巩固壮大现代煤化工、高端装备制造、新能源汽车、新材料、新一代信息技术五大产业，突出培育光伏制造及应用、通用航空、文化旅游、医药健康、固废利用五大"高新绿"接续替代产业。

依托中国科学院半导体研究所成立长治市工业技术研究院，依托山西大学科研团队成立固废综合利用长治研发基地，成立海外华人高新技术协会长治工作站和长治大健康产业研究院；从积极落实山西省支持民营经济发展的若干意见，到制定出台长治市 30 条配套措施；从潞安 2GW 高效单晶太阳能电池智能生产项目下线首片电池片，到成功集团新能源汽车在巴西建立首条海外生产线，实现"长治制造"海外组装"零"的突破。2018 年，长治市新培育"小升规"企业 38 家，新认定高新技术企业 38 家，煤炭工业增加值占工业增加值比重下降 2.8 个百分点，制造业占比上升 3.28 个百分点，工业内部结构"反转"迈出坚实步伐。

积极推动煤炭产业走"减""优""绿"之路，关闭退出 5 座矿井，压减产能 195 万 t，煤炭先进产能占比达到 66.1%。依托潞安 180、潞宝己内酰胺等项目，延伸建设 60 万 t 减底油异构脱蜡、30 万 t 烯烃分离、20 万 t 单烷烃分离、5 万 t 乙酸酯、2 万 t 烷基酚分离、10 万 t 尼龙 6 聚合切片等项目，精细煤化工产业集群效应不断释放。

（2）培育新兴产业，打造三大产业集群。先进装备制造初步形成新能源汽车、新能源装备、节能环保产业三条产业链，新增新能源发电装机200MW，LED产值占到山西省的84.3%，光伏产业产值占山西省的69.2%；健康产业上，构建药材种植、中西制药、康养旅游互动发展的格局，道地中药材种植发展到6600多公顷，"上党中药材"特色农产品优势区入选国家特色农产品优势区，潞安集团与北大医疗产业集团合作建设的医养综合体项目正式签约，平顺县成功创建国家中医药健康旅游示范区。

（3）传统产业实现优质高效发展。在煤焦冶电等传统产业上引入集团化、循环化发展理念，通过大企业、大园区、大循环，形成煤焦化、煤电化、煤气化等全循环产业链。潞安精蜡等一批现代煤化工项目投产，潞宝兴海新型有机合成材料项目成为全球第一个以全焦化苯为原料生产己内酰胺的项目。潞安180高硫煤清洁利用一体化示范项目成功出油，标志传统产业转型升级迈上新台阶。

在探索煤炭清洁高效利用新路径中，按照产业高端化、产品差异化、生产集约化的发展思路，延伸煤焦化、煤电化、煤气化等煤炭深加工产业链，发展化工新材料和高端专用化学品，构建特色现代煤化工产业体系。

潞安集团依托先进煤制油技术将煤炭变成清洁油品，又利用深加工技术将油品中的特殊组分加工成高端蜡、润滑基础油等产品，实现了煤炭价值最大化和环境效益最优化，集团建成的180万t煤制油项目先后开发生产出5大类54个品种270个型号的煤基合成化学品，其中环保溶剂油、高端润滑油等产品和技术填补了国内空白。潞宝集团紧盯精细化工领域的高端技术，建成全球首个以焦化苯为原料生产己内酰胺和全球规模最大的锦纶短纤维项目，开创了以煤基化工原料生产高品质合成纤维的先河，完成了由"黑"向"白"的转变。

（4）产学研协同创新。为加强煤化工、新能源、新材料等领域的技术产品研发，成立煤化工研究院和工业技术研究院，建设国家煤基合成油质检中心，并与清华大学、华南理工大学等161所国内外知名院校和科研院所建立合作关系，建成48个政校企联合、产学研一体化示范基地。建设协同创新平台的同时，企业自主研发能力也不断增强。长治市高新技术企业达53家、科技民营企业达280家，建成两个国家级、17个省级、53个市级企业技术中心。

为确保能源产业集聚、创新、循环发展，一方面科学规划产业布局，编制《长治市煤化工产业中长期发展规划》，重点建设襄垣经济技术开发区、潞城经济技术开发区、屯留经济技术开发区三个现代煤化工园区，引导煤化工企业向园区集聚；另一方面与中国石油和化学工业规划院、武汉理工大学、中国科学院山西煤化所等知名院校开展产学研合作，成立现代煤化工产业研究院、工业技术研究院、煤化工中试基地、能源革命研究院，建成国家煤基合成油质检中心，发挥科研平台在技术研发、成果转化、企业孵化等方面的桥梁纽带作用，有效解决产业发展的技术瓶颈，为产业转型升级提供科技支撑。煤炭清洁高效利用产业集群初具规模，成为工业经济新支撑、新亮点。

2.3.2.3　焦作市衰退期煤炭资源枯竭城市全面转型高质量发展走出一条独具特色转型之路

焦作市是从以矿起家、因煤而兴，到逐渐资源枯竭城市衰退，实现全面转型高质量发展的典型衰退期煤炭资源型城市。

焦作市深入实施创新驱动、开放带动、生态立市三大战略，致力打造精致城市、品质焦作。焦作市衰退期的全面转型高质量发展，走出了一条独具特色的煤炭资源型城市转型发展之路。

（1）转变观念、创新思路

焦作市将转变观念放在首位，以思想大解放引领转型高质量。《河南经济蓝皮书（2019）》显示，在中原经济区 30 个省辖市中，焦作市经济综合竞争力位居第 4 位。因地制宜强化顶层设计。根据形势发展变化，与时俱进完善了"四城四区"的战略定位，即建设中原城市群和豫晋交界地区的区域性中心城市、郑州都市圈门户城市、国际知名文化旅游城市、宜居宜业生态文明城市；争创黄河流域生态保护和高质量发展示范区、国家城乡融合发展试验区，打造中原经济区先进制造业先导区、康养产业发展示范区。

焦作市在河南省率先编制黄河流域生态保护和高质量发展规划，包括郑焦一体化发展规划和郑焦产业带规划，联动郑州、洛阳，强化区域融合发展、错位发展、协同发展。

（2）构建现代工业体系等全面转型之路独具特色

焦作市实现从单一的煤炭产业向工业门类齐全的现代工业体系转变，从工业的转型升级向第一、第二、第三产业协调发展的转变，从经济的转型发展向城市全面转型的转变，从城市的全面转型向高质量发展迈进。数据显示，从 2008 年至今，焦作市第三产业增加值占 GDP 比重提高了 12 个百分点，高新技术产业增加值占规上工业比重翻了一番，煤炭工业占规上工业的比重由中华人民共和国成立之初的 81.7% 下降到 2.2%，焦作市走出了一条独具特色资源枯竭城市转型之路。

2018 年，河南省市县经济社会高质量发展目标考核评价结果中，焦作市得分名列 18 个省辖市第 2 位，同年，全国 69 个资源枯竭城市转型年度考核评价中，焦作市同样位居第 2 名。2019 年 5 月份，因城市转型发展成效突出，焦作市受到国务院通报表彰，享受经济转型重大改革和重大政策方面先行先试的支持。

（3）从资源型城市转为以旅游业为支柱的绿色城市

焦作市依靠山水型旅游产品的成功打造，带动当地旅游业的迅速崛起，进而带动区域经济发展，最终实现焦作市的成功转型——从资源型城市转为以旅游业为支柱的绿色城市。1999 年，焦作市作出了"把旅游业作为龙头产业进行培育"的重大决策；2000 年，确立"焦作山水"的旅游定位；2001 年，着力打造"焦作山水"旅游品牌；2002 年，全面实施"品牌带动"战略；2003 年，"焦作山水"和"云台山"双双被评为中国旅游知名品牌；2004 年，焦作市正式被命名为"中国优秀旅游城市"，同年，联合国教科文组织正式命名以云台山为首的五大景区为世界首批地质公园；2006 年 2 月 17 日，世界旅游评估中心和世界旅游推广峰会全球秘书处授予焦作市"世界杰出旅游服务品牌"，焦作市成为国内唯一一个获此殊荣的城市。焦作市还获得了"中国城市旅游竞争力百强城市""中国优秀旅游城市""最佳休闲旅游城市"和"中国旅游魅力城市"称号。

（4）生态文明城市建设促进城市高质量发展

焦作市坚持以打造精致城市、品质焦作为目标，不断提升城市颜值、气质、品质，增强吸引力、承载力。城市宜居和获得感指数均居全省第 1 位。全面改善城市精神面貌。强力推进十大基础设施项目、县城扩容提质、乡村振兴工程，中心城区黑臭水体全面消除，建成区绿地面积达 4303 万 m^2，城区垃圾、污水处理率达 100%，城区集中供暖普及率达到 90.1%。南水北调城区段绿化带和大沙河生态治理 9 个节点公园集中开园，打造"四渠三库泽怀川、九河五湖润山阳"的城市水系。顺利通过全国文明城市年度测评和国家卫生城市验收。加快解决采煤沉陷区历史遗留问题。完成综合治理 16.87km²，搬迁居民 5229户，恢复治理率达 41.52%。利用南水北调水资源和辖区内现存采煤沉陷区，谋划建设南水北调中线调蓄水库和生态水系工程，推动由陈旧矿区到生态新城、一煤独大到绿色多元产业的脱胎换骨式转变。着力解决群众关心的重大问题。持续实施民生幸福工程，补齐群众衣食住行、业教保医等方面存在的痛点堵点，民生支出占一般公共预算支出达 77.3%。"两定制兜底线"健康扶贫模式受到国务院通报表扬，医养中心建设走在全省前列，建成181 家社区老年人日间照料中心、867 家农村幸福院，群众幸福感、获得感、安全感明显提升。生态文明城市建设有力促进城市高质量发展。

2.3.2.4 徐州市再生期煤炭资源型城市的转型模式和解决方案

徐州市是煤炭城市，中华人民共和国成立初期有"百里煤海"之称，是江苏省唯一肩负煤炭资源型城市转型和老工业城市振兴双重任务的地区。

徐州市不仅实现再生期煤炭资源型城市转变方式、优化结构、集新要素多元创新发展，而且探索出可借鉴、可复制、可推广的徐州市转型模式和解决方案。徐州市煤炭资源型城市典型再生期综合转型在推动经济提质增效方面，实现了"转变经济发展方式，优化经济结构，摆脱对资源的依赖，实现从主要依靠要素投入向更多依靠创新驱动转变，从能源资源粗放利用向绿色循环低碳发展转变。实施"中国制造 2025"，推进信息化和工业化深度融合，改造提升传统产业，提升产品附加值，做优做强高新技术产业。支持企业充分运用云计算、大数据、物联网、移动互联网等新一代信息技术，加快发展智能制造、3D打印、网络化制造等新技术、新模式。"鼓励创业创新和塑造良好人居环境，打造山水园林城市，并强化污染治理和节能减排，提升生态环境质量等方面都十分出色，起到了很好示范作用。

近十多年来，在新发展理念的指引下，从产业、城市、生态、社会"四个转型"入手，徐州以全面转型重点突破带动全局发展，成为全国煤炭资源型城市转型和老工业城市振兴的成功范例。2017 年实现地区生产总值 6606 亿元，增速连续 11 年高于全国、全省平均水平；高新技术产业产值增长 14%，占 GDP 比重达到 36%；城市品质加快提升，累计实现 6433hm² 采煤沉陷区生态修复，实施棚户区改造 1827.5 万 m²，20 万户市民居住环境焕然一新。2017 年 12 月，习近平总书记赴徐州考察，对徐州市做强实体经济、壮大民族工业、加快资源型地区转型、创新采煤沉陷区治理模式等方面的工作给予充分肯定。

2.4 国外典型煤炭资源型城市（区域）转型借鉴

煤炭资源枯竭型城市面临的经济衰退等困境，不仅我国与发展中国家有，西方发达国家同样也有。发达国家转型产业发展方式可作为我国与发展中国家的借鉴，我国与发展中国家可以利用后发优势，以更低的成本实现产业结构优化升级，以更快的速度实现转型发展。我国煤炭资源型城市转型与发达国家还有较大的差距，在调整经济结构、优化生态环境、促进城市协调发展等方面，均可借鉴以德国鲁尔工业区、美国匹兹堡、日本北九州为代表的国际煤炭资源型城市生态转型的成功经验。

2.4.1 国外典型煤炭资源型城市（区域）主要的转型路径与发展模式

2.4.1.1 美国匹兹堡以市场调节为主导的转型发展模式

匹兹堡位于美国五大湖沿岸，煤炭资源丰富，拥有世界上最厚的煤层，曾经是美国最知名的重工业基地。匹兹堡的转型发展主要是依靠市场的选择，当地的煤炭资源型企业绝大多数是私营企业，因此政府尊重企业的自主选择，企业自主决定何时进入、何时退出及如何退出。市场机制在匹兹堡转型过程中发挥了关键作用，使资源能够更加合理和有效的配置，实现了规模经济。虽然很少直接干预，但政府还是发挥了相当大的辅助作用，实施了一系列相应的政策措施以促进城市经济的成功转型。政府主要通过财政和金融手段对当地的经济进行调控，比如通过财政支持提高转型时期社会福利保障以应对必要的紧急救援，使城市在经济转型时期能够比较平稳过渡。另外，政府针对资源型城市转型容易造成社会结构不稳定的特殊性制定了相应的政策：建立预警系统，做一个提前的计划，留出足够的时间来逐步有序地关闭工厂或放弃一个矿区城镇，这样可以避免工人惊慌失措，保持人心、社会的稳定；设立转型时期社会保障和救济专项基金，作为危机时期的补救来源，以帮助失业工人度过最初的难关；加强职业技术培训，促进劳动力就业结构调整，提高工人在新兴产业中的就业机会，以尽快实现转岗再就业。以市场为主导再加上政府适度有效的政策干预，匹兹堡的经济转型得以顺利进行。受益于转型后良好的人居环境，匹兹堡多次被经济学人周刊（The Economist）评为美国最适宜居住的城市。

2.4.1.2 德国鲁尔工业区以政府干预为主导的转型发展模式

鲁尔工业区作为典型的煤炭资源型区域，是德国的能源基地、钢铁基地和重型机械制造基地。自 19 世纪以来，能源产业和重化工业一直是鲁尔工业区的区位优势产业，在区域经济发展中发挥着不可替代的作用。但随着能源危机和产业技术革新的浪潮，鲁尔工业区面临过资源枯竭、产能过剩、产业结构失衡等问题。其政府及时成立了"鲁尔煤管区开发协会"，协调联邦、州和市三级政府共同参与对煤炭资源型城市的转型升级，分级设立地区发展规划委员会和执行委员会等职能部门，专门负责老工业基地振兴的综合协调，并制定了具有法律效力的振兴战略进行全面规划，其规划内容详细、目标清晰、实施效果较好，主要包括以下几个方面：第一，实施创新导向的地方经济政策，吸引高科技企业落户，帮助企业实施技术创新；第二，推广就业促进政策，为就业者提供免费咨询服务，帮助小企业和创业者获得闲置资金；第三，推进工业用地再生政策，通过基金收购工业用地，再以低价格出售给新兴企业，支持新兴产业发展；第四，实施钢铁工业重整政策，对企业进行现代化改造。鲁尔工业区痛下决心进行了大规模的产业结构优化升级与调整，在积极培育战略性新兴产业与重视发展第三产业的同时，注重对传统重化工业技术升级，并通过改善投资环境，建立"技术转换中心"鼓励自主创新，优化区域基础设施，打造立体运输网络体系，推动城市环境品质提升，建设生态城市，加速了产业结构优化升级。如今，鲁尔工业区形成了产业结构协调、地区分工合理、经济发展繁荣的现代工业化城市组团，是世界最重要的工业区之一。

2.4.1.3 日本北九州以产业政策促进产业转型带动城市转型的发展模式

日本的北九州，是以煤炭产业为主的地区。自 20 世纪 50 年代开始，北九州煤炭资源的开发难度增大，成本急剧提高，日本开始转变能源政策，从利用煤炭资源转向利用国际市场购买价格更便宜的石油资源，在这种情况下，北九州大片矿井关闭，煤炭业遭受重创。于是，日本开始了九次煤炭政策改革。在第八次和第九次煤炭政策中，开始重视产业转型。在衰退产业的调整措施上，日本首先采用了产业援助政策来解决国内煤炭产业出现的问题，放弃对煤炭行业代价高昂的保护政策，引导发展替代产业，兴办现代工业开发区。在新兴产业扶持措施上，日本政府采用了加强基础设施和公共事业建设，来提高原有产煤地域的吸引力。为了培育煤炭区的替代产业，日本政府从融资和税制两个方面制定了吸引外来投资政策，还制定了针对中小工商企业的特别贷款对策和信用保险等特别措施。这种模式的转型，虽然政府也起到了重要作用，但是对于城市转型的规划并不是主导的，其是在侧重支持产业转型的前提下，吸引新企业的入驻和企业投资，带动整个城市转型。因此，对日本产业转型起到决定性作用的是日本的产业政策。

2.4.2 国外典型煤炭资源型城市（区域）可借鉴的转型发展成功经验

2.4.2.1 政府主导的专项管理模式

专项部门管理。美国、德国、英国、日本、法国等一些发达国家，都成立了专门的生态转型管理部门，主要负责地区生态转型相关的规划、项目审批和资金支持。例如，1920年德国成立了鲁尔煤管区开发协会，为鲁尔工业区最高规划机构，从全区整体的角度来进行全面规划、统筹安排，以促进区域的生态、社会、经济协调发展。

专项资金支持。为了给煤炭资源型城市提供生态转型的资金支持，许多国家建立起专项转型基金。日本政府曾为煤炭资源型城市的萧条产业和地区专门成立了总计24.89亿元的信托基金。20世纪60年代中期至70年代中期，德国鲁尔工业区共筹集资金200亿马克，用于鲁尔工业区的转型升级，大大缓解了生态转型的压力。1984—1988年，法国共有4亿法郎被用于煤炭资源型城市的转型升级。目前欧盟也有大量的资金用于相似的目的。

专项培训提供人才支撑。德国鲁尔工业区为解决因转型升级而造成的失业问题，专门制定政策和设立机构，确保工人在下岗前掌握较高的技能，顺利实现再就业。他们成立了不同类型、不同专业和层次的培训机构，以便根据专业人员的文化、技术基础等实际情况进行有针对性的分类技能培训。培训期间受培训者的培训费由国家支付，工资由企业支付。

2.4.2.2 区域合作促进生态社会经济协调发展

通过区域合作，促进生态、社会、经济协调发展，是煤炭资源型城市可持续发展的关键。

鉴于煤炭资源型城市的发展特点，发达国家上至政府机构下到组织团体都意识到可持续发展的重要性，并采取了应对措施，如国际著名的 MMSD 计划（Mining Mineraland Sustainable Development）是 GMI（Global Mining Initiative）中为促进资源可持续发展合作而独立设置的一个重要部分，超过 40 家大型企业和组织为寻求资源型产业发展所面临的挑战和机遇而共同努力；类似的还有美国的 SMR（Sustainable Minerals Roundtable）会议，加拿大居民自发组织的"Minerals and Metals"项目、欧洲的"European Industrial Minerals Association"计划，均是旨在平衡生态、社会、经济三者之间的关系，结合区域资源开发特性，合理选择合作方式，建立可持续的发展模式[102]。

2.4.2.3　生态修复绿色发展

对于煤炭资源型城市在集中开采时期所遗留的环境污染问题，各国政府都下了大力气改善生态系统。例如，德国政府为煤炭资源型城市的生态修复提供资金和政策支持，修复资金由联邦政府承担 2/3，地方政府负责 1/3。政府将废旧矿区改造成具有三千个公园的绿色地带，基本消除严重的环境污染。此外，政府还在鲁尔河上修建了百余个污水净化池，将塌陷矿区改造成湖泊疗养地，在废弃矿山上植树绿化，提高绿地面积，改善生态系统。再如美国的匹兹堡，第一次复兴始于"第二次世界大战"结束后，政府开始生态修复，主要措施是要求大量钢铁厂外迁，并将许多原先的厂区改造成为绿地公园，并对污染的河道进行修复，使得匹兹堡摆脱因早期发展钢铁等重工业造成的"烟城"形象。

2.4.2.4　健全法律法规保障生态转型

法律法规能规范人们的行为，推动煤炭资源型城市的转型升级，因此资源型国家都格外重视。1920 年德国政府颁布法律，成立了鲁尔煤管区开发协会，后来通过法律一再扩大其权力。1969 年，该协会制定了"鲁尔工业区域整治规划"，并使其作为法令要求全区严格执行。与此同时，又制定了"煤矿调整法案"等相关法规和政策，对地区开发、复垦及资金来源等方面都作了明确规定，对鲁尔工业区以后的发展起了十分重要的作用。日本连续成立了 9 部煤炭行业的法律法规。1952 年出台的"企业合理化升级法案"用以加速提升产业技术，加快机械设备的升级换代。《煤矿离职人员临时措施法》于 1959 年成立，为这些失业煤矿工人提供了三种援助方案：广泛的安置服务，职业培训和再就业的资金支持。1961 年日本又出台了《产煤地区振兴临时措施法》用以明确金融援助基金的来源和用处。《改善特定产业结构临时措施法》于 1978 年开始生效，明确了政府的权力和义务。这些法律法规的出台对于日本煤炭资源型城市的复兴起到了重要的作用。全面提升传统产业竞争力，全面改造传统产业。从 1968 年开始，鲁尔工业区开始进行产业结构调整。通过对矿区进行清理和整顿，实行"关、停、并、转"政策，将采煤都集中到资源丰富和机械化水平高的大矿井，从而实现了生产方式从粗放型向集约型的转化。同时采取一系列诸如价格补贴、税收优惠、投资补贴、政府收购、矿工补贴、环保资助、研究与发展补助等优惠政策，对煤炭和钢铁传统工业进行全面扶持与改造。

2.4.2.5　发展新兴产业优化产业结构

针对经济结构过于单一的弊病，鲁尔工业区在振兴规划中将发展新兴产业放在了首要位置。政府先后出台一系列旨在推动新兴产业发展，实现产业结构多元化的政策，如"鲁尔行动计划""矿冶地区未来动议""欧盟与北威州联合计划"等。众多优惠政策和扶持措施，使得信息、电子信息等"新经济"产业在鲁尔工业区快速发展，明显领先于德国其他地区，并形成各具特色的优势行业。同时，为确保鲁尔工业区的持续健康发展，州政府将生物、医疗技术、计算机、软件、通信技术和物流等 12 个行业确立为新的经济增长点，以此来提高区域产业的竞争力。通过产业变革，整个鲁尔工业区的经济结构取得明显改善。

2.4.2.6　高新技术产业的产学研结合

充分发挥高校在选择和培育新经济增长点中的作用。在选择和培育新经济增长点的过程中，匹兹堡政府充分认识到研究型大学的作用，并设立专项研究基金支持其进行技术开发[103]。这一举措使匹兹堡大学和卡内基 - 梅隆大学进入了连接高科技研究与经济增长的快车道。匹兹堡大学健康医疗中心的迅速扩张使匹兹堡成为医学研究及临床治疗的国际性中心。同时,卡内基-梅隆大学也因此成为计算机科学及机器人研究的国际性中心。上述两个高新技术中心把大学和私人企业联系起来,使机器人、电子计算机、生物工程、高效能源和无线电通信等成为匹兹堡新的经济增长点。

根据国际上的煤炭资源型城市生态转型的成功经验可以看出,要想使煤炭资源型城市可持续发展,不能过分依托资源禀赋优势仅发展单一资源产业,应当发挥政府主导作用,改善生态系统,保障社会就业,优化产业结构,促进城市生态、社会、经济协调发展。

2.5 本章研究结果分析

本章与第1章转型发展目标分析的研究结果分析:

(1)煤炭资源型城市生命周期、演化机理、发展路径、产业特性等决定其发展方式,特别是在能否持续发展上有与其他城市不同的本质差异,煤炭资源型城市转型的实质是实现城市、经济、社会的可持续发展。

(2)探究煤炭资源型城市生命周期与演化阶段、演化机理、转型的困惑与挑战、不同类煤炭资源型城市转型异同与借鉴是煤炭资源型城市高效协调转型及高质量可持续发展研究的基础和重要环节。

(3)煤炭资源型城市转型困惑与挑战集中反映在产业结构刚性产生对其他产业的挤出效应、煤炭资源型城市的"路径依赖"与"锁定效应","资源诅咒"固有性使失去资源优势后陷入比较劣势、资源开发造成生态破坏严重与生态修复难度大、转型过程中存在严重的利益冲突、转型的市场规模与市场化程度障碍,以及计划经济体制的累积影响及历史补偿机制与接续产业培育的缺失等多个方面。

(4)煤炭资源型城市绿色生态转型是煤炭资源型城市全方位的绿色化、生态化转型,是煤炭资源型城市社会、经济、生态的协调综合转型。其中,经济转型是资源配置和经济发展方式的转变,包括发展模式、发展要素、发展路径等转变,是经济体制和结构发生的一个由量变到质变的过程,是煤炭资源型城市转型的核心所在,而其产业转型是煤炭资源型城市转型的基础,煤炭资源型城市转型的实现,需要以产业转型为基础,为城市转型创造足够的动力;社会转型是传统社会向现代社会过渡的过程,是煤炭资源型城市社会问题解决与社会质量优化的过程。

煤炭资源型城市转型发展目标是本研究衡量煤炭资源型城市是否达到预期要求的对比依据,也是研究制定转型效果相关评价指标体系的主要考虑出发点。本研究从产业、经济、生态、城市、社会转型多维视角,基于转型特点与目的要求分析,提出煤炭资源型城市转型成功总体上应达到的目标:多元产业格局基本形成,体现产业多元化,传统资源开发型产业占比大幅降低,资源依赖典型特征消失,现代产业体系逐步建立;实现低碳循环经济,体现经济平稳快速增长,单位GDP能耗、水耗较低,达到碳达峰和碳中和要求的趋向目标;生态环境友好,体现植被覆盖率高,采煤塌陷区基本治理,废弃物实现综合利用,空气质量明显改善,点源面源污染有效控制,资源环境承载能力显著增强;城市发展较好,体现城市人口、人才流失有效控制,城市规模规划发展,科技创新技术进步,基础设施体系完备,综合服务功能加强,集聚辐射能力提升;社会发展和谐稳定,体现人民安居乐业，居民收入较高，社会保障覆盖率高，公共服务设施完善。城市功能比较完善。

（5）按煤炭资源型城市不同时期的资源开发利用、经济社会发展与生态环境状况，借鉴国外转型实践，探索不同的转型模式、转型途径。

成长期，成熟期，侧重接续替代产业（集群）的发展新动能培育转型升级；衰退期、再生期，侧重转变方式与优化结构的发展新动能培育，生态、经济、社会、城市全面转型。

第3章 转型高效发展及转型效率模型评价分析

效率是煤炭资源型城市转型高质量发展的关键和必要条件,煤炭资源枯竭城市经济与生态危机严重,社会问题突出,转型发展的复杂性不言而喻,需要高效、合理处理专型的各种关系。本章侧重转型效率分析与影响因素及模型实证,相关论述与评价分析揭示:改变煤炭资源枯竭城市赶超型经济增长范式,避免陷入中等收入陷阱,提高投资效率、生产效率是转变增长方式和推动转型的核心,而转型效率评价是直接衡量和反映煤炭资源型城市转型高质量发展水平的重要途径。

本章是煤炭资源型城市转型高质量发展效果模型实证分析的核心内容之一,内容包括转型高效发展与高质量发展、转型效率的模型评价方法、样本城市与数据来源、转型效率、静态分析、转型效率动态分析、转型效率影响因素及模型实证,以及本章研究结果分析。

3.1 转型高效发展与高质量发展

1. 高质量发展是直面新时代主要矛盾的必然选择

党的十九大报告指出,"我国经济已由高速增长阶段转向高质量发展阶段,正处在转变发展方式、优化经济结构、转换增长动力的攻关期",转向高质量发展阶段,是直面新时代主要矛盾的必然选择。高质量发展就是能够很好满足人民日益增长的美好生活需要的发展,是体现新发展理念的发展,是创新成为第一动力、协调成为内生特点、绿色成为普遍形态、开放成为必由之路、共享成为根本目的的发展。

人民日益增长的美好生活需要不仅是人民的需要从物质文化领域向物质文明、政治文明、精神文明、社会文明、生态文明全面拓展,而且是人民需要的层次大大提升,包括期待有更好的教育、更稳定的工作、更满意的收入、更可靠的社会保障、更高水平的医疗卫生服务、更舒适的居住条件、更优美的环境、更丰富的精神文化生活。这些日益增长的美好生活需要不断呈现多样化多层次多方面的新特点。

从经济学角度看,高质量发展的过程是产业转型质量不断提升的过程。新结构经济学认为,遵循比较优势的产业转型是经济发展成功之道[104]。从产业层面来看,高质量发展意味着产业规模壮大、产业结构优化、创新驱动转型升级、质量效益不断提升[105],同时,新技术创新、新兴产业带动劳动力迁移,使经济更加有效、快速发展[106]。产业的高质量发展是经济高质量发展的重要支撑。

2. 转型高效发展与高质量发展

煤炭资源枯竭城市经济与生态危机严重,社会问题突出,转型发展的复杂性不言而喻，转型发展，一方面需要高效、协调发展，需要高效、合理处理转型的各种关系，同时，就产业经济增长最大影响因素而言，无疑是产业部门比重及其效率变动的乘积，因而，改变煤炭资源枯竭城市赶超型的经济增长范式，避免陷入中等收入陷阱，提高投资效率、生产效率是转变增长方式和推动转型的核心；另一方面，需要高质量发展，转型根本上就是为了高质量可持续发展，而转型高效、协调发展也正是体现高质量发展的两个方面。

转型高效发展是体现煤炭资源型城市高质量发展的一个重要方面。更高质量、更有效率、更加公平、更可持续集中体现转型高效、协调发展与高质量发展的要求。其中，更高质量直接体现高质量发展，而更有效率体现的就是高效发展，以更少要素投入取得更大产出效益，集中表现为提高全要素生产率[107]。在同样数量规模的劳动、资本、土地等要素投入下，由科技进步、资源优化配置等引致的额外经济增长率，不断提高科技创新在经济发展中的贡献份额和资源配置效率。高效发展实施创新驱动发展战略，以关键共性技术、前沿引领技术、现代工程技术、颠覆性技术创新为突破口，努力实现关键核心技术自主可控，推动科技创新和经济社会发展深度融合，使科技创新成为提高全要素生产率的强大引擎。

3.2　转型效率的模型评价方法

本研究的转型效率模型评价，涉及 DEA 数据包络分析法、曼奎斯特指数法、熵权法、多指标综合评价模型等方法。

3.2.1　DEA 数据包络分析方法

数据包络分析（Data Envelopment Analysis，DEA）是 1978 年美国著名运筹学家 Charnes 和 Cooper 等学者提出的一种重要的效率综合评价方法，把单输入和单输出的工程效率推广到多输入多输出同类决策单元的有效评价中[108]。数据包络分析使得研究经济学的手段由参数方法发展成为参数与非参数方法并重，以此开拓了运筹学研究的新领域。

数据包络分析方法是根据多项投入指标和多项产出指标，利用线性规划的方法，对具有可比性的同类型单位进行相对有效性评价的一种数量分析方法。DEA 数据包络分析以相对效率概念为基础，对同一系统内的各个决策单元（DMU）的相对有效性进行评价。保持决策单元的输入和输出不变，借助于数学规划将 DMU 投影在 DEA 前沿面上，并通过比较决策单元偏离 DEA 前沿面的程度来评价相对有效性。

DEA 模型分为 CCR 模型和 BCC 模型。CCR 模型假设 DMU 处于固定规模报酬情形下，用来衡量总效率。固定规模报酬是所有 DMU 一起比较的效率评估。BCC 模型假设 DMU 处于变动规模报酬情形下，用来衡量纯技术效率和规模效率，纯技术效率是煤炭资源型城市发展要素资源的配置和利用的效率；规模效率是对产出单元作用的大小，是煤炭资源型城市规模集聚的效率。

假设要评价 N 个煤炭资源型城市转型的效率，每个城市有 M 种投入指标和 L 种输出指标，对于第 n（$n = 1, 2, \cdots\cdots, N$）个城市规模报酬不变的 DEA 模型，即 CCR 模型为：

$$
\begin{cases}
\min \left[\theta - \varepsilon \left(e_1^{\mathrm{T}} s^- + e_2^{\mathrm{T}} s^+\right)\right] \\
s.t. \sum_{i=1}^{N} x_{im} \lambda_i + S^- = \theta x_m^n, \quad m = 1, 2, 3, \cdots\cdots, M \\
\sum_{i=1}^{N} y_{il} \lambda_i - S^+ = y_l^n, \quad l = 1, 2, 3, \cdots\cdots, L \\
\lambda \geqslant 0, \quad n = 1, 2, 3, \cdots\cdots, N
\end{cases}
\tag{3-1}
$$

式中

$\theta \ (0 < \theta \leqslant 1)$——纯技术效率和规模效率的综合效率指数，$\theta$ 越大，表示产业转型的综合效率越高，$\theta = 1$，表示产业转型达到了综合效率最优；

$\lambda_i \ (\lambda \geqslant 0)$——权重变量；

S^-、S^+ $(S^- \geqslant 0, \ S^+ \geqslant 0)$——剩余变量和松弛变量。

式（3-1）在 $\sum_{i=1}^{N} \lambda_i = 1$ 时，DEA 模型就变为规模报酬变动的 BCC 模型，该模型计算出的 θ_b 为纯技术效率指数，而规模效率指数 θ_s 则为 θ/θ_b。

同样，θ_b 越大表示产业转型的纯技术效率和规模效率越高；

$\theta_b = 1$ 和 $\theta_s = 1$ 表示产业转型达到了纯技术效率和规模效率最优。

煤炭资源型城市转型的效率与资源禀赋类别、城市规模、发展理念、科技创新等有较大关联。煤炭资源型城市转型发展的各要素在不同时期都有不同的表现方式和组合关系，其最佳结构并不单指产业组成，还包括诸如不可再生资源的有限资源环境承载力等。

技术效率是指投入与产出之间的关系，是既定投入的产出最大化，或既定产出的投入最小化。

在煤炭资源型城市 DEA 模型评估中，DEA 模型中的城市综合技术效率是对决策单元的资源配置能力、资源使用效率等多方面能力的综合衡量与评价。

综合技术效率＝纯技术效率 × 规模效率。

其中，纯技术效率指数则表示的是城市发展要素资源的配置和利用的效率。

规模效率指数表示的是通过优化配置对产出单元所发生作用的大小，是城市规模集聚的效率。

3.2.2 曼奎斯特指数方法

大多数数据包络分析模型都是基于静态分析。由于数据包络分析模型主要是对效率的静态变化进行描述，而煤炭资源型城市的转型高质量发展效率评价不仅要考虑静态变化，而且需要进行动态比较，因而，数据包络分析模型就存在欠缺[109]。

借助数据包络分析和曼奎斯特指数方法的结合可对转型效率全面分析，该指数可以应用多个投入和产出，同时将生产率变化分为技术变化和效率变化。

曼奎斯特指数具体的计算过程是基于距离函数的比率来完成的。曼奎斯特指数的计算演变过程可用以下三个方程式加以概括：

$$
\begin{aligned}
& M_{i,t+1} \left(X_i^t, \ Y_i^t, \ X_i^{t+1}, \ Y_i^{t+1}\right) \\
& = \left[\frac{D_i^t \left(X_i^{t+1}, \ Y_i^{t+1}\right)}{D_i^t \left(X_i^t, \ Y_i^t\right)} \times \frac{D_i^{t+1} \left(X_i^{t+1}, \ Y_i^{t+1}\right)}{D_i^{t+1} \left(X_i^t, \ Y_i^t\right)}\right]^{\frac{1}{2}}
\end{aligned}
\tag{3-2}
$$

式中　　　　　　　　　　　X_i^t、X_i^{t+1}——第 i 个地区在第 t 期和第 $t+1$ 期的投入量；

　　　　　　　　　　　　Y_i^t、Y_i^{t+1}——第 i 个地区在第 t 期和第 $t+1$ 期的产出量；

$D_i^t(X_i^t,\ Y_i^t)$、$D_i^{t+1}(X_i^{t+1},\ Y_i^{t+1})$——以第 t 期的技术 T_t 为参照标准，时期 t 和时期第 $t+1$
　　　　　　　　　　　　　　　　　　　　　生产点的距离函数。

由上可得：　　　$M_{i,t+1}(X_i^t,\ Y_i^t,\ X_i^{t+1},\ Y_i^{t+1})$

$$= \frac{D_i^{t+1}(X_i^{t+1},\ Y_i^{t+1})}{D_i^t(X_i^t,\ Y_i^t)}\left[\frac{D_i^t(X_i^t,\ Y_i^t)}{D_i^t(X_i^t,\ Y_i^t)}\times\frac{D_i^t(X_i^{t+1},\ Y_i^{t+1})}{D_i^{t+1}(X_i^t,\ Y_i^t)}\right]^{\frac{1}{2}} \tag{3-3}$$

式中，将全要素生产率变动分成两部分，分别是技术变化与技术效率变化。方括号前面的部分是从第 t 期到第 $t+1$ 期生产效率的变化，而方括号里面的部分是从第 t 期到第 $t+1$ 期技术的变化率。

式（3-4）是式（3-3）的变形：

$$M_{i,t+1}(X_i^t,\ Y_i^t,\ X_i^{t+1},\ Y_i^{t+1})$$

$$= \frac{D_1^{t+1}(X_i^{t+1},\ Y_i^{t+1})}{D_1^t(X_i^t,\ Y_i^t)}\times\left[\frac{D_1^t(X_i^t,\ Y_i^t)}{D_2^{t+1}(X_i^t,\ Y_i^t)}\times\frac{D_2^{t+1}(X_i^{t+1},\ Y_i^{t+1})}{D_1^{t+1}(X_i^{t+1},\ Y_i^{t+1})}\right]$$

$$\times\left[\frac{D_2^t(X_i^t,\ Y_i^t)}{D_2^{t+1}(X_i^t,\ Y_i^t)}\times\frac{D_2^t(X_i^{t+1},\ Y_i^{t+1})}{D_2^{t+1}(X_i^{t+1},\ Y_i^{t+1})}\right] \tag{3-4}$$

式（3-4）消除了固定规模报酬的假设，分析了在变动规模报酬的情形下全要素生产率的变动情况，进一步将技术效率变化分解为纯技术效率变化和规模效率变化。

式中，D_1 表示的是变动规模报酬情形下的距离函数；

　　　　D_2 表示的是固定规模报酬情形下的距离函数。

当 $M_{i,t+1}>1$ 时，全要素生产率（TFP）提高；

当 $M_{i,t+1}<1$ 时，TFP 下降；

当 $M_{i,t+1}=1$ 时，TFP 不变。

式（3-4）分为 3 部分，第 1 部分是指方括号以外的部分，表示在变动规模下的纯技术效率变化；

第 2 部分是指第一个方括号乘积式，代表了规模效率变化；

第 3 部分与式（3-3）一样，表示的是技术变化率。

上述，也即表示曼奎斯特指数为纯技术效率、规模效率变化和技术变化率的三者乘积之和。

3.2.3　熵权法多指标综合评价模型分析方法

熵权法（Entropy Weight Method，EWM）是由物理学引入信息论的一种客观的赋值方法，在社会经济和管理科学等领域得到广泛应用[110]。它根据各指标观测值所能够提供有用信息量的大小来确定各个指标的客观权重，进而建立基于熵的多指标综合评价决策模型。

根据系统中各个指标观测值的变动程度，利用熵值来计算出各指标权重。指标观测值的变动程度体现了指标提供信息量的大小，变动越大，信息量越大，不确定性就越小，在综合评价中起到的作用就越大，相应权重也就越大；反之亦然。

根据经济学的基本理论和煤炭资源型城市的转型效率评价要求，本研究假定煤炭资源型城市转型效率评价的输入指标为劳动（L）、资本（K）、资源（N）和技术（A）四项投入，输出指标为地区人均GDP、第三产业比重、地方财政一般预算内收入、社会消费品零售总额、第三产业从业人员比重、医院与卫生院床位数、环境产出指数、建成区绿化覆盖率。

其中，环境产出指数通过对工业废水排放量、工业二氧化硫排放量、工业烟尘排放量、工业固体废物排放量、城市污水处理率、再生水利用率综合赋予权重，采用熵权法计算得出。

并可按以下计算：

1）将各指标同度量化，计算第 j 项指标下第 i 年份指标值的比重 S_{ij} :

$$S_{ij} = \frac{x_{ij}}{\sum_{i=1}^{n} x_{ij}}$$ （3-5）

2）计算第 j 项指标的熵值 h_j :

$$h_j = -k \sum_{i=1}^{n} (S_{ij} \ln S_{ij}), \quad k = \frac{1}{\ln n}$$ （3-6）

3）计算第 j 项指标的差异性系数 a_i :

$$a_i = 1 - h_i$$ （3-7）

式（3-6）与式（3-7）中，熵值越小，指标间的差异性越大，指标也就越重要。

4）定义第 j 项指标的权数 w_j :

$$w_j = \frac{a_j}{\sum_{i=1}^{n} a_j}$$ （3-8）

5）分别计算第 i 年份的环境污染指数 P_i :

$$P_i = \sum_{j=1}^{n} w_j y_{ij}$$ （3-9）

6）取倒数得到环境产出指数 L_i :

$$L_i = 1/P_i$$ （3-10）

3.2.4 转型效率模型评价应用指标

3.2.4.1 转型效率模型评价应用指标构成及参数选择

本研究以投入产出指标衡量转型效率，转型效率评价应用三级分级评价指标，包括：

投入、产出2个一级指标；

一级投入指标的资源、资本、技术、劳动力4个二级指标和一级产出指标的经济、社会、生态环境3个二级指标；

与二级指标分别对应的供水总量、全年用电量、建成区面积、城镇固定资产总投资、科技财政支出经费、高等教育在校生人数、单位从业人员总数、地区人均GDP、第三产业比重、地方财政一般预算内收入、社会消费品零售总额、第三产业从业人员比重、医院与卫生院床位数、环境产出指数、建成区绿化覆盖率等15个三级指标。

煤炭资源型城市转型效率模型评价应用分级指标参数如表3-1所示。

煤炭资源型城市转型效率模型评价应用分级指标参数　　表 3-1

一级指标参数	二级指标参数	三级指标参数
投入指标	资源	X_1：供水总量；X_2：全年用电量；X_3：建成区面积
	资本	X_4：城镇固定资产总投资
	技术	X_5：科技财政支出经费；X_6：高等教育在校生人数
	劳动力	X_7：单位从业人员总数
产出指标	经济	Y_1：地区人均 GDP；Y_2：第三产业比重；Y_3：地方财政一般预算内收入
	社会	Y_4：社会消费品零售总额；Y_5：第三产业从业人员比重；Y_6：医院、卫生院床位数
	生态环境	Y_7：环境产出指数；Y_8：建成区绿化覆盖率

3.2.4.2　转型效率模型评价应用指标参数选择分析

表 3-1 煤炭资源型城市转型效率模型评价应用分级指标参数，主要基于以下考虑：

（1）产业结构优化调整相关参数选择

产业结构优化调整是煤炭资源型城市实现可持续发展的重要前提，因此，本研究重点选取产业结构优化调整相关第三产业固定资产投资额、第三产业从业人数、第三产业占地区生产总值比重作为煤炭资源型城市转型发展的投入产出指标，重点反映煤炭资源型城市转型效率提升相关的第三产业的占比变动情况。

（2）科教发展技术进步及创新相关参数选择

科教发展技术进步及创新是煤炭资源型城市转型发展效率提升重要因素之一，体现在煤炭资源型城市转型科技水平与人文素养等方面的不断提高。本研究重点设置科学技术支出和教育支出、高等教育在校生人数，以及地区人均 GDP 等指标，反映煤炭资源型城市转型科教发展、技术进步与创新，以及经济社会发展状况。

（3）生态修复环境治理相关参数选择

煤炭资源型城市，特别是煤炭资源枯竭城市生态破坏环境污染严重，生态修复环境治理直接影响煤炭资源型城市绿色生态转型成效，生态环境质量的提高是煤炭资源型城市转型重要目标，也是转型发展效率提升的重要评判标准。本研究主要采用环境产出指数及建成区绿化覆盖率等指标评价生态环境，反映煤炭资源型城市转型生态修复环境治理带来生态环境改善状况。

3.3　样本城市与数据来源

3.3.1　样本城市的分区分类选择

本研究根据我国煤炭资源型城市特点与转型实际情况，并考虑数据可取性等因素，选取了我国东部、中部、西部不同地区的 21 个有代表性地市级煤炭资源型城市作为研究实证样本的载体，以突出反映全国不同地区、不同层级、不同类别煤炭资源型城市转型差异和总体发展趋势，探究相关转型实效、内在规律和方法对策及示范模式借鉴。选取的我国21 个不同地理区位的有代表性地市级煤炭资源型城市，如表 3-2 所示。

	21 个不同地理区位的有代表性地市级煤炭资源型城市	表 3-2

东部地区	徐州市、枣庄市、邯郸市、邢台市、抚顺市、阜新市、双鸭山市、七台河市
中部地区	朔州市、淮北市、长治市、晋城市、萍乡市、焦作市、鹤岗市、鸡西市
西部地区	乌海市、达州市、铜川市、赤峰市、石嘴山市

依据国务院印发的《全国资源型城市可持续发展规划（2013—2020 年）》中按照可持续发展的能力和资源状况对全国的资源型城市的分类，可得出本研究选取的 21 个有代表性的地市级煤炭资源型城市分类，如表 3-3 所示。

	全国 21 个有代表性地市级煤炭资源型城市分类 表 3-3

成长型	朔州市
成熟型	邯郸市、邢台市、长治市、晋城市、鸡西市、达州市、赤峰市
衰退型	枣庄市、抚顺市、阜新市、双鸭山市、七台河市、淮北市、萍乡市、焦作市、鹤岗市、乌海市、铜川市、石嘴山市
再生型	徐州市

表 3-3 中全国 21 个有代表性地市级煤炭资源型城市的分类以衰退型城市最多，其次成熟型城市。上述选择考虑一是符合我国煤炭资源型城市不同类型组成结构的特点；二是在重点突出衰退期、再生期煤炭资源型城市（本研究重点的近资源枯竭城市）的同时，兼顾包括成长期、成熟期煤炭资源型城市在内的转型的两大分类特征及相关研究的基本需要；三也是突出满足研究重点资源枯竭城市的需要。

3.3.2 数据来源与数据处理及相关年限

3.3.2.1 数据来源与数据处理

数据来源主要选自中国城市统计年鉴（2007—2016 年）、各地市统计局网站、《国民经济和社会发展统计公报》《中国煤炭工业年鉴》等统计资料，除人均 GDP 价格指数之外，由于缺少中国部分资源型城市的其他价格指数，其他包含价格变动的指标，由按国家统计局公布的各省、市、区 GDP 价格指数转化为可比价格，少部分无法获得的指标数据采用基期数据平移的方式加以量化取值。

由于 DEA 模型不能有过多的投入与产出指标的限制，而且要求产出指标之间尽量不要有过高的相关度，因此，将选择的各煤炭资源型城市的工业废水排放量、工业二氧化硫排放量、工业烟尘排放量、工业固体废物排放量、城市污水处理率、再生水利用率指标，采用熵权法计算，以得到简化后的环境优化指数。

3.3.2.2 主要数据相关年限

模型实证分析研究的数据主要相关年限，选择 2006—2015 年主要是基于以下考虑：

1）根据相关文献综述，我国煤炭资源型城市转型可持续发展研究阶段始于 20 世纪末、21 世纪初，2013 年 11 月国务院适时出台的《全国资源型城市可持续发展规划（2013—2020 年）》，指出要建立资源型城市可持续发展指标体系，力争到 2020 年，资源枯竭城市历史遗留问题基本解决，转型任务基本完成。

2）"十二五"末本研究中的徐州市等典型示范案例转型的成效已非常明显，以徐州市为例，徐州市从"老灰穷"到"新绿富"的转变，到"十二五"末，老工业基地历史包袱重、资源型城市遗留欠账多、衰退产业退出和新兴产业接替的目标已基本完成。

3）2006—2015 年即与国家国民经济五年发展计划对应的"十一五""十二五"时期是我国煤炭资源型城市转型集中开展时期，虽然不同煤炭资源型城市转型成效差别很大，但以这一时间段数据变化作为转型成效的重点比较研究是合适的。

4）未列 2016 年、2017 年及后的相关数据分析，主要通过发展趋势分析与结合相关规范研究补充完善。

3.4　转型效率静态分析

3.4.1　转型效率总体评价分析

本研究转型效率模型实证得出的我国不同地区 2006—2015 年各煤炭资源型样本城市历年转型效率变化结果，如表 3-4 所示。

2006—2015 年各煤炭资源型样本城市历年转型效率变化　　　　　表 3-4

地区／城市		2006 年	2007 年	2008 年	2009 年	2010 年	2011 年	2012 年	2013 年	2014 年	2015 年	2006—2015 年平均值
东部地区	徐州市	0.415	0.583	0.548	0.614	0.673	0.756	0.739	0.910	1.072	1.068	0.738
	枣庄市	0.428	0.611	0.512	0.633	0.637	0.725	0.766	0.805	0.835	1.041	0.699
	邯郸市	0.449	0.692	0.534	0.58	0.642	0.672	0.689	0.821	0.833	1.004	0.692
	邢台市	0.347	0.399	0.445	0.501	0.553	0.665	0.716	0.745	0.727	0.775	0.587
	抚顺市	0.291	0.448	0.405	0.498	0.447	0.449	0.563	0.508	0.581	0.613	0.480
	阜新市	0.321	0.382	0.356	0.398	0.43	0.564	0.567	0.612	0.667	0.673	0.497
	双鸭山市	0.283	0.291	0.359	0.403	0.461	0.506	0.505	0.539	0.543	0.574	0.446
	七台河市	0.292	0.301	0.345	0.433	0.475	0.498	0.541	0.533	0.521	0.588	0.453
	鹤岗市	0.354	0.382	0.489	0.474	0.529	0.625	0.693	0.877	0.761	0.765	0.595
	鸡西市	0.329	0.399	0.461	0.475	0.524	0.625	0.761	0.756	0.783	0.849	0.596
	平均值	0.351	0.449	0.445	0.501	0.537	0.608	0.654	0.711	0.732	0.795	0.578
中部地区	朔州市	0.317	0.344	0.413	0.431	0.419	0.505	0.525	0.534	0.693	0.744	0.493
	淮北市	0.348	0.345	0.476	0.571	0.487	0.619	0.729	0.773	0.823	0.886	0.606
	长治市	0.379	0.392	0.434	0.478	0.542	0.672	0.689	0.721	0.833	0.894	0.603
	晋城市	0.413	0.478	0.467	0.522	0.576	0.639	0.641	0.712	0.826	0.835	0.611
	萍乡市	0.356	0.402	0.499	0.528	0.482	0.787	0.751	0.704	0.702	0.812	0.602
	焦作市	0.401	0.458	0.513	0.609	0.704	0.808	0.982	0.848	1.004	1.076	0.740
	平均值	0.369	0.403	0.467	0.523	0.535	0.672	0.720	0.715	0.814	0.875	0.609

地区／城市		2006 年	2007 年	2008 年	2009 年	2010 年	2011 年	2012 年	2013 年	2014 年	2015 年	2006—2015 年平均值
西部地区	乌海市	0.339	0.392	0.454	0.471	0.667	0.722	0.824	0.856	0.874	0.851	0.645
	达州市	0.271	0.298	0.319	0.414	0.444	0.509	0.514	0.588	0.539	0.586	0.448
	铜川市	0.316	0.365	0.352	0.447	0.563	0.724	0.739	0.834	0.784	0.801	0.593
	赤峰市	0.313	0.462	0.544	0.584	0.785	0.825	0.773	0.896	0.891	0.826	0.690
	石嘴山市	0.287	0.325	0.333	0.384	0.462	0.449	0.476	0.542	0.613	0.646	0.452
	平均值	0.305	0.368	0.400	0.460	0.584	0.646	0.665	0.743	0.740	0.742	0.565
全国	平均值	0.345	0.417	0.441	0.498	0.548	0.635	0.675	0.720	0.757	0.805	0.584

从表 3-4 可以看出，在 2006—2015 年各煤炭资源型样本城市历年转型效率中，就全国范围而言，煤炭资源型样本城市转型效率整体呈现上升趋势，从转型效率的区域差异来看，东部地区和中部地区历年的煤炭资源型样本城市年均转型效率要好于西部地区。东部地区煤炭资源型 10 个样本城市年均转型效率的 10 年平均值为 0.578，中部地区 6 个样本城市平均值 0.609，均高于西部地区 5 个样本城市平均值 0.565。

从全国层面看，2006—2015 年年均转型效率最高的煤炭资源型样本城市是焦作市，其次是徐州市、枣庄市，而最低的是双鸭山市。

从地区层面看，东部地区 2006—2015 年年均转型效率最高的煤炭资源型样本城市是徐州市，其转型发展成效显著，其次是枣庄市，煤炭资源型样本城市中年均转型效率最低的是双鸭山市；

中部地区年均转型效率最高的煤炭资源型样本城市是焦作市，最低的是朔州市；

得益于西部大开发政策的推行，西部地区转型效率增长速度较快，其中年均转型效率最高的煤炭资源型样本城市是赤峰市，最低的是达州市。

3.4.2 转型效率聚类评价分析

根据表 3-4 2006—2015 年各煤炭资源型样本城市历年转型效率变化的数据，对各煤炭资源型样本城市历年转型效率，进行聚类分析。并将 21 个煤炭资源型样本城市转型效率变化聚类划分为以下三类：

第一类，包括东部地区的抚顺市、阜新市、双鸭山市、七台河市，中部地区的朔州市，西部地区的达州市、石嘴山市 7 个煤炭资源型样本城市，转型效率普遍较低，大部分都处于 0.5 以下，反映转型效率及变化的整体情况较差；

第二类，包括东部地区的邢台市、鹤岗市、鸡西市，中部地区的淮北市、长治市、晋城市、萍乡市，西部地区的铜川市 8 个煤炭资源型样本城市，转型效率波动较大，转型效率均值处于全体的中间位置，反映转型效率及变化整体情况属于一般；

第三类，包括东部地区的徐州市、枣庄市、邯郸市，中部地区的焦作市，西部地区的赤峰市、乌海市 6 个煤炭资源型样本城市，转型效率大部分处在 0.5 以上，部分年份甚至大于 1，反映转型效率及变化整体情况较好。

从表3-4 2006—2015 年各煤炭资源型样本城市历年转型效率变化结果可得出对应的转型效率变化图。

图 3-1 为 2006—2015 年分区煤炭资源型样本城市转型效率变化。

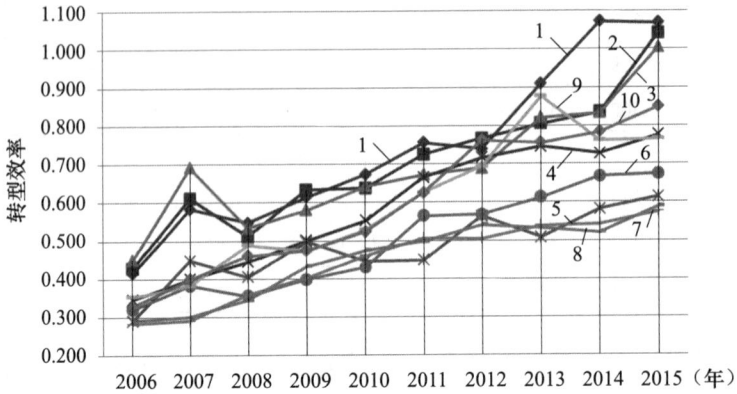

1　徐州市　2　枣庄市　3　邯郸市　4　邢台市　5　抚顺市　6　阜新市
7　双鸭山市　8　七台河市　9　鹤岗市　10　鸡西市

（a）东部地区

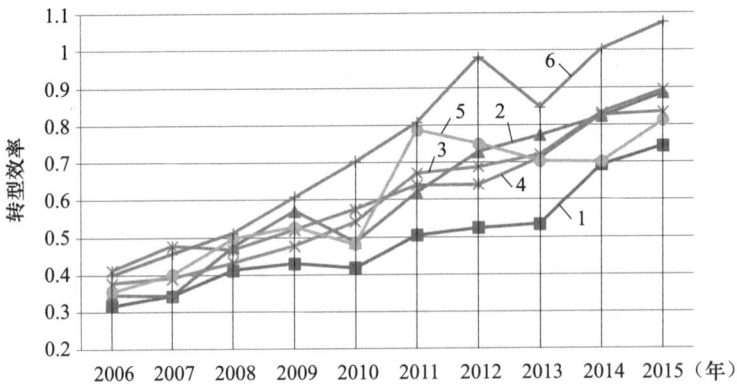

1　朔州市　2　淮北市　3　长治市　4　晋城市　5　萍乡市　6　焦作市

（b）中部地区

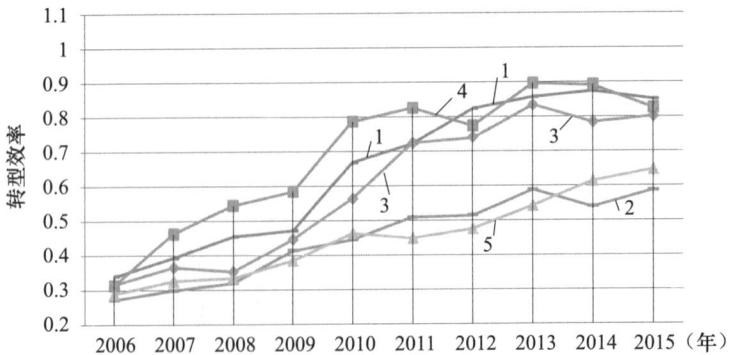

1　乌海市　2　达州市　3　铜川市　4　赤峰市　5　石嘴山市

（c）西部地区

图 3-1　2006—2015 年分区煤炭资源型样本城市转型效率变化
资料来源：作者自绘。

3.5　转型效率动态分析

3.5.1　煤炭资源型样本城市全要素生产率及分解指标分析

全要素生产率是指一个系统的总产出量与全部生产要素真实投入量之比，指全部生产要素（包括资本、劳动、土地，通常分析略去土地）的投入量都不变时，而生产量仍能增加的部分，也即各要素投入之外的技术进步或技术效率变化对经济增长贡献的因素。全要素生产率可按相关因素分解相关效率指标。

通过曼奎斯特指数分析 21 个样本煤炭资源型城市的转型效率动态变化，得出 2006—2015 年煤炭资源型样本城市全要素生产率，以及技术效率、技术进步效率、纯技术效率、规模效率分解指标，结果如表 3-5 所示。

2006—2015 年煤炭资源型样本城市全要素生产率及分解指标　　　表 3-5

地区		技术效率（纯技术效率 × 规模效率）	技术进步效率	纯技术效率	规模效率	全要素生产率（技术效率 × 技术进步效率）
东部地区	徐州市	0.967	1.082	1.023	0.945	1.046
	枣庄市	0.971	1.068	1.000	0.971	1.037
	邯郸市	0.959	1.065	1.000	0.959	1.021
	邢台市	0.978	1.044	1.021	0.958	1.021
	抚顺市	0.953	1.060	1.000	0.953	1.010
	阜新市	1.019	0.990	0.998	1.021	1.009
	双鸭山市	0.978	1.025	0.929	1.053	1.003
	七台河市	0.942	1.063	0.865	1.089	1.001
	鹤岗市	0.984	1.031	0.912	1.079	1.015
	鸡西市	1.002	1.045	0.948	1.057	1.047
	平均值	0.975	1.047	0.970	1.009	1.021
中部地区	朔州市	1.115	0.924	1.069	1.043	1.030
	淮北市	0.972	1.075	0.996	0.976	1.045
	长治市	1.096	0.941	1.037	1.057	1.031
	晋城市	1.046	0.958	1.005	1.041	1.002
	萍乡市	0.971	1.055	0.986	0.985	1.025
	焦作市	0.966	1.091	1.021	0.946	1.053
	平均值	1.028	1.007	1.019	1.008	1.031
西部地区	乌海市	0.992	1.050	1.081	0.918	1.042

续表

地区		技术效率 （纯技术效率 × 规模效率）	技术进步效率	纯技术效率	规模效率	全要素生产率 （技术效率 × 技 术进步效率）
西部地区	达州市	1.000	1.015	1.000	1.000	1.015
	铜川市	0.994	1.050	1.068	0.931	1.044
	赤峰市	0.984	1.067	1.033	0.953	1.051
	石嘴山市	0.952	1.075	0.979	0.972	1.023
	平均值	0.985	1.051	1.032	0.955	1.035
全国范围	平均值	0.992	1.037	0.999	0.996	1.027

从表 3-5 可以看出，全国 21 个煤炭资源型样本城市中，各个城市的全要素生产率均大于 1，全国范围的煤炭资源型样本城市全要素生产率年均增长率为 2.7%，显示出全国 21 个煤炭资源型样本城市的转型效率在 2006—2015 年呈现总体增长趋势。

将转型效率进行分解，从表 3-5 的全要素生产率及分解指标结果可以发现，2006—2015 年全国范围煤炭资源型样本城市的技术进步效率提升比较显著，全国 21 个煤炭资源型样本城市 2006—2015 年年均增长率达 3.7%；而全国范围 21 个煤炭资源型样本城市，2006—2015 年年平均层面纯技术效率和规模效率呈现负增长趋势，年均增长率为 −0.1% 和 −0.4%。

从全要素生产率相关分解及结果分析可得出，各煤炭资源型城市转型发展全要素生产率主要得益于技术进步。

从表 3-5 的煤炭资源型样本城市分区域视角来看，煤炭资源型样本城市的全要素生产率西部地区平均值最高，其平均年均增长率达 3.5%；中部地区煤炭资源型样本城市次之，其平均年均增长率为 3.1%；东部地区煤炭资源型样本城市最低，其平均年均增长率只有 2.1%。

从表 3-5 的煤炭资源型样本城市分城市视角来看，焦作市、赤峰市、徐州市、淮北市、铜川市、乌海市、鸡西市的全要素生产率较高，年均增长率都大于 4%；而七台河市、晋城市、双鸭山市、阜新市、抚顺市的全要素生产率及其年均增长率相对较低。

从表 3-5 中的煤炭资源型样本城市的技术效率来看，2006—2015 年只有 7 个煤炭资源型样本城市技术效率平均年均增长率大于 1，其中，朔州市、长治市、晋城市技术效率平均年均增长率较高，特别是朔州市的技术效率的较高增长主要来源于纯技术效率较大增长，反映朔州煤炭资源型城市转型过程中比较注重管理和制度的创新，而不仅仅依靠规模增长。

对指标进一步分解，从表 3-5 结果中的技术进步效率看，21 个煤炭资源型样本城市中，有 9 个城市的技术进步效率 2006—2015 年平均的年均增长率超过了 6%，其中 1 个为再生型，6 个为衰退型，2 个为成熟型，反映煤炭资源型城市在发展过程中，特别当逐渐进入资源枯竭期后，技术进步对煤炭资源型城市转型发展的重要性特别明显。

从煤炭资源型样本城市技术进步效率区域差异来看，2006—2015 年西部地区煤炭资源型样本城市技术进步效率平均年增长率较高，西部地区样本城市技术进步效率平均年增幅达 5.1%；东部地区煤炭资源型样本城市技术进步效率次之，且与西部地区差距不大，东部地区平均年上升了 4.7%；中部地区煤炭资源型样本城市技术进步效率较低，平均年均增幅只有 0.7%。

煤炭资源型样本城市技术进步效率分城市来看，2006—2015 年全国 21 个煤炭资源型样本城市中，技术进步效率年均下降幅度最大的是中部地区的朔州市、长治市和晋城市，分别下降了 7.6%、5.9% 和 4.2%，这 3 个城市均处于山西省，反映山西省对科技创新的重视程度还不够，技术进步在煤炭资源型城市转型发展中没有起到应有的作用。

从表 3-5 结果中的规模效率方面看，2006—2015 年全国大部分煤炭资源型样本城市的规模效率平均年均增长率都小于 1，这类样本城市达到了 12 个，反映多数煤炭资源型样本城市的生产规模与生产要素结构不匹配，制约转型效率提升，由此反映出这些煤炭资源型城市更需要对经济结构作出调整。

在整体规模效率指标偏低的情况下，与技术进步效率指标的结果相反，中部地区的山西省朔州市、长治市和晋城市 3 个煤炭资源型样本城市的规模效率指标均大于 1，反映山西省 3 个煤炭资源型样本城市在生产要素与规模匹配方面优于多数省份的煤炭资源型样本城市。

再分析纯技术效率指标，表 3-5 中全国大部分煤炭资源型样本城市的纯技术效率指标大于 1，这类城市达到了 13 个，反映大部分煤炭资源型样本城市的生产管理水平都比较好。从地区层面来看，西部地区煤炭资源型样本城市的纯技术效率指标最好，其次是中部地区煤炭资源型样本城市，东部地区煤炭资源型样本城市的纯技术效率指标最低，而生产管理水平较低的煤炭资源型样本城市集中在东北地区。

3.5.2 煤炭资源型样本城市转型发展规模报酬变化分析

通过曼奎斯特指数分析全国 21 个样本煤炭资源型城市的转型发展规模报酬变化，得出表 3-6 的 2006—2015 年煤炭资源型样本城市转型发展规模报酬变化。

2006—2015 年煤炭资源型样本城市转型发展规模报酬变化　　表 3-6

地区	类型	城市	2006 年	2007 年	2008 年	2009 年	2010 年	2011 年	2012 年	2013 年	2014 年	2015 年
东部地区	再生型	徐州市		+		+	−	+		−	−	
	衰退型	枣庄市	+		+	−				+		
	成熟型	邯郸市				+		+				
	成熟型	邢台市		+		−	+	−	+		−	
	衰退型	抚顺市		+	+							
	衰退型	阜新市		+		+						
	衰退型	双鸭山市	+		−	−	−	−	−	−	−	−
	衰退型	七台河市		−	+						+	−
	衰退型	鹤岗市		+		+				+		
	成熟型	鸡西市			−		−		+	−		−

续表

地区	类型	城市	2006 年	2007 年	2008 年	2009 年	2010 年	2011 年	2012 年	2013 年	2014 年	2015 年
中部地区	成长型	朔州市	+	+	−		+		+		+	
	衰退型	淮北市		+			+		+	−	−	−
	成熟型	长治市		+	+	−	+	+	−	+		
	成熟型	晋城市	+	+	−	+	+		+	+	+	
	衰退型	萍乡市	−	+		−						
	衰退型	焦作市			+		+					
西部地区	衰退型	乌海市						−	+		+	
	成熟型	达州市		+		−		−		−		
	衰退型	铜川市	+			+			−	+		−
	成熟型	赤峰市	+				+					+
	衰退型	石嘴山市		+			+			−	+	+

注：表中，＋表示规模效应递增；－表示规模效应递减；空白表示规模效应不变。

由表 3-6 可知，2006—2015 年，各煤炭资源型样本城市转型发展规模报酬呈现不同变化的差异性。2006—2015 年煤炭资源型样本城市转型发展规模报酬递增与递减变化趋势较明显的是晋城市和双鸭山市。

晋城市在 2006—2015 年，大部分年份都处于规模报酬递增状态，反映在其他不变的情况下，增加要素的投入即可带来产出的增长。根据之前的技术进步指标分析，可以得出晋城市的科技投入不足，技术进步较慢，是阻碍晋城市的转型发展效率的主要因素，出台科技创新激励政策，鼓励企业自主创新，是提高晋城市转型发展效率的重中之重。

双鸭山市在 2006—2015 年，大部分年份都处于规模报酬递减状态，反映在其他不变的情况下，只有减少单一原煤开采投入规模，提高投入要素的使用效率，才能有效提高规模报酬水平。双鸭山市作为典型的煤炭资源型样本城市，过度依赖煤炭开采，同时多年来主要是进行单一原煤开采，煤炭深度加工水平较低，资源利用率低，严重制约产业升级改造，制约了双鸭山市的转型发展。近年来双鸭山市虽然对第三产业的投入比例在不断增加，但整体来看，第三产业的发展水平还处在比较初级的阶段，接续替代产业发展缓慢。

3.6　转型效率影响因素及模型分析实证

3.6.1　转型效率影响因素分析模型与指标选取

本模型实证研究采取构建面板回归模型，分析煤炭资源型城市转型效率的主要影响因素。

模型的被解释变量 Y_{it} 为煤炭资源型城市转型效率；

影响因素解释变量包括：经济发展水平（ED）、资源依赖程度（RD）、第三产业发展程度（TI）、制造业发展程度（MI）、科技创新程度（SI）、对外开放程度（FI）、环境治理效果（ET）、基础设施建设水平（IC）、创新发展潜力（IP）、政府财政支持能力（GS）。

建立面板回归模型如下：

$$Y_{it} = \alpha_0 + \beta_1 ED + \beta_2 RD + \beta_3 MI + \beta_4 TI + \beta_5 SI + \beta_6 FI + \beta_7 ET + \beta_8 IC + \beta_9 IP + \beta_{10} GS + \varepsilon_{it} \tag{3-11}$$

式中　α_0——方程常数项；

　　　β——变量系数；

　　　ε_{it}——方程误差项；

　　　i——时间；

　　　t——不同城市。

转型效率影响因素分析模型指标体系及影响因素指标变量解释，如表3-7所示。

煤炭资源型城市转型效率影响因素分析模型的指标体系及影响因素指标变量解释　表3-7

影响因素	影响因素符号	影响因素指标变量	影响因素指标变量解释
经济发展水平	ED	人均GDP	GDP/常住人口总数的比值
资源依赖程度	RD	资源型产业从业人员占比	采掘业、电力燃气及水生产供应业从业人员数/年末单位从业人员数的比值
制造业发展程度	MI	制造业增加值占GDP比重	制造业增加值/GDP的比值
第三产业发展程度	TI	第三产业占比	第三产业增加值/GDP的比值
科技创新程度	SI	人均专利授权量	专利授权总数/常住人口总数的比值
对外开放程度	FI	外商投资工业企业占比	外商投资工业企业/总工业企业数的比值
环境治理效果	ET	污染治理综合指数	工业SO_2去除率、工业烟尘去除率、一般工业固体废物综合利用率和生活垃圾无害化处理率4项指标的熵权法均值
基础设施建设水平	IC	人均道路面积	道路总面积/常住人口总数的比值
创新发展潜力	IP	普通高等学校在校学生数	普通高等学校在校学生数年统计值
政府财政支持能力	GS	政府公共财政收入占GDP的比重	政府公共财政收入/GDP的比值

回归方程的相关数据主要来源为历年的中国城市统计年鉴、历年的中国区域经济统计年鉴和历年的中国环境统计年鉴，以及相关省市统计年鉴数值。

相关数据中，工业烟尘排放量、工业二氧化硫排放量、一般工业固体废物量等的个别年份缺失数据，根据已有年份数据进行平滑处理。

3.6.2 煤炭资源型样本城市转型效率影响因素回归总体分析

本研究在进行煤炭资源型样本城市转型效率影响因素面板数据的回归分析前，首先通过豪斯曼检验，检验结果拒绝了个体差异部分的扰动项和解释变量不相关的原假设，再采用固定效应模型进行回归分析。

同时，为了确保回归系数和指标解释的可靠性，采用广义矩估计（GMM）方法进行稳健性检验,如表 3-8 所示,除极少数变量外,固定效应模型和广义矩 GMM 估计结果的变量系数符号及其显著性水平保持一致,说明模型设定比较合理,模型实证结果比较稳健。

21 个煤炭资源型样本城市转型效率影响因素回归总体分析结果,如表 3-8 所示。

21 个煤炭资源型样本城市转型效率影响因素回归总体分析结果 表 3-8

影响因素及相关参数	固定效应模型回归结果	GMM 估计回归结果
ED	0.000653***	0.000928***
RD	−0.000732***	−0.000784***
MI	0.00691***	0.00837***
TI	0.000218	0.000232
SI	0.00792**	0.00938**
FI	0.341	0.289
ET	0.0512*	0.0536*
IC	0.000326***	0.000397***
IP	0.0000215*	0.0000224*
GS	0.754	0.769
α_0	0.252***	0.273***
N	539	—
R^2	0.471	—
F	39.11	—

注:表中 *、**、*** 分别表示 10%、5%、1% 显著性水平的双尾检验结果。

从表 3-8 全国 21 个煤炭资源型样本城市转型效率影响因素回归总体分析结果得出:

经济发展水平因素(ED)对煤炭资源型样本城市转型效率在 1% 的显著性水平下正相关影响显著,反映经济发展水平是煤炭资源型城市转型效率提升的重要促进因素,转型效率与城市经济发展水平密不可分,好的经济基础可以为城市转型提供有力的物质支撑,加速煤炭资源型城市转型发展。经济基础越好的城市,城市转型能力就越强。

资源依赖程度因素(RD)对煤炭资源型样本城市转型效率在 1% 的显著性水平下负影响明显,反映煤炭资源型城市对资源产业高度依赖,造成产业结构刚性,明显制约了城市转型的速度。实现煤炭资源型城市转型高效发展,需要摆脱这种对资源产业的高度依赖,发展高端制造业、新兴产业和生产性服务业等,使城市多元化发展。

制造业发展程度因素(MI)对煤炭资源型样本城市转型效率在 1% 的显著性水平下正相关的影响显著,反映发展制造业有助于推动煤炭资源型城市转型。煤炭资源型城市由于资源禀赋,发展制造业有一定的先天优势,制造业是煤炭资源型城市经济发展的重要引擎,放弃较集中发挥制造业发展优势,不利于转型效率提升。

基础设施建设水平因素(IC)对煤炭资源型样本城市转型效率在 1% 的显著性水平下正相关影响显著,反映交通等基础设施保障程度是煤炭资源型城市转型发展的重要支撑,加强城市基础设施建设,有利于城市转型发展,由于良好的交通条件可以通过网络效应和时空压缩效应推动资源优化配置和生产效率提升。

科技创新程度因素(SI)对煤炭资源型样本城市转型效率的影响在5%的显著性水平下为正相关,反映科技创新对煤炭资源型城市转型发展有比较明显的促进作用。随着时间的推移,技术研发对转型的促进作用会逐渐变大,因为技术创新对企业生产和经济增长的影响更在于中长期转型发展。

环境治理效果因素(ET)对煤炭资源型样本城市转型效率的影响在10%的显著性水平下为正相关,反映环境治理有利于煤炭资源型城市转型发展。煤炭资源型城市发展资源产业,资源产业作为主导产业为城市经济发展起重要作用的同时,也带来了严重的环境污染,需要通过环境综合整治,改善城市生态环境,促进绿色转型发展。

创新发展潜力因素(IP)对煤炭资源型样本城市转型效率的影响在10%的显著性水平下为正相关,培养高素质人才的过程其实就是增强城市创新潜力的过程,创新发展潜力因素(IP)是影响煤炭资源型城市转型效率提升的一个重要因素。

此外,表3-8中的回归分析结果还反映出第三产业发展程度因素(TI)、对外开放程度因素(FI)、政府支持程度因素(GS)没有对煤炭资源型样本城市总体转型效率表现出显著的正相关影响。

这里煤炭资源型样本城市第三产业发展程度(TI)因素总体对转型效率的影响不显著,主要是因为煤炭资源型样本城市的第三产业发展阶段总体上目前仍处于较低水平,同时,单第三产业占比大小也还不能反映其质量的高低;对外开放程度因素(FI)对转型效率的总体影响不显著,主要是因为资源型城市常以土地、税收等优惠吸引外资企业,而这些外企则多以产业链低端环节布局,产业结构不够合理,与当地其他企业关联较弱,扩散溢出效应有限;而煤炭资源型样本城市政府财政支持能力因素(GS)对转型效率的总体影响还不显著,反映政府财政支持能力不强,政府财政支持能力与对转型发展的支持,不仅取决于政府的公共财政收入,还取决于城市的发展及战略定位、城市经济结构、经济发展的稳定性和发展阶段性等因素。

值得指出,上述三个影响因素对煤炭资源型样本城市转型效率正相关的总体影响不够显著,只是短期内对煤炭资源型样本城市转型效率总体影响尚不显著,伴随转型发展的深入,三个影响因素正相关的潜力将会得到应有发挥。

3.6.3 不同类型样本城市转型效率的影响因素分析

采用固定效应模型对本研究21个煤炭资源型城市样本城市中4个不同类型分别进行回归分析,模型实证得出的结果如表3-9所示。

21个样本中不同类型煤炭资源型城市转型效率影响因素回归分析结果　　表3-9

影响因素	成长型	成熟型	衰退型	再生型
ED	0.000313***	0.000968***	0.000433***	0.00051***
RD	0.000215	0.000169*	−0.000972***	−0.00131***
MI	0.00352	0.00468***	0.00891***	0.00515*
TI	−0.000386	−0.000273	0.000397	0.000416

续表

影响因素	成长型	成熟型	衰退型	再生型
SI	−0.00472	−0.00219	0.00865*	0.00962*
FI	0.597	0.476	0.315	0.283
ET	0.356	0.387*	0.564*	0.673*
IC	0.000593***	0.000586***	0.000288*	0.000271***
IP	0.0000064	0.00000196	0.0000238*	0.0000246*
GS	1.352	0.786	0.633	0.679

注：*、*** 分别表示 10%、1% 的显著性水平的双尾检验结果，本表中回归分析结果无处在 ** 表示的 5% 显著性水平双尾检验。

从表 3-9 中的结果分析可以得出：

（1）成长型煤炭资源型样本城市

对于成长型煤炭资源型样本城市，只有经济发展水平因素（ED）、基础设施建设水平因素（IC）两项因素在 1% 的显著性水平下正相关影响显著，对城市的转型效率提升具有显著正向驱动作用。

表 3-9 表明，经济发展水平因素（ED）的系数，其值每提高 1 个单位，城市转型效率可以提升 0.000313，反映出较好的经济基础有利于加速成长型煤炭资源型城市转型发展；

基础设施建设水平因素（IC）的系数，其值每提高 1 个单位，城市转型效率可以提升 0.000593，基础设施良好的交通条件使得时空距离压缩、促进资源优化配置和城市功能完善，提升城市转型效率；

城市其他影响因素对转型效率提升的驱动力尚显不足，而第三产业发展程度因素（TI）、科技创新程度因素（SI）对转型效率提升尚为负相关，主要是两方面原因，其一是成长型煤炭资源型城市资源保障潜力大，正处于资源开发上升阶段，转型发展需求尚不急迫；其二是成长型煤炭资源型城市样本少，分析有一定的局限性，但可结合成熟型综合分析。

（2）成熟型煤炭资源型样本城市

成熟型煤炭资源型城市的资源保障能力较强，根据成熟型煤炭资源型样本城市转型效率影响因素回归分析结果，经济发展水平因素（ED）、制造业发展程度因素（MI）、基础设施建设水平因素（IC）、资源依赖程度因素（RD）、环境治理效果因素（ET）均是其城市转型效率提升的显著正向驱动因子，前 3 项因素在 1% 的显著性水平下正相关影响显著，后 2 项因素在 10% 的显著性水平下正相关影响显著。

与表 3-9 煤炭资源型样本城市转型效率影响因素回归总体分析结果有所区别的是，成熟型煤炭资源型样本城市的资源依赖程度因素（RD）的资源型产业从业人员占比的指标对城市转型效率提升的影响是正向而不是负向，这一结果意味着成熟型煤炭资源型样本城市的转型发展尚未摆脱资源依赖，成熟型煤炭资源型城市通常处于工业化中期向工业化后期的过渡阶段，完备的生产加工体系为城市带来较好的经济社会效益，此时资源产业的红利尚存，资源产业的壮大有利于城市转型效率提升。其余影响因素分析与成长型煤炭资源型城市相似。

（3）衰退型煤炭资源型样本城市

衰退型煤炭资源型城市资源趋于枯竭，正处在加快转变经济发展方式的"窗口期"，如果无法摆脱对资源产业的过度依赖，城市会面临经济发展乏力、生态环境破坏严重、民生等社会问题突出。衰退型煤炭资源型样本城市转型发展的主要影响因素回归结果与表3-9煤炭资源型样本城市总体回归结果相似。同时，显示出经济发展水平因素（ED）、制造业发展程度因素（MI）在1%的显著性水平下正相关影响显著。

值得指出的是，制造业发展程度因素（MI）对衰退型煤炭资源型样本城市转型发展的提升作用明显高于其他三类煤炭资源型城市，这说明制造业是大部分衰退型煤炭资源型城市转型发展的重要支柱产业，应通过技术升级等途径增加制造业附加值，延伸制造业优势产业的链条，打造特色产业集群；资源依赖程度因素（RD）在1%的显著性水平下负影响明显，同表3-9煤炭资源型样本城市总体回归分析结果相似；科技创新程度因素（SI）、环境治理效果因素（ET）在10%的显著性水平下正相关影响显著，对于衰退型煤炭资源型城市资源趋于枯竭下的转型，这2项因素对提升城市转型效率的更为重要。

（4）再生型煤炭资源型样本城市

再生型煤炭资源型城市经济社会开始步入良性发展轨道，是煤炭资源型城市转变发展方式的先行区。

再生型煤炭资源型样本城市转型发展的主要影响因素回归结果也与表3-9各煤炭资源型样本城市总体回归分析结果相似，资源依赖程度因素（RE）对再生型煤炭资源型城市转型效率在1%的显著性水平下负影响明显，反映虽然再生型城市的绝大部分矿山开采已经停止，但从转型效率角度看尚未彻底摆脱"资源诅咒"，产业的转型还需要深入，与衰退型回归结果分析相似，打造多元化的产业体系也是再生型煤炭资源型城市转型发展的关键；

经济发展水平因素（ED）、基础设施建设水平因素（IC）2项因素在1%的显著性水平下正相关影响显著；

制造业发展程度因素（MI）、科技创新程度因素（SI）、环境治理效果因素（ET）、创新发展潜力因素（IP）4项因素对煤炭资源型城市转型效率的影响在10%的显著性水平下为正相关，上述影响因素回归结果体现了相关因素对再生型煤炭资源型城市全面高质量转型发展的重要作用。

（5）样本城市转型效率影响因素整体分析

转型效率影响因素整体分析值得出的是，经济发展水平因素（ED）、基础设施建设水平因素（IC）对煤炭资源型城市转型效率提升发挥了重要作用，其作用方向并没有因为煤炭资源型城市生命周期发展阶段与类型的不同而不同；制造业发展程度因素（MI）、资源依赖程度因素（RD）、科技创新程度因素（SI）、创新发展潜力因素（IP）也对相应类型的煤炭资源型城市转型有较大影响，但作用方向与影响程度因煤炭资源型城市的不同类型或有所不同。

3.7 本章研究结果分析

1）转型效率总体评价，2006—2015年各煤炭资源型样本城市历年转型效率整体呈现上升趋势，年均转型效率最高的城市是焦作市，其次是徐州市、枣庄市，最低的城市是双鸭山市。从转型效率的区域差异来看，东部地区和中部地区历年的煤炭资源型样本城市年均转型效率要好于西部地区，但西部地区转型效率增长速度较快。

转型效率聚类评价，第一类抚顺市、阜新市、双鸭山市等 7 个煤炭资源型样本城市转型效率普遍较低，大部分都处于 0.5 以下，转型效率及变化整体情况较差；第二类，邢台市、鹤岗市、鸡西市等 8 个城市转型效率波动较大，转型效率均值处于中间位置，转型效率及变化整体情况一般；第三类焦作市、徐州市、枣庄市等 6 个城市转型效率大部分处在 0.5 以上，部分年份甚至大于 1，转型效率及变化整体情况较好。

2）全要素生产率及分解指标分析：2006—2015 年煤炭资源型样本城市的全要素生产率均大于 1，年均增长率 2.7%，呈现总体增长趋势；转型效率分解，技术进步效率提升比较显著，年均增长率达 3.7%；而纯技术效率和规模效率呈现负增长趋势，年均增长率为：0.1% 和 0.4%。反映转型发展全要素生产率主要得益于技术进步。

西部地区煤炭资源型样本城市的全要素生产率最高，中部地区次之，东部地区最低，煤炭资源型城市中焦作市、赤峰市、徐州市、淮北市、铜川市、乌海市、鸡西市等的全要素生产率较高，而七台河市、晋城市、双鸭山市、阜新市、抚顺市等的全要素生产率相对较低。

7 个煤炭资源型样本城市技术效率大于 1，其中，朔州市、长治市、晋城市技术效率较高，朔州市的技术效率增长主要来源于纯技术效率，反映朔州市注重管理及制度的创新，而不仅仅依靠规模增长；9 个煤炭资源型样本城市的技术进步增长率超过了 6%，其中 1 个为再生型，6 个为衰退型，2 个为成熟型，反映煤炭资源型城市发展过程中，特别是资源枯竭期后，技术进步对煤炭资源型样本城市转型发展的重要性突显。

中西部地区煤炭资源型样本城市技术进步效率较高，东部地区次之，与西部地区差距不大，中部地区技术进步效率较低；煤炭资源型样本城市中，年均下降幅度最大的是山西的朔州市、长治市和晋城市，表明其对科技创新的重视程度有所不足，技术进步在转型发展中没有起到应有的作用。但在整体规模效率指标偏低的情况下，上述 3 个城市的规模效率指标均大于 1，说明在生产要素与规模匹配方面较好；大部分煤炭资源型样本城市的规模效率都小于 1，这类城市有 12 个之多，说明多数煤炭资源型样本城市的生产规模与生产要素结构不匹配，制约转型效率提升，由此反映出这些城市更需要对经济结构作出调整；大部分煤炭资源型样本城市的纯技术效率大于 1，这类城市达到了 13 个，说明其生产管理水平都比较高。煤炭资源型样本城市中纯技术效率西部地区最好，其次是中部地区，东部地区最低，而生产管理水平较低的煤炭资源型样本城市集中在东北地区。

转型发展规模报酬变化分析：2006—2015 年，各煤炭资源型样本城市转型发展规模报酬变化总体呈现不同变化的差异性。转型发展规模报酬递增与递减变化趋势较明显的是晋城市和双鸭山市。晋城市大部分年份都处于规模报酬递增状态，增加要素的投入即可带来产出的增长。晋城市的科技投入不足，技术进步较慢，是阻碍转型发展效率的主要因素，出台科技创新激励政策，鼓励企业自主创新，是提高晋城市转型发展效率的重中之重；双鸭山市大部分年份都处于规模报酬递减状态，由于其过度依赖煤炭开采且深度加工水平较低，产业结构不合理，接续替代产业发展缓慢，制约转型发展。

3）根据煤炭资源型样本城市转型效率影响因素回归分析结果，总的来说，经济发展水平因素（ED）、基础设施建设水平因素（IC）对煤炭资源型城市转型效率提升发挥了重要作用，其作用方向并没有因为煤炭资源型城市生命周期发展阶段与类型的不同而不同；制造业发展程度因素（MI）、资源依赖程度因素（RD）、科技创新程度因素（SI）、创新发展潜力因素（IP）也对相应类型的煤炭资源型城市转型有较大影响，但作用方向与影响程度因城市不同类型或有所不同。

第4章 转型协调发展及耦合协调度模型评价分析

煤炭资源型城市（地区）转型的协调发展直接关系到新时期我国区域协调发展与区域经济平衡发展。资源型城市转型，根本上来说是"生态—经济—社会"协调发展模式与发展方式的转变。本章侧重转型生态社会经济耦合协调度与协调发展程度变化分析，相关论述与评价分析揭示：煤炭资源型城市经济社会稳定与可持续发展，必须走"生态—经济—社会"协调发展的道路。协调发展是释放高质量发展的新动力，协调发展与高效发展体现高质量发展，是紧密联系、互相促进实现转型高质量发展不可或缺的两个重要方面。

如同前一章，本章也是煤炭资源型城市转型效果模型实证分析的核心内容之一，研究内容包括转型协调发展与高质量发展、转型发展的协调性模型评价方法、协调转型的生态社会经济耦合协调度评价分析、转型协调发展程度变化分析，以及本章研究结果分析。

4.1 转型协调发展与高质量发展

4.1.1 生态经济社会协调发展分析

人类社会是一个复合系统，是"生态—经济—社会"三者结合组成的。人类社会复合系统的运转依赖于人的行为、资源流动、生态环境和社会文化[111]。基于经济、社会和生态协调发展的视角，需要从复合系统协调发展结构特征入手，分析三个子系统之间的协调机制和系统发展存在的问题[112]。同样，煤炭资源型城市也是由"生态—经济—社会"三维系统组成的一个复合生态系统，通过三个子系统之间作用的协调耦合，实现城市转型高质量发展，以及区域整体发展的优化和良性循环。

《中共中央关于制定国民经济和社会发展第十三个五年规划的建议》（以下简称《建议》）提出的创新、协调、绿色、开放、共享五大发展理念，作为《建议》中的三个最核心内容之一。我国在协调发展方面存在的比较突出的问题：一是城乡二元结构和城市内部二元结构的矛盾依然比较突出；二是区域发展不平衡，东中西部、东北区域间是不平衡的；三是社会文明程度和国民素质与经济社会发展的水平还不匹配。"协调是持续健康发展的内在要求"，《建议》提出，必须牢牢把握中国特色社会主义事业总体布局，正确处理发展中的重大关系，重点促进城乡区域协调发展，促进经济社会协调发展，促进新型工业化、信息化、城镇化、农业现代化同步发展，在增强国家硬实力的同时注重提升国家软实力，不断增强发展整体性。

4.1.2　煤炭资源型城市协调发展内涵及与区域经济统筹协调发展

煤炭资源枯竭城市不仅面临着经济危机，更面临着严重的生态与社会危机。煤炭资源型城市，特别是资源枯竭城市资源枯竭、经济下滑、"矿竭城衰"，大量的失业人口、下岗职工、贫困群体等突出的社会问题，不仅使城市社会经济发展难以为继，而且严重影响社会和谐和城市生存。

煤炭资源型城市转型协调发展的内涵在于要求发展过程更加体现全面性和整体性，更加体现平衡性特点和要求，更加体现可持续的目标和要求。煤炭资源型城市的协调转型发展，直接关系到煤炭资源型城市能否生态与社会经济协调持续发展、区域经济发展能否平衡与充分、持续发展。

同时，煤炭资源型城市的协调转型发展，对我国整体的社会经济发展也有着重要的影响。煤炭资源型城市转型既要考虑经济的可持续发展，又要考虑人与自然的和谐发展，在经济发展上要注重发展方式的转变，培育新的经济增长点，保护和修复生态环境，为人类的生存发展创造良好环境。在当今"五位一体"的大背景下，煤炭资源型城市经济与社会必须要有协调发展的步伐，才能有利于煤炭资源型城市的转型高质量发展，有利于我国区域经济的可持续发展。煤炭资源型城市（地区）转型的协调发展还包括地区城乡间、煤炭资源型城市和其他城市之间，以及资源富集区和其他地区之间统筹协调发展。总之，煤炭资源型城市（地区）转型的协调发展直接关系到新时期我国区域经济的统筹协调发展。

4.1.3　协调发展与高质量发展

高质量发展的根本在于社会经济与生态环境的协调，以及在此基础上的高效、协调发展。同时，高质量发展可以从高效、协调发展与综合竞争力变化三个方面来评价。煤炭资源型城市的转型发展，根本上来说是由过去粗放的经济发展方式向"生态—经济—社会"协调发展的方式转变。煤炭资源型城市经济社会稳定可持续发展，必须要走"生态—经济—社会"协调发展的道路。

值得指出，协调发展与高质量发展是实现煤炭资源型城市转型高质量发展不可或缺的两个重要方面。协调发展是释放高质量发展的新动力，协调发展与高效发展紧密联系、互相促进。

4.2　转型发展的协调性模型评价方法

4.2.1　耦合协调度模型评价方法

耦合是一个物理学概念，指两个或两个以上系统或运动形式通过各种相互作用而相互影响的现象[113]。系统之间或运动形式之间通过各耦合要素在时间尺度和空间范围内的相互影响使系统内部各要素由无序向有序演化、协同促进，进而左右着系统或运动相变的特征和规律。

分析煤炭资源型城市经济、社会、生态转型发展协调性，可以通过耦合协调度分析得出。"经济—社会—生态"耦合协调度是经济实力、社会响应、生态环境三者之间通过各自的要素相互影响、相互作用的程度，耦合协调度的数值大小能够反映三组分之间的协调发展程度。耦合协调度函数公式为：

$$C = 3 \times \left(\frac{U_1 \times U_2 \times U_3}{U_1 + U_2 + U_3} \right)^{\frac{1}{3}} \tag{4-1}$$

式中，C 为耦合协调度，取值范围是 $[0，1]$，C 增大表明经济、社会、生态为良性共振耦合，城市生态、社会、经济系统向协调有序的结构演变；

U_n 是借助综合指数法计算标准化后，再加权评分得出的指标数值，其中 n 为组分个数（$n = 3$）。

U_n 计算公式为：

$$U_n = \sum_{j=1}^{m} W_j \times r_{ij} \tag{4-2}$$

式中，W_j——第 j 个指标对应的权重；

r_{ij}——第 i 年第 j 个指标的标准化值。

若研究组分两两间的关系，模型需细化，以经济和生态两组分耦合为例，耦合协调度公式为：

$$C = 2 \times \left(\frac{U_1 \times U_2}{U_1 + U_2} \right)^{\frac{1}{2}} \tag{4-3}$$

耦合协调度指双方相互作用程度的强弱，不区分利弊。针对耦合协调度 C 难以反映实际的水平和发展状态，如经济、社会、生态都处于低水平阶段，也存在较高的耦合协调度，而引入的耦合协调度函数，能更客观地反映城市系统三组分相互作用中良性耦合程度的大小，反映系统由无序向有序发展的趋势。耦合协调度函数公式为：

$$D = (C \times T)^{\frac{1}{2}}, T = \alpha U_1 + \beta U_2 + \gamma U_3 \tag{4-4}$$

式中，D——耦合协调系数；

$T = \alpha U_1 + \beta U_2 + \gamma U_3$，为 3 个子系统发展水平综合评价指数。

其中，α、β 和 γ 为 3 个子系统的特定权数，分析资源型城市的现状及转型实际，本研究认为煤炭资源型城市的经济效益、社会效益、生态效益的重要程度相当，由此可认为 $\alpha = \beta = \gamma = 0.5$。

根据对煤炭资源型城市发展协调性的相关研究，结合我国煤炭资源型城市及其转型的实际情况，本研究将煤炭资源型城市转型协调发展程度划分为 6 个等级。煤炭资源型城市转型协调发展程度的等级划分，如表 4-1 所示。

煤炭资源型城市转型协调发展程度的等级划分　　　　　表 4-1

失调衰退与协调发展区间划分	耦合协调度	对应的转型协调发展程度等级	协调发展程度等级特征
失调衰退区间	0～0.19	严重失调与衰退	发展水平极低，无序发展
	0.20～0.39	中度失调与衰退	发展水平较低，耦合程度较低
	0.40～0.49	濒临失调与衰退	发展水平低，耦合程度低
	0.50～0.59	初级协调发展	发展水平一般，良性耦合

失调衰退与协调发展区间划分	耦合协调度	对应的转型协调发展程度等级	协调发展程度等级特征
协调发展区间	0.60 ~ 0.79	中级协调发展	发展水平较高，良性耦合
	0.80 ~ 1.00	高级协调发展	发展水平高，有序发展

4.2.2 灰色关联模型分析方法

灰色关联模型经常被用于探求经济和生态环境之间的相互驱动关系分析[114]。本研究通过灰色关联模型，研究城市经济、社会和生态系统各准则层指标的相互协调关系。

灰色关联系数 $\xi S_{j(t)}$ 的计算公式：

$$\xi S_{j(t)} = \frac{\min\limits_{j} \min\limits_{t} \left| S_{j(t)} \right| + \rho \max\limits_{j} \max\limits_{t} \left| S_{j(t)} \right|}{\left| S_{j(t)} \right| + \rho \max\limits_{t} \max\limits_{t} \left| S_{j(t)} \right|} \qquad (4\text{-}5)$$

式中，$\xi S_{j(t)}$ 为 t 年第 j 个准则与被比较对象的灰色关联系数。

在本研究中，式（4-5）中的 ρ 参数取值为 0.5。

根据灰色关联系数，按公式（4-6）可以计算灰色关联度 R_j：

$$R_j = \frac{1}{T_t} \sum\nolimits_{t=1}^{T} \xi S_j(t) \qquad (4\text{-}6)$$

灰色预测模型可在较少的数据样本下，充分利用时间序列数据信息进行分析预测，与马尔可夫链、元胞自动机等模拟预测方法相比，计算便捷且预测精度较高[115]。但预测前需要假定政策等影响因素稳定或变动较小，同时预测年限不宜过长。在相对稳定的发展环境下，假定未来5年的经济不存在较大波动，可满足模型应用前提条件。

首先累加原始序列 $X^{(0)}$ 得到趋势规律较明显的生成序列 $X^{(1)}$，建立微分方程模型，通过求解微分方程最终得到时间响应函数[116]：

$$X^{(1)}(k+1) = X^{(0)}(1) - \frac{b}{a} e^{ak} + \frac{b}{a} \qquad (4\text{-}7)$$

式中　k——指标个数；

a、b——待定系数，分别为发展系数和灰色作用量。

b、a 的有效区间为（-2，2），e 为自然常数。

常用后验差检验，评估构建模型精度，确保模型预测准确。得出的原始数据方差为：

$$S_1^2 = \sum\nolimits_{k=1}^{m} \left[X^{(0)}(k) - \bar{x}(k) \right] \qquad (4\text{-}8)$$

残差数据方差为：

$$S_2^2 = \frac{1}{m} \sum\nolimits_{k=1}^{m} \left[\varepsilon^{(0)}(k) - \bar{\varepsilon}(k) \right] \qquad (4\text{-}9)$$

后验比为：

$$C = S_2 / S_1 \qquad (4\text{-}10)$$

小误差概率为：

$$P = P\left\{ \left| \varepsilon^{(0)}(k) - \bar{\varepsilon}(k) < 0.6745 \times S_1 \right| \right\} \qquad (4\text{-}11)$$

通常残差、相对误差、C 值越小，P 值越大，表示模型精度越好。

4.2.3　协调性模型评价应用指标体系

本节协调性模型评价应用指标体系除本章协调性模型评价应用外，也应用于下一章的综合竞争力模型评价。在本研究中协调性模型评价指标体系与综合竞争力模型评价指标体系二者构建要求与方法相同，因子指标可结合不同发展时期实际有所侧重选择。

4.2.3.1　指标体系构建要求

从夯实煤炭资源型城市协调、高质量发展基础的视角，分析确定煤炭资源型城市转型协调性与综合竞争力有关的绩效评价指标体系总体思路、实施方案、指标选取、权重设置，以及经验借鉴。

就评价应用指标选取来说，选取的指标过多，可能会因为指标之间的线性相关性对评价结果产生干扰；而选取的指标过少，不能涵盖评价对象的主要属性和影响因素，因评价活动由于缺少必要的影响因素分析，导致评价结果出现片面性。

由此，本研究主要基于以下几个方面考虑，提出本章的煤炭资源型城市转型发展的协调性与第 5 章的综合竞争力评价应用指标体系：

1）转型发展协调性与综合竞争力评价应用指标体系包含总指标与分级指标，并从宏观到微观层层深入。

2）两者应用指标体系包括经济、社会、生态三个子系统一级指标，以及各子系统一级指标再分的二级、三级具体指标，指标细化进一步体现煤炭资源型城市转型发展耦合协调度、综合竞争力变化相关的各方面影响因素。

3）两者应用指标体系既涵盖煤炭资源型城市的经济、社会、资源、环境，以及科技创新等方面的现状因子，以客观反映各煤炭资源型城市转型发展的目前真实状况，又兼顾突出相对指标的发展因子，以同时体现煤炭资源型城市转型发展的协调发展程度与高质量发展水平。

4）两者应用指标体系要求在兼备综合性与针对性、科学性与相关性、可控性与实用性，以及可比性、可测性的同时，拥有广泛的覆盖范围，以突出反映影响煤炭资源型城市转型发展耦合协调度与综合竞争力主要影响因素的相关性，并在评价基础上，进而分析煤炭资源型城市协调转型发展的主要优势，明确发展定位及转型方向。

4.2.3.2　指标体系分级指标及选择重点

煤炭资源型城市转型发展耦合协调度与综合竞争力评价应用的 3 个层级指标中：

一级指标，包括生态系统、社会系统、经济系统 3 个方面；

二级指标由空气质量、水质量、人居环境、可持续发展、生活水平、社会保障、生活服务、经济规模、经济效率、经济结构 10 个可持续发展影响因素具体指标组成，体现转型发展的协调性与城市综合竞争力的变化状况；

三级指标由二级指标进一步细分的 25 个相关影响因子指标组成，如表 4-2 所示。

4.2.3.3　指标权重设置

（1）模糊层次分析法的各级指标权重赋值

评价体系中指标权重大小代表指标在整个体系中相应的重要程度，本项研究运用模糊层次分析法（FAHP）对指标体系下的各级指标权重按以下步骤进行赋值：

煤炭资源型城市转型发展耦合协调度与综合竞争力评价指标体系　　表 4-2

一级指标 （评价系统）	二级指标 （影响因素）	三级指标 （影响因子）	指标发展因子选择侧重点
生态系统	空气质量	空气质量一二级达标天数（天）	体现以人民为中心，更优质的人居环境，实现可持续发展的生态环境规制
	水质量	地表水河流断面水质达标率（%）	
		主要饮用水源水质达标率（%）	
	人居环境	人均绿地面积（m²/ 人）	
		森林覆盖率（%）	
	可持续发展	工业用水重复利用率（%）	
		工业废气处理率（%）	
		生活垃圾资源化利用率（%）	
		工业固体废物综合利用率（%）	
社会系统	生活水平	城镇居民人均可支配收入（元 / 人）	体现更好的教育、更稳定的工作，更满意的收入、更可靠的社会保障、更高水平的医疗服务的协调、高质量发展
		城市居民恩格尔系数	
		人均拥有道路面积（m²/ 人）	
	社会保障	失业保险覆盖率（%）	
		医疗保险覆盖率（%）	
		养老保险覆盖率（%）	
	公共服务设施	万人拥有普通高等学校数（所 / 万人）	
		万人拥有医院、卫生院床位数（张 / 万人）	
经济系统	经济规模	人均地区生产总值（万元）	反映新发展理念，创新驱动经济增长，实现集约节约化配置，高级化、合理化、多元化、生态化经济结构，更高经济效益的绿色、协调、高质量发展
		地区 GDP 年增长率（%）	
		地区财政收入（万元）	
	经济效率	万元 GDP 能耗（吨标准煤 / 万元）	
		万元 GDP 用水量（m³/ 万元）	
		固定资产投资拉动 GDP 增长比重（%）	
	经济结构	采矿业增加值占 GDP 比重（%）	
		服务业增加值占 GDP 比重（%）	

注：1）三级指标值依据煤炭资源型城市环境保护部门等专业部门的监测、统计数据，以及相关的调查数据与测算数值。

2）环境等达标值依据相关标准等。

3）评价指标值、以现状影响因子为基础；达标值结合不同时期发展趋势，考虑相对指标发展因子及发展水平。

1）构建层次结构模型；

2）以上一层次的要素为判定依据，对下层同级别的要素进行互相比较，并对比标准判定相对重要程度，据此建立模糊互补判断矩阵。

设某层有 n 个因素，$X = \{x_1, x_2, \cdots\cdots, x_n\}$，在比较第 i 个因素与第 j 个因素的对于上层某因素的重要性时，使用量化的相对权重 a_{ij} 来描述，则：

$$a_{ij} = 1/a_{ij}, \quad \boldsymbol{A} = (a_{ij})_{n \times n}, \tag{4-12}$$

其中，$\boldsymbol{A}$ 称为模糊互补判断矩阵。

式（4-12）中，a_{ij} 需满足条件：

第一，$a_{ij} = 0.5$，$i = 1, 2, \cdots\cdots, n$；

第二，$a_{ij} + a_{ji} = 1$，$j = 1, 2, \cdots\cdots, n$。

（2）权重计算与一致性检验

1）权重计算公式

模糊互补判断矩阵权重的计算公式为：

$$W_i = \frac{\sum_{j=1}^{n} a_{ij} + \frac{n}{2} - 1}{n(n-1)}, \quad i = 1, 2, \cdots\cdots, m \tag{4-13}$$

2）一致性检验

检验 m 个判断矩阵 A_k 的满意一致性：

$$\mathrm{I}(A_k, W^{(k)}) \leqslant A, \quad k = 1, 2, \cdots\cdots, m \tag{4-14}$$

检验判断矩阵 A_k，A_t 间的满意兼容性：

$$\mathrm{I}(A_k, A_t) \leqslant A, \quad k = 1, 2, \cdots\cdots, m \tag{4-15}$$

3）计算得出相关指标中的各指标权重

设有 m 个评价对象、n 个评价指标构成数据矩阵 $X = (x_{ij})_{(m \times n)}$，则信息熵公式为：

$$H(x) = \sum_{i=1}^{m} f(x_i) \ln f(x_i) \tag{4-16}$$

计算矩阵 X 中第 j 项指标下第 i 个被评价对象的指标值的比重 q_{ij}：

$$q_{ij} = r_{ij} / \sum_{i=1}^{m} r_{ij} \tag{4-17}$$

计算第 j 项指标的熵值 e_j：

$$e_j = -k \sum_{i=1}^{m} q_{ij} \times \ln q_{ij} \tag{4-18}$$

其中 $k = 1/\ln m$。

计算第 j 个指标的熵权 W_j：

$$W_j = (1 - e_j) / \sum_{i=1}^{n} (1 - e_j) \tag{4-19}$$

然后确定综合权重，假设根据 FAHP 法求得权重定为 δ，$j = 1, 2, \cdots\cdots, n$，即可得到指标 j 的综合权重 β_j：

$$\beta_j = \frac{\delta_i W_i}{\sum_{i=1}^{m} \delta_i W_i} \tag{4-20}$$

经济、社会与生态复合系统涉及煤炭资源型城市（地区）的经济活动、社会活动，以及资源环境等多方面的因素，科学地选择指标因子，可以更加客观地评价一个煤炭资源型城市地区的发展水平。

本研究选择 FAHP 与熵值法相结合的分析方法确定最终权重，煤炭资源型城市转型发展耦合协调度或综合竞争力评价指标权重如表 4-3 所示。

煤炭资源型城市转型协调性与高质量发展综合竞争力指标中，3 个准则的影响力大小按降序排列，依次是生态系统、经济系统、社会系统，但总体差距不大。

从 25 个指标的权重可知，空气质量一、二级达标天数、人均绿地面积、森林覆盖率、城镇居民人均可支配收入、人均地区生产总值、万元 GDP 能耗的指标权重较高，均超过 5%，说明提升煤炭资源型城市转型发展耦合协调度、综合竞争力，应着重考虑这几个方面。

煤炭资源型城市转型发展耦合协调度或综合竞争力评价指标权重 表 4-3

目标层	准则层	指标层	指标属性
煤炭资源型城市转型发展耦合协调度或综合竞争力水平	生态系统（0.351）	空气质量一二级达标天数（0.071）	＋
		地表水河流断面水质达标率（0.035）	＋
		主要饮用水源水质达标率（0.031）	＋
		人均绿地面积（0.052）	＋
	生态系统（0.351）	森林覆盖率（0.051）	＋
		环境保护投资占 GDP 比重（0.028）	＋
		工业用水重复利用率（0.018）	＋
		工业废气处理率（0.024）	＋
		生活垃圾资源化利用率（0.019）	＋
		工业固体废物综合利用率（0.022）	＋
	社会系统（0.321）	城镇居民人均可支配收入（0.059）	＋
		城市居民恩格尔系数（0.033）	－
		人均拥有道路面积（0.031）	＋
		失业保险覆盖率（0.044）	＋
		医疗保险覆盖率（0.039）	＋
		养老保险覆盖率（0.043）	＋
		万人拥有普通高等学校数（0.038）	＋
		万人拥有医院、卫生院床位数（0.034）	＋
	经济系统（0.328）	人均地区生产总值（0.064）	＋
		地区 GDP 年增长率（0.047）	＋
		地区财政收入（0.027）	＋
		万元 GDP 能耗（0.054）	－
		万元 GDP 用水量（0.033）	＋
		固定资产投资拉动 GDP 增长比重（0.019）	＋
		采矿业增加值占 GDP 比重（0.032）	－
		服务业增加值占 GDP 比重（0.052）	＋

注：表中"＋"代表正向指标；"－"代表负向指标。

4.3　协调转型的生态社会经济耦合协调度评价分析

4.3.1　评价数据来源

本章评价所用基础数据均来源于相关年份的各市统计年鉴、各省统计年鉴、中国城市统计年鉴，部分指标数据参考各市的国民经济与社会发展统计公报，少部分无法获得的指标数据采用基期数据平移的方式加以量化。

4.3.2　全国层面的转型生态社会经济耦合协调度评价分析

表 4-4 为协调性模型实证研究得出的 2006—2015 年全国 21 个煤炭资源型样本城市转型的耦合协调度平均值。

2006—2015 年全国 21 个煤炭资源型样本城市转型的耦合协调度平均值　　表 4-4

地区 / 城市		2006 年	2007 年	2008 年	2009 年	2010 年	2011 年	2012 年	2013 年	2014 年	2015 年	2006—2015 年
东部地区	徐州市	0.341	0.355	0.403	0.464	0.501	0.503	0.531	0.549	0.576	0.589	0.481
	枣庄市	0.336	0.376	0.376	0.399	0.423	0.419	0.471	0.525	0.559	0.585	0.447
	邯郸市	0.299	0.316	0.363	0.371	0.389	0.369	0.439	0.424	0.471	0.458	0.390
	邢台市	0.301	0.306	0.336	0.385	0.394	0.381	0.421	0.455	0.475	0.501	0.396
	抚顺市	0.291	0.284	0.311	0.333	0.376	0.401	0.407	0.413	0.428	0.435	0.368
	阜新市	0.253	0.267	0.281	0.270	0.335	0.348	0.391	0.397	0.389	0.391	0.332
	双鸭山市	0.266	0.272	0.316	0.348	0.382	0.406	0.447	0.424	0.443	0.464	0.377
	七台河市	0.254	0.237	0.370	0.382	0.419	0.430	0.436	0.445	0.452	0.456	0.388
	鹤岗市	0.252	0.261	0.270	0.292	0.362	0.314	0.395	0.413	0.401	0.389	0.335
	鸡西市	0.277	0.322	0.347	0.412	0.424	0.404	0.405	0.397	0.402	0.399	0.379
	东部样本	0.287	0.300	0.337	0.366	0.401	0.398	0.434	0.444	0.460	0.467	0.389
中部地区	朔州市	0.258	0.280	0.337	0.362	0.394	0.401	0.428	0.437	0.468	0.465	0.383
	淮北市	0.298	0.316	0.354	0.362	0.358	0.404	0.417	0.453	0.471	0.518	0.395
	长治市	0.303	0.303	0.343	0.352	0.406	0.417	0.486	0.428	0.445	0.471	0.395
	晋城市	0.271	0.257	0.306	0.363	0.382	0.404	0.406	0.418	0.448	0.467	0.372
	萍乡市	0.255	0.298	0.314	0.382	0.386	0.346	0.413	0.436	0.467	0.475	0.377
	焦作市	0.332	0.349	0.414	0.461	0.452	0.485	0.553	0.574	0.587	0.579	0.479
	中部样本	0.286	0.301	0.345	0.380	0.396	0.410	0.451	0.458	0.481	0.496	0.400
西部地区	乌海市	0.279	0.270	0.315	0.407	0.418	0.404	0.434	0.416	0.478	0.487	0.391
	达州市	0.265	0.315	0.341	0.345	0.365	0.380	0.420	0.427	0.453	0.461	0.377
	铜川市	0.286	0.311	0.343	0.371	0.392	0.364	0.431	0.403	0.463	0.524	0.390

续表

地区／城市		2006 年	2007 年	2008 年	2009 年	2010 年	2011 年	2012 年	2013 年	2014 年	2015 年	2006—2015 年
西部地区	赤峰市	0.293	0.310	0.329	0.371	0.377	0.402	0.414	0.422	0.463	0.546	0.393
	石嘴山市	0.269	0.350	0.350	0.351	0.353	0.339	0.414	0.448	0.453	0.458	0.379
	西部样本	0.278	0.311	0.336	0.369	0.381	0.378	0.423	0.423	0.462	0.495	0.386
全国样本		0.285	0.303	0.339	0.371	0.395	0.396	0.436	0.443	0.466	0.482	0.392

从全国层面看，东、中、西部 21 个有代表性煤炭资源型样本城市，2006—2015 年转型耦合协调度平均值，由 2006 年的 0.285 增长为 2015 年的 0.482，大部分时期处于中度失调或濒临失调的状态，但转型耦合协调度总体呈上升的变化态势，也就是说，我国 21 个有代表性煤炭资源型样本城市的"生态—经济—社会"三者间呈现着逐步协调发展的态势。这一结果也和过去和现在煤炭资源型城市协调转型发展的情况基本吻合。其中，转型耦合协调度最低的年份为 2006 年，最高的年份为 2015 年。

从空间分布来看，煤炭资源型样本城市转型耦合协调度随时间的变化呈现快速上升，从失调衰退阶段到濒临失调与衰退阶段的过渡阶段，这个拐点为 2012 年，且自 2012 年起每一年的转型耦合协调度都超过了 0.4，意味着 2012 年是我国 21 个煤炭资源型样本城市进入另一个新阶段的分水岭。

转型耦合协调度的变化说明全国 21 个有代表性煤炭资源型样本城市在生态良好，经济增长，社会和谐方面都有着长足的进步，这与我国煤炭资源型城市转型的政策环境相关。2012 年，党的十八大以后，我国进入全面建成小康社会的关键时期，新发展理念更得到一步步贯彻落实，而协调发展理念在新发展理念中占有极其重要的地位，促使转型发展协调度总体一直保持上升态势，2006—2015 年全国 21 个煤炭资源型样本城市年均转型耦合协调度变化如图 4-1 所示。

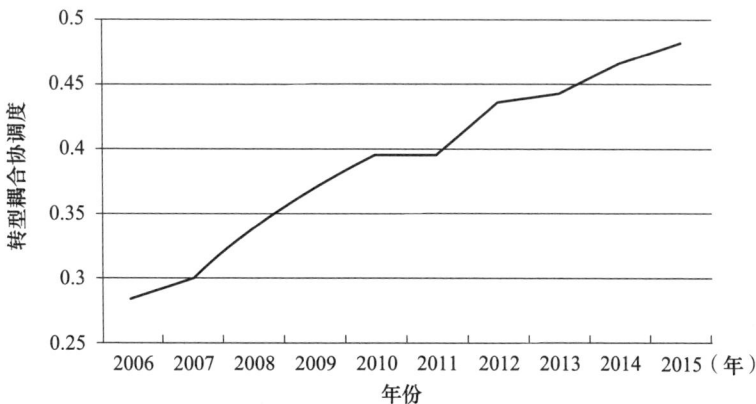

图 4-1 2006—2015 年全国 21 个煤炭资源型样本城市年均转型耦合协调度变化
资料来源：作者自绘。

4.3.3 区域层面转型耦合协调度评价分析

从图 4-1 和表 4-4 得出，东部、中部、西部煤炭资源型样本城市转型耦合协调度平均值均逐年上升。东部、中部、西部地区煤炭资源型样本城市 10 年的转型耦合协调度平均值分别为 0.397、0.390、0.386，东部最高，中部次之，西部最低，呈现出东部—中部—西部依次递减的转型耦合协调发展梯度。

图 4-2 为 2006—2015 年分区煤炭资源型样本城市转型年均耦合协调度变化走势图。

对转型的生态—经济—社会的耦合协调度综合指数展开进一步分析，可发现：

西部地区在 2006 年的转型耦合协调度并不高，经济也比较落后，但因为西部的资源尤为丰富，并且受污染程度相对较低，使得生态社会经济综合发展指数比较高，所以西部地区的转型耦合协调度逐渐赶超东部和中部；

而东部地区发达省份较多，人口密集，经济发展水平较高，社会保障也相对完善，但东部地区煤炭资源型城市早期经济的快速发展一定程度上建立在高能耗和高污染的基础之上，使得生态一定程度上滞后于经济和社会发展，随着生态、社会、经济协调发展，综合发展指数仍保持稳步增长态势；

至于中部地区，由于其衰退型煤炭资源型城市占比较大，导致虽然经济发展水平比西部高，但是经济结构层次较低、经济发展水平不高，同时又因缺少经济支撑，最终导致在较大的人口基数上，中部的社会综合评价值也较低，对转型耦合协调度有较大的影响，使得中部地区的转型耦合协调度平均值，由中间水平降到了最低水平。

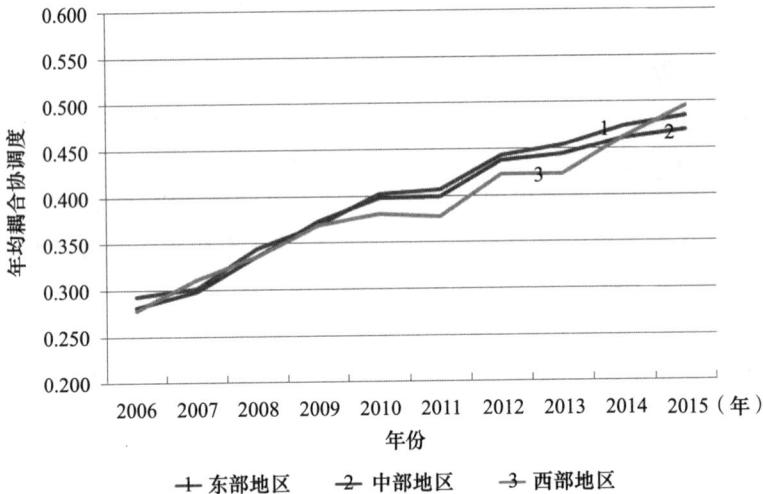

图 4-2　2006—2015 年分区煤炭资源型样本城市转型年均耦合协调度变化走势图

资料来源：作者自绘。

4.3.4　市级层面转型耦合协调度评价分析

2006—2015 年煤炭资源型样本城市转型耦合协调度平均值最高的城市为徐州市（0.481），其次为焦作市（0.479）、枣庄市（0.446），这三个城市处于濒临失调耦合的过渡阶段；转型耦合协调度平均值最低的城市为阜新市（0.332），处于中度失调耦合的失调衰退阶段，但协调关系在逐年改善。由此来看，我国煤炭资源型城市生态、经济、社会发展水平距协调发展阶段还有明显差距，也说明我国煤炭资源型城市的转型耦合协调度还有较大的提升空间。

为了进一步分析煤炭资源型城市的转型耦合协调度变化，研究各城市变化的差异与相同之处，对全国 21 个有代表性煤炭资源型样本城市转型耦合协调度 2006—2015 年的总增长幅度及年均增长幅度分别进行计算，结果如表 4-5 所示。

2006—2015 年全国 21 个有代表性煤炭资源型样本城市转型耦合协调度变化　　表 4-5

分区	样本城市	2006 年	2015 年	2006—2015 年总增长率	2006—2015 年年均增长率
东部地区	徐州市	0.341	0.589	72.73%	5.62%
	枣庄市	0.336	0.585	74.11%	5.70%
	邯郸市	0.299	0.458	53.18%	4.36%
	邢台市	0.301	0.501	66.45%	5.23%
	抚顺市	0.291	0.435	49.48%	4.10%
	阜新市	0.253	0.391	54.55%	4.45%
	双鸭山市	0.266	0.464	74.44%	5.72%
	七台河市	0.254	0.456	79.53%	6.03%
中部地区	朔州市	0.258	0.465	80.23%	6.07%
	淮北市	0.298	0.518	73.83%	5.68%
	长治市	0.303	0.471	55.45%	4.51%
	晋城市	0.271	0.467	72.32%	5.59%
	萍乡市	0.255	0.475	86.27%	6.42%
	焦作市	0.332	0.579	74.40%	5.72%
	鹤岗市	0.252	0.389	54.37%	4.44%
	鸡西市	0.277	0.399	44.04%	3.72%
西部地区	乌海市	0.279	0.487	74.55%	5.73%
	达州市	0.265	0.461	73.96%	5.69%
	铜川市	0.286	0.524	83.22%	6.24%
	赤峰市	0.293	0.546	86.35%	6.42%
	石嘴山市	0.269	0.458	70.26%	5.47%

表 4-5 结果表明，各城市转型耦合协调度均达到了不同程度的增长，其中 2006—2015 年年均增长率最高的城市为赤峰市、萍乡市均达 6.42%；除赤峰市外，萍乡市、铜川市、朔州市三城的耦合协调度总增长幅度在 80% 以上，徐州市、枣庄市、七台河市、双鸭山市等城市的耦合协调度总增长率幅度处于 70%～80% 之间。

4.4 转型协调发展程度变化分析

4.4.1 转型协调发展程度变化整体分析

根据表 3-2 中全国 21 个有代表性地市级煤炭资源型样本城市分类，结合表 4-1 协调发展程度的等级划分，对各煤炭资源型样本城市进行类型的划分，可以得出 2015 年各煤炭资源型样本城市转型的生态、社会、经济协调发展程度划分结果：中度失调与衰退等级有 3 个，濒临失调与衰退等级有 10 个，初级协调发展等级有 8 个，如表 4-6 所示。

2015 年全国 21 个煤炭资源型样本城市转型协调发展程度划分结果　　表 4-6

协调发展程度的等级	样本城市类型			
	成长期类型	成熟期类型	衰退期类型	再生期类型
中度失调与衰退	—	鸡西市	阜新市	—
	—	—	鹤岗市	—
濒临失调与衰退	朔州市	邯郸市	抚顺市	—
	—	长治市	双鸭山市	—
	—	晋城市	七台河市	—
	—	达州市	乌海市	—
	—	—	萍乡市	—
初级协调发展	—	邢台市	淮北市	徐州市
	—	赤峰市	铜川市	—
	—	—	枣庄市	—
	—	—	石嘴山市	—
	—	—	焦作市	—

图 4.3 为全国 21 个有代表性的不同类型煤炭资源型样本城市耦合协调度走势图。

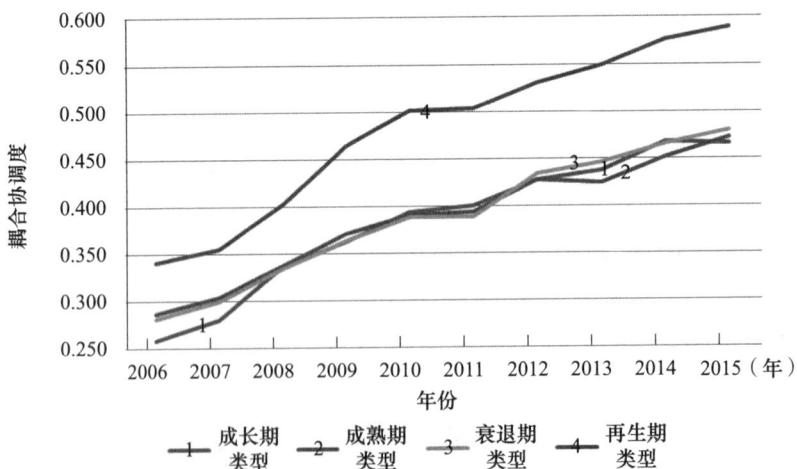

图 4-3　全国 21 个有代表性的不同类型煤炭资源型样本城市耦合协调度走势图
资料来源：作者自绘。

从图 4-3　全国 21 个有代表性的不同类型煤炭资源型样本城市耦合协调度走势图可

看出，再生期类型煤炭资源型样本城市的转型耦合协调度水平较高，成熟期类型煤炭资源型样本城市和成长期类型煤炭资源型样本城市的转型耦合协调度水平较低。从变化来看，2006 年以来再生期类型煤炭资源型样本城市的转型耦合协调度最高，增速稳定且较快；成长期类型煤炭资源型样本城市的转型协调度在初期提升非常明显，但后劲不足，被衰退期类型和成熟期类型煤炭资源型样本城市超越。

4.4.2 不同发展期类型的转型协调发展程度变化分析

（1）成长期类型分析

全国 21 个有代表性煤炭资源型样本城市中，只有朔州市一个成长期煤炭资源型城市，其 2006 年的转型耦合协调度较低，但其煤炭资源丰富，2006—2015 年煤炭开采逐渐进入稳产高产期。其各年转型发展耦合协调度总体处于上升态势，2011 年开始处于社会、经济发展的由中度失调与衰退阶段到濒临失调与衰退阶段。

（2）成熟期类型分析

成熟期的煤炭资源型样本城市社会经济发展水平一般较高，但大多数城市属于城市化发展滞后型。

2006—2015 年煤炭资源型样本城市中，邢台、赤峰从中度失调与衰退阶段进入初级协调发展阶段，邯郸、长治、晋城、达州从中度失调与衰退阶段进入濒临失调与衰退阶段，而黑龙江省的鸡西市 2009 年后处在中度失调与衰退阶段、濒临失调与衰退阶段的不稳定变化状况，2015 年仍然回到中度失调与衰退阶段。

以煤炭资源型样本城市中的长治市来说、长治市转型示范区建设成效显著，"高新绿"接续替代产业的发展新动能培育转型升级较成功，十年转型耦合协调度上升态势好于朔州市；而鸡西市转型耦合协调度明显较低，提升缓慢，并呈波动升降，主要原因在于过度依赖资源产业，资源精深加工不足、新兴替代产业不强发展滞后，导致城市发展动力失衡，经济、生态、社会三方面发展不协调。说明成熟期类型煤炭资源型城市接续替代产业的发展新动能培育与转型协调发展同样重要。

3）衰退期类型分析

衰退期煤炭资源型样本城市资源消耗基本殆尽，出现生态、经济、社会危机，历史遗留问题严重。因此，转型任务更重，加速接替产业发展，转变发展方式更为迫切，以焦作市、枣庄市为代表转型领先的一部分衰退型城市的生态、社会、经济发展耦合协调度较高，上升快，迅速进入了初级协调阶段，说明转型发展较好；但有一些在转型经济增长过程中面临着内生动力缺乏，城市化综合水平较低，耦合协调度较低，特别是阜新市和鹤岗市，2015 年其协调度依然处于中度失调与衰退阶段，说明其城市发展结构失调，转型动力不足，转型发展缓慢。

4）再生期类型分析

21 个煤炭资源型样本城市中，徐州是处再生期的再生期类型代表城市。徐州作为转型成功范例，率先实现城市生态经济社会全面转型，耦合协调度高，上升快，协调发展很快就从濒临失调与衰退阶段发展进入初级协调阶段，而随着新兴产业和现代服务业的不断发展，城市功能的不断完善，城市发展质量不断提升，城市的生态、社会、经济耦合协调发展将会很快进入中级协调发展阶段。

4.5　本章研究结果分析

对 21 个有代表性的煤炭资源型样本城市转型发展协调性的实证研究得出：

1）2006—2015 年，煤炭资源型样本城市的转型耦合协调度平均值由 2006 年的 0.285 增长为 2016 年的 0.482，大部分时期处于中度失调或濒临失调的状态，但总体转型耦合协调度随时间变化呈现快速的上升态势，也就是说我国 21 个有代表性的煤炭资源型样本城市的"生态—经济—社会"三者间呈现着逐步协调发展的态势。

2012 年是大部分样本城市从中度失调与衰退阶段进入另一个新阶段的分水岭，主要是由于 2012 年党的十八大后，包括协调理念在内的新发展理念得到逐步贯彻落实，协调发展得到进一步加强；具体来说，煤炭资源型样本城市有 11 个进入濒临失调与衰退阶段，有 7 个进入初级协调发展阶段，但尚有 3 个还处在原阶段。

2）煤炭资源型样本城市转型耦合协调度（2006—2015）平均值最高的城市为徐州市，年均增长率最高的城市为赤峰市；阜新市的转型耦合协调度平均值在 21 个样本城市中最低，尚处于失调衰退阶段，但其协调度总体呈现逐年增长态势。

3）按煤炭资源型城市的协调发展时期分类，从其生态、社会、经济发展的协调性变动来看，2006—2015 年再生期类型样本城市的转型耦合协调度最高，增速稳定发展较快；成熟期类型、衰退期类型样本城市虽有波动，但大体保持稳定；成长期类型样本城市的转型耦合协调度在初期提升非常明显，但后劲不足，被衰退期类型和成熟期类型样本城市超越。

4）我国煤炭资源型城市生态、经济、社会协调发展距协调发展阶段还有明显差距，还有较大的提升空间。

第5章 转型综合竞争力及贡献度和障碍度模型评价分析

煤炭资源型城市（地区）转型高质量发展是我国城市与区域推进高质量发展的重要组成部分。本章侧重分析近些年煤炭资源枯竭城市，尤其是再生期的煤炭资源型城市转型发展的综合竞争力的增长变化，相关论述与评价分析揭示：煤炭资源型城市（地区）转型高质量发展是保持经济持续健康发展，解决我国人民日益增长的美好生活需要和不平衡不充分的发展之间的矛盾的必然要求；煤炭资源型城市由于后备资源不足，整体技术落后，基础设施薄弱，市场机制不健全，经营管理粗放等诸多因素，导致综合竞争力较弱；煤炭资源型城市转型发展综合竞争力的提升，直接体现实现新时期更高质量、更有效率、更加公平、更可持续的发展，直接反映煤炭资源型城市转型高质量发展成效。

本章是煤炭资源型城市转型效果模型实证分析的重要核心内容，研究内容包括转型发展综合竞争力评价方法、转型发展贡献度和障碍度评价方法、转型发展综合竞争力评价分析、代表性煤炭资源型城市转型发展因素的贡献度和障碍度模型评价，以及本章研究结果分析。

5.1 转型发展综合竞争力评价方法

转型发展综合竞争力评价采用灰熵评价模型方法，包括熵权法分析及指标权重计算，灰色关联分析关联系数计算，以及灰熵评价模型方法综合竞争力的综合得分计算。

5.1.1 熵权法分析及指标权重计算

1. 熵权法分析

熵于19世纪60年代首次被引入热力学中，在引入信息学之后，学者将负熵与信息量结合起来，提出信息熵的概念，用来对不确定性加以定量描述，信息熵的值越小，表明系统的无序化程度越小，反映其代表的效用越大，因此该指标在综合评价过程中重要性程度及作用地位也应该越大。

熵权法分析用公式表示为：

$$E = -\sum_{i=1}^{n} P_i \ln P_i \tag{5-1}$$

式中　E——该系统的熵值；

n——该系统所有的状态数，即该系统具有 n 种不同的状态；

P_i——第 i 种状态发生的概率水平。

2. 指标权重计算

用熵权法计算各指标的权重过程如下：

（1）构建判断矩阵 $X_{i(j)}$

$$\begin{bmatrix} x_{1(1)} & x_{1(2)} & \cdots\cdots & x_{1(n)} \\ x_{2(1)} & x_{2(2)} & \cdots\cdots & x_{2(n)} \\ \cdots\cdots & \cdots\cdots & \cdots\cdots & \cdots\cdots \\ x_{i(1)} & x_{i(2)} & \cdots\cdots & x_{i(n)} \end{bmatrix} \tag{5-2}$$

（2）对判断矩阵进行标准化处理

$$\begin{bmatrix} y_{1(1)} & y_{1(2)} & \cdots\cdots & y_{1(n)} \\ y_{2(1)} & y_{2(2)} & \cdots\cdots & y_{2(n)} \\ \cdots\cdots & \cdots\cdots & \cdots\cdots & \cdots\cdots \\ y_{i(1)} & y_{i(2)} & \cdots\cdots & y_{i(n)} \end{bmatrix} \tag{5-3}$$

（3）确定指标的比重

计算第 i 项指标的第 j 个个体在该指标中所占的比重 $B_{i(j)}$：

$$B_{i(j)} = Y_{i(j)} / \sum_{j=1}^{T} Y_{i(j)} \, (i = 1 \sim n, \, j = 1 \sim T) \tag{5-4}$$

（4）计算第 i 项指标的熵值

$$e_i = -k \sum_{j=1}^{T} B_{i(j)} \ln(B_{i(j)}) \tag{5-5}$$

式（5-5）中，$k > 0$，$k = 11/\ln(T)$，并且 $e_i \in [0, 1]$。

（5）计算第 i 项指标的信息效用值

$$g_i = 1 - e_i \tag{5-6}$$

（6）计算各评价指标的权重

$$\omega_i = g_i / \sum_{i=1}^{N} g_i \tag{5-7}$$

5.1.2　灰色关联分析及关联系数计算

1. 灰色关联分析

灰色系统理论可以处理信息不完全性和不确定性的系统，通过对已知信息的加工实现对未知信息的认识和描述，从而使系统从不确定性系统转变为确定性系统[117]。灰色关联分析是通过样本数据序列与标准数据序列间变化态势的关系，确定评价对象的优劣次序的综合评价方法。由于城市复合系统具有高度开放性，受经济、环境和社会各种因素影响，内部要素之间的关系错综复杂，呈非线性结构，可认为它们之间存在灰色关系。

2. 关联系数计算

求解关联系数的具体操作如下：

（1）确定各指标的最优值为参考序列，其余数列为比较序列；参考序列常记为 $x_{(0)}$，$x_{(0)}$ 通常表示为：

$$x_{(0)} = [x_{0(1)} \, x_{0(2)} \, \cdots\cdots \, x_{0(n)}] \tag{5-8}$$

灰色关联分析中被比较序列一般记为：

$$\begin{bmatrix} x_{0(1)} & x_{0(2)} & \cdots\cdots & x_{0(n)} \\ x_{1(1)} & x_{1(2)} & \cdots\cdots & x_{1(n)} \\ \cdots\cdots & \cdots\cdots & \cdots\cdots & \cdots\cdots \\ x_{i(1)} & x_{i(2)} & \cdots\cdots & x_{i(n)} \end{bmatrix} \tag{5-9}$$

（2）对原序列进行标准化处理，从而得新序列，记为：

$$\begin{bmatrix} y_{0(1)} & y_{0(2)} & \cdots\cdots & y_{0(n)} \\ y_{1(1)} & y_{1(2)} & \cdots\cdots & y_{1(n)} \\ \cdots\cdots & \cdots\cdots & \cdots\cdots & \cdots\cdots \\ y_{i(1)} & y_{i(2)} & \cdots\cdots & y_{i(n)} \end{bmatrix} \tag{5-10}$$

（3）计算每个评价对象指标序列与参考序列的绝对差值：

$$\Delta_{(0,i)}(k) = |y_0(k) - y_i(k)| \tag{5-11}$$

（4）计算各级指标与资源型城市绿色发展转型效果的关联系数：

$$\text{关联系数} = \frac{\min + (\min(\Delta_{(0,i)}(k))) + \rho \times \max(\max(\Delta_{(0,i)}(k)))}{\Delta_{(0,i)}(k) + \rho \times \max(\max(\Delta_{(0,i)}(k)))} \tag{5-12}$$

式中，ρ 通常取 0.5。

5.1.3 灰熵评价模型方法及综合竞争力的综合得分计算

煤炭资源型城市转型发展综合竞争力评价体系首先应用熵权法给每个评价指标赋予权重，然后利用灰色关联度分析对资源型城市转型发展状况作出评价。

采用熵值法和灰色关联度分析相结合，构成煤炭资源型城市转型效果评价体系，使得评价结果更加科学、可靠。

本研究通过建立灰熵评价模型，测算煤炭资源型城市转型高质量发展综合竞争力：

$$R = W \times \xi \tag{5-13}$$

式中　R——煤炭资源型城市转型与高质量发展综合竞争力；

　　　W——综合评价体系中各指标的权重；

　　　ξ——综合评价体系中各指标的灰关联系数。

最后通过加权求和，计算出煤炭资源型城市转型发展综合竞争力的综合得分。

5.2　转型发展贡献度和障碍度评价方法

5.2.1　因子贡献度与指标偏离度及障碍度

为诊断煤炭资源型城市转型高质量发展的内部影响因素及影响程度，本研究采用分析因子贡献度、指标偏离度和障碍度 3 项指标，其中：

因子贡献度 R_{ij} 表示各因素占总体水平的权重；

指标偏离度 P_{ij} 为单项指标因素评估值与 100% 目标值之间的差距；

障碍度 O_{ij} 指单项因子对煤炭资源型城市转型发展的影响程度。

5.2.2　因子贡献度与指标偏离度及障碍度评价模型

（1）因素贡献率

为了分析生态、经济、社会 3 个子系统对煤炭资源型城市转型发展总体目标实现的贡献程度，需要对指标的真实因素贡献率进行说明，因素贡献率计算公式表示如下：

$$RC_{im} = \frac{\dfrac{D_{im}}{D_i}}{W_m} \tag{5-14}$$

$$RCP_{im} = \frac{RC_{im}}{\sum_{m=1}^{5} RC_{im}} \tag{5-15}$$

上两式中：RCP_{im}——第 i 年第 m 个准则层指标的因素真实贡献百分比；

　　　　RC_{im}——第 i 年第 m 个准则层指标的因素真实贡献；

　　　　D_{im}——第 i 年第 m 个准则层指标的得分值；

　　　　D_i——第 i 年煤炭资源型城市转型高质量发展综合竞争力评价指数；

　　　　W_m——第 m 个准则层的权重。

（2）因子贡献度与指标偏离度及障碍度模型

因子贡献度 R_{ij}、指标偏离度 P_{ij}、障碍度 O_{ij} 模型计算公式分别如下：

$$R_{ij} = r_i \times W_j \tag{5-16}$$

$$P_{ij} = 1 - x_{ij} \tag{5-17}$$

$$O_{ij} = P_{ij} \times R_{ij} / \sum_{j=1}^{39} (P_{ij} \times R_{ij}) \times 100\% \tag{5-18}$$

$$U_j = \sum O_j, \ j （j 代表某准则层时指标编号） \tag{5-19}$$

式（5-16）—（5-19）中：

R_{ij} 表示第 j 子系统第 i 项评价因素的因子贡献度；

r_i 为第 i 项评价因素权重；

W_j 为第 j 个目标系统的权重系数。

P_{ij} 是第 j 子系统第 i 项评价因素的指标偏离度，偏离度表示单项指标因素评估值与目标 100% 之间的差距；

x_{ij} 表示第 j 子系统第 i 项评价的指标因素评估值。

O_{ij} 为各指标的障碍度；

U_j 为各准则层的障碍度；

在综合评价基础上，对影响煤炭资源型城市转型发展的障碍因子进行检验。

5.3　转型发展综合竞争力评价分析

5.3.1　样本城市转型发展综合竞争力总体评价分析

以全国 21 个煤炭资源型样本城市的评价得分的平均值作为评价综合得分，从图 5-1

中可得出 2006—2015 年全国 21 个煤炭资源型样本城市转型发展综合竞争力平均得分。

从图 5-1 中看出，除 2011 年转型发展评价综合得分有稍微下降外，其余年份转型发展评价综合得分均稳定提高。转型发展评价综合得分从 2006 年的 0.523 提升至 2015 年的 0.707，反映煤炭资源型样本城市的转型发展总体效果较好，总体发展速度呈现相对稳定。

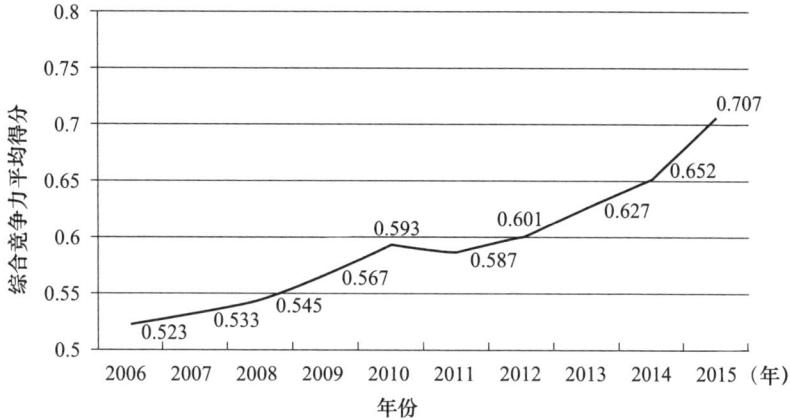

图 5-1　2006—2015 年全国 21 个煤炭资源型样本城市转型发展综合竞争力平均得分
资料来源：作者自绘。

5.3.2　不同类煤炭资源型城市转型发展综合竞争力分析

2006 年与 2015 年全国 21 个煤炭资源型样本城市转型综合竞争力变化见表 5-1。

2006 年与 2015 年全国 21 个煤炭资源型样本城市转型综合竞争力变化　　表 5-1

地区／城市		2006 年		2015 年	
		综合竞争力得分	综合竞争力排名	综合竞争力得分	综合竞争力排名
东部地区	徐州	0.670	1	0.897	1
	枣庄	0.658	3	0.877	3
	邯郸	0.663	2	0.840	4
	邢台	0.606	5	0.805	6
	抚顺	0.552	11	0.699	13
	阜新	0.473	14	0.597	17
	双鸭山	0.416	18	0.597	16
	七台河	0.383	21	0.575	19
中部地区	朔州	0.554	10	0.737	9
	淮北	0.474	13	0.715	11
	长治	0.602	6	0.765	7
	晋城	0.554	9	0.710	12
	萍乡	0.516	12	0.725	10

续表

地区／城市		2006 年		2015 年	
		综合竞争力得分	综合竞争力排名	综合竞争力得分	综合竞争力排名
中部地区	焦作	0.642	4	0.889	2
	鹤岗	0.417	17	0.472	21
	鸡西	0.463	15	0.588	18
西部地区	乌海	0.429	16	0.640	14
	达州	0.576	7	0.747	8
	铜川	0.395	19	0.622	15
	赤峰	0.560	8	0.806	5
	石嘴山	0.390	20	0.548	20

注：表中竞争力得分满分为 1。

从表 5-1 可以看出，全国 21 个有代表性的煤炭资源型样本城市综合竞争力水平不尽相同。2006 年，徐州、邯郸、枣庄、焦作、邢台分列为综合竞争力得分最高的前 5 位；

2015 年，仍位居第一的徐州综合竞争力得分达到了 0.897，达到了在全国 21 个煤炭资源型样本城市中转型发展综合竞争力提升的最高水平，其后 2015 年综合竞争力最高的分别是焦作（0.889）、枣庄（0.877）、邯郸（0.840）、赤峰（0.806）。

从区域视角，东部沿海地区煤炭资源型样本城市综合竞争力得分最高，其次是中部地区煤炭资源型样本城市。

从表 5-1 可以看出，综合竞争力得分排名靠前，又有较大或明显提升的煤炭资源型样本城市是焦作（4→2）、赤峰（8→5），反映这两座城市转型高质量发展表现出很好的发展态势，转型内生动力增强较大；

萍乡（12→10）、淮北（13→11）综合竞争力得分排名处于中间，并有较大提升，反映这两座城市转型发展表现出较好的发展态势，生态环境逐渐转好，接续替代产业发展势头良好，转型内生动力有稳定增强；

而原综合竞争力得分落后的煤炭资源型样本城市铜川（19→15）、双鸭山（18→16）、七台河（21→19）有明显进步或较大进步，反映这些城市转型发展取得了较好或一定的阶段性成果，生态环境状况逐步好转，转型内生动力开始增强；

对比之下煤炭资源型样本城市鹤岗的综合竞争力得分排名降低最为明显（17→21），反映鹤岗的发展问题较多，发展仍然过度依赖资源，接续产业培育滞后，经济增长缺乏新动能。

从表 5-1 得出，2015 年徐州和焦作稳居全国 21 个有代表性的煤炭资源型样本城市中综合竞争力得分最高的前两位，体现出这两座城市转型高质量发展成效最好；

对比 2015 年全国 21 个煤炭资源型样本城市综合竞争力，鹤岗得分最低，其次是石嘴山，比较 2006 年综合竞争力得分明显下降或没有多少进步，反映其城市转型发展力度严重不足。

5.4　代表性煤炭资源型城市转型发展因素的贡献度和障碍度模型评价

选取煤炭资源型样本城市中转型发展综合竞争力得分最高的城市徐州和最低的城市鹤岗作为一定意义上转型发展因素贡献度和障碍度评价的代表，进行深度比较分析。

5.4.1　徐州煤炭资源型城市转型高质量发展因素的贡献度和障碍度模型评价

1. 徐州高质量发展因素的贡献度模型分析

图 5-2 反映 2006—2015 年徐州生态、社会、经济子系统转型发展因素真实贡献度。

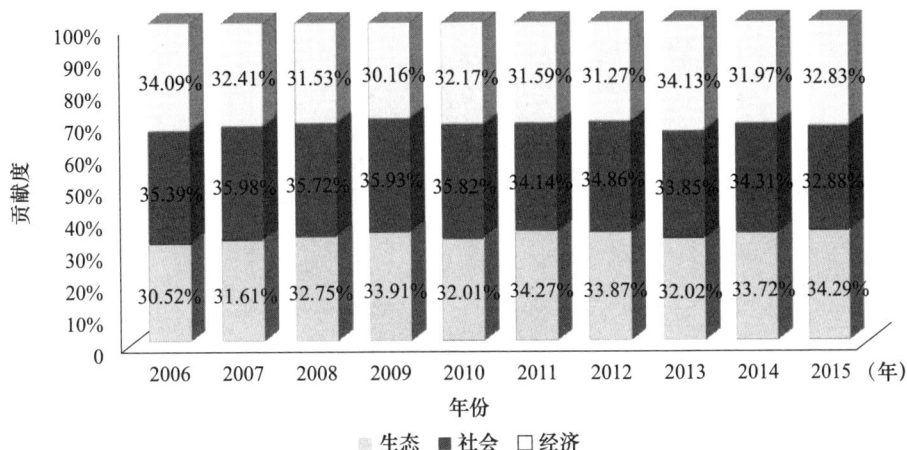

图 5-2　2006—2015 年徐州生态、社会、经济子系统转型发展因素真实贡献度
资料来源：作者自绘。

按煤炭资源型城市转型发展因素真实贡献度公式可以计算得出徐州煤炭资源型样本城市转型发展评价因素真实贡献度。由图 5-2 可知，2006—2015 年期间，徐州转型发展生态、社会、经济子系统转型发展因素真实贡献度差距缩小，具体来看，生态系统的转型发展因素贡献度变化符合这一时期相应获得国家人居奖等荣誉称号的转型发展成效显著的变化；徐州社会子系统的转型发展因素贡献度变化次之，并且呈现逐年有较少的下降趋势，由 2006 年的 35.39% 下降至 2015 年的 32.88%；经济子系统的转型发展因素贡献度总体小幅度下降，不同年份呈现不规则波动，转型发展因素贡献度都保持在 33% 左右。2015 年，生态子系统的转型发展因素贡献度最大，为 34.29%；经济子系统的转型发展因素贡献度最小，只有 32.83%。总体而言，虽然生态子系统转型发展因素贡献度相对较大，但 2006—2015 年徐州转型发展的生态、经济、社会 3 个子系统的转型发展因素贡献度比较均衡，且逐年趋于更加均衡的状态，反映徐州煤炭资源型城市转型高质量发展成效显著，生态、社会、经济协调同步发展，逐步形成转型高质量发展的生态、社会、经济协调平衡发展结构。

同时，徐州煤炭资源型样本城市转型发展，应从各个方面充分发挥生态转型的绿色发展优势，加大引资引进力度和对科技创新投入的力度，推动产业结构进一步优化，实现更高目标的转型高质量发展。

2. 徐州高质量发展因素的障碍度评价

图 5-3 为 2006—2015 年徐州煤炭资源型样本城市转型发展因素障碍度模型评价，从图 5-3 可以得出徐州煤炭资源型样本城市经济、社会、生态各子系统的 2006—2015 年历年对转型高质量发展总体目标实现的障碍程度。2015 年对于徐州煤炭资源型样本城市转型高质量发展总体目标实现的障碍度较大的子系统是经济子系统，障碍度占比超过 40%，其次是社会子系统，而生态子系统的障碍度最低。2006—2015 年，生态、经济、社会各子系统中的转型高质量发展障碍度变化并不明显，各子系统对转型高质量发展目标实现的障碍度总体比较平稳。徐州煤炭资源型样本城市可以将减少经济子系统和社会子系统转型高质量发展的障碍度作为重点，只有克服各种障碍，才能更好地实现转型高质量发展总体目标。

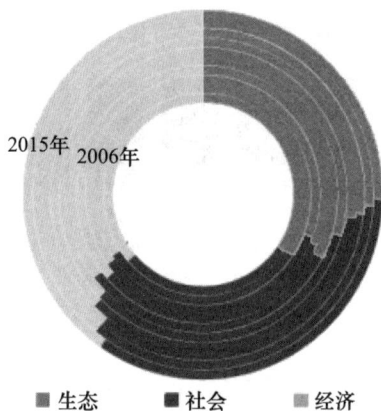

图 5-3　2006—2015 年徐州煤炭资源型样本城市转型发展因素障碍度模型评价
资料来源：作者自绘。

为了更细致地了解哪些指标因素在徐州煤炭资源型样本城市转型转型高质量发展过程中障碍最大，对 2015 年徐州煤炭资源型样本城市转型高质量发展效果进行单项指标因素的障碍度诊断，诊断结果如表 5-2 所示。

徐州煤炭资源型样本城市 2015 年转型发展障碍度大于 5% 的指标因素　　　表 5-2

排序	指标因素	障碍度（%）
1	服务业增加值占 GDP 比重	8.05
2	城镇居民人均可支配收入	6.52
3	固定资产投资拉动 GDP 增长比重	6.29
4	环境保护投资占 GDP 比重	5.56
5	城市居民恩格尔系数	5.41
6	万元 GDP 能耗	5.23

考虑指标因素较多，本研究选取障碍度大于 5% 的指标因素项作具体分析，按照单项指标因素转型高质量发展障碍度大小的排列顺序，服务业增加值占 GDP 比重的障碍度最

高，且高出其他指标因素较多，这从一个方面反映徐州煤炭资源型样本城市产业结构优化调整，虽然取得了一定成绩，但产业结构还存在失衡现象。产业结构刚性，服务业发展动力不足，是徐州煤炭资源型城市转型高质量发展的主要障碍，徐州煤炭资源型样本城市转型高质量发展依然要重视产业结构优化，重点发展生产性服务业。这也符合徐州煤炭资源型城市"聚焦调优调高，产业结构调整实现重要突破"的工作思路。

5.4.2 鹤岗煤炭资源型城市转型发展因素的贡献度和障碍度模型评价

1. 鹤岗转型发展因素的贡献度模型评价

图 5-4 为 2006—2015 年鹤岗煤炭资源型样本城市转型发展因素贡献度模型评价。

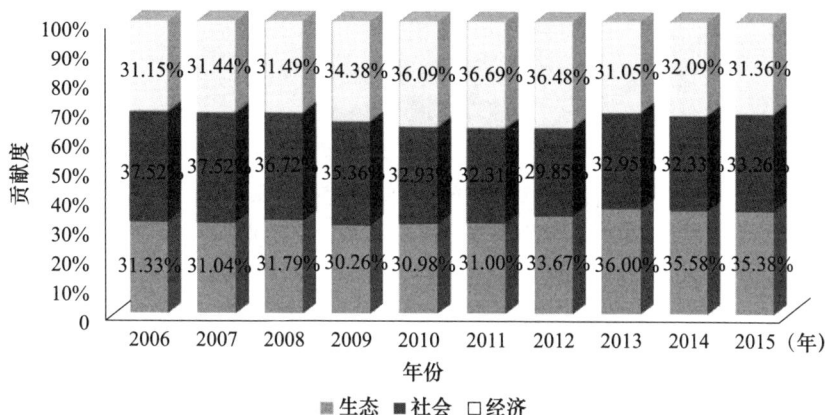

图 5-4　2006—2015 年鹤岗煤炭资源型样本城市转型发展因素贡献度模型评价
资料来源：作者自绘。

根据因素真实贡献度公式和评价结果可以计算得出鹤岗煤炭资源型样本城市转型发展因素模型评价真实贡献度，由图 5-4 可知，2006—2015 年，鹤岗煤炭资源型样本城市转型发展因素真实贡献度，经济、社会、生态各子系统的差距虽然逐渐在缩小，但依然较大。转型发展因素真实贡献度变化表现为，经济子系统贡献度的先上升再下降，2013 年是个拐点；生态子系统贡献度总体逐渐上升，社会子系统贡献度逐渐下降。2015 年，生态子系统贡献度最大，超过了 35%。经济系统的贡献度最低，只有 31.36%，反映鹤岗煤炭资源型样本城市的经济发展明显滞后，应当深化改革，转变传统的粗放式发展模式，加大力度出台引导产业发展相关政策，加快转型发展，赶上转型发展时代步伐。

2. 鹤岗转型发展因素的障碍度模型评价

图 5-5 为 2006—2015 年鹤岗煤炭资源型样本城市转型发展因素障碍度模型评价，2015 年鹤岗煤炭资源型样本城市经济、社会、生态各子系统中，转型发展因素的障碍度较大的子系统是经济子系统，较小的是生态子系统，社会子系统的转型发展因素的障碍度居中，三者的差距相对较小。2006—2015 年，鹤岗煤炭资源型城市经济、社会、生态各子系统中的转型发展因素的障碍度变化中，生态子系统的转型发展因素的障碍度呈现逐年下降趋势，且下降幅度比较明显；经济系统转型发展因素的障碍度呈现先下降后上升态势，总体呈上升态势；社会子系统的转型发展因素的障碍度呈现不规则波动，总体呈小幅度上升趋势。因此，鹤岗煤炭资源型城市转型发展中要进一步关注转型发展因素贡献率较高的

经济子系统，破解经济发展困境。

表 5-3 为鹤岗煤炭资源型样本城市 2015 年转型发展障碍度大于 5% 的指标。

根据表 5-3 诊断结果，2015 年鹤岗煤炭资源型样本城市转型发展的障碍度最高的是采矿业增加值占 GDP 比重，反映鹤岗煤炭资源型样本城市的产业结构失衡是鹤岗煤炭资源型样本城市转型发展的最大障碍，鹤岗煤炭资源型样本城市经济发展对煤炭资源型产业的依赖过大，没有找到合适的接替产业，随着煤炭资源的逐渐枯竭，鹤岗煤炭资源型样本城市的经济发展陷入困境，从表 5-3 中的转型发展障碍度排序中也可以看出来，转型发展障碍度排序第二（人均地区生产总值）、第三（固定资产投资拉动 GDP 增长比重）、第七（服务业增加值占 GDP 比重）等指标因素都是经济系统指标因素，从一个方面反映其作为煤炭资源型城市，发展过度依赖资源，致使产业结构失衡，服务业发展严重滞后，投资动力不足，加剧了经济下滑。

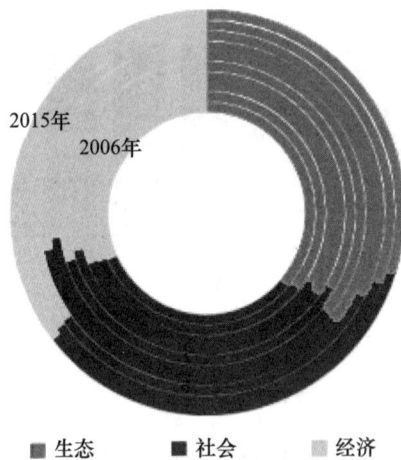

图 5-5　2006—2015 年鹤岗煤炭资源型样本城市转型发展因素障碍度模型评价
资料来源：作者自绘。

鹤岗煤炭资源型样本城市 2015 年转型发展障碍度大于 5% 的指标　　表 5-3

排序	指标因素	障碍度（%）
1	采矿业增加值占 GDP 比重	11.32
2	人均地区生产总值	9.87
3	固定资产投资拉动 GDP 增长比重	8.43
4	城镇居民人均可支配收入	7.16
5	工业废气处理率	5.41
6	工业固体废物综合利用率	5.23
7	服务业增加值占 GDP 比重	5.17

因此，鹤岗煤炭资源型样本城市转型发展的关键，仍然是找准适合的接替产业，加快摆脱发展对资源的依赖性。

5.5　本章研究结果分析

对全国 21 个有代表性的煤炭资源型样本城市，2006—2015 年高质量发展的综合竞争力进行评价得到：

（1）2015 年徐州和焦作两市稳居全国 21 个有代表性的煤炭资源型样本城市综合竞争力得分最高的前两位，反映其转型高质量发展成效最好，鹤岗、石嘴山两座煤炭资源型城市 2015 年综合竞争力得分最低，比较 2006 年综合竞争力得分明显下降或没有进步，反映其转型发展力度严重不足；

2006—2015 年焦作、赤峰两座煤炭资源型样本城市综合竞争力得分排名靠前，并有较大或明显提升，焦作（4→2），赤峰（8→5），反映这两座城市转型高质量发展表现出很好的发展态势，转型内生动力增强较大；

萍乡煤炭资源型城市（12→10）、淮北煤炭资源型样本城市（13→11），综合竞争力得分排名处于中间并有较大提升，反映其转型发展表现出较好的发展态势，生态环境逐渐转好，接续替代产业发展势头良好，转型内生动力有稳定增强；

原综合竞争力得分落后的煤炭资源型样本城市铜川（19→15）、双鸭山（18→16）、七台河（21→19）有明显进步或较大进步，反映其转型发展取得了较好或一定的阶段性成果，生态环境状况逐步好转，转型内生动力开始增强；

对比之下鹤岗煤炭资源型样本城市的综合竞争力得分排名，降低最为明显（17→21），反映其转型发展存在问题较多，主要是发展仍然过度依赖资源，接续产业培育滞后，经济增长缺乏新动能。

（2）选取煤炭资源型样本城市转型发展综合竞争力得分最高的城市徐州和最低的城市鹤岗进行深度分析得出：

徐州煤炭资源型样本城市 2006—2015 年转型高质量发展的生态、社会、经济 3 个子系统的因素贡献率比较均衡，且逐年趋于更加均衡的状态，反映其转型高质量发展取得很好成效，生态、社会、经济形成协调发展；

从转型高质量发展障碍度分析来看，其服务业增加值占 GDP 比重障碍度最高，表明徐州煤炭资源型样本城市产业结构优化调整，虽然取得了一定成效，但还存在一定的失衡现象。产业结构相对刚性，服务业发展动力不足，是转型高质量发展的主要障碍；

鹤岗煤炭资源型样本城市 2015 年生态、社会、经济 3 个子系统中经济子系统的贡献率最低，经济发展明显滞后；

鹤岗煤炭资源型样本城市转型发展的最大障碍是过度依赖资源型产业，产业结构失衡，服务业发展严重滞后，经济下滑。其转型发展的关键仍然是找准适合的接替产业，逐步摆脱发展对资源的依赖性。

第6章 转型高质量发展支持政策及实效性实证分析

煤炭资源型城市转型实践表明，其转型成功与高质量发展离不开政策支持，同时，转型成效也直接反映与衡量支持政策的实效。本章支持政策的实效性研究既是转型实效性规范研究，又是前3章转型效果模型实证研究的延续，同时，也是煤炭资源型城市转型高质量发展效果研究的重要组成之一。

根据第3～5章对我国21个有代表性的煤炭资源型样本城市转型效率、耦合协调度和转型综合竞争力的模型实证评价结果，徐州煤炭资源型样本城市2006—2015年年均转型效率排名第2，年均转型耦合协调度排名第1。2015年转型发展综合竞争力排名第1，如表6-1所示。

徐州在21个煤炭资源型样本城市中的转型效果排名　　　　　　表6-1

转型效果	2006—2015年 年均转型效率	2006—2015年 年均转型耦合协调度	2015年转型发展 综合竞争力
在21个煤炭资源型样本城市中徐州排名	第2	第1	第1

从表6-1可知：在全国21个有代表性的煤炭资源型样本城市中，徐州转型实效显著，在我国有代表性的煤炭资源型样本城市转型实践中率先取得成功。

值得思考的是徐州为何转型发展能够率先取得成功？转型支持政策与转型发展成功有何关联？徐州在转型发展过程中，作为有代表性的煤炭资源型样本示范城市之一，出台了哪些转型支持政策？支持政策的实效性如何？徐州的转型高质量发展支持政策是否可以提供我国其他的煤炭资源型城市所借鉴？

本章正是从全国21个有代表性煤炭资源型样本城市中，选取转型高质量发展综合竞争力强、转型效率与协调转型耦合协调度高、支持政策强的徐州煤炭资源型样本城市，作为转型支持政策实效性实证研究的示范样本城市，并基于城市生态系统的热岛效应、空气质量与河湖水质量，经济系统的经济增速、产业结构、产业布局、科技创新、旅游业发展，社会系统的工资水平、生态福祉等方面的演变分析，剖析评价以各级政府相关支持政策的最大合力及精准对接为主要特点的徐州煤炭资源型示范城市转型支持政策及其实效性，提出强化支持政策，进一步发挥政策效应，以及转型支持政策提升空间挖掘的针对性建议，为我国不同煤炭资源型城市转型发展政策支持与提高支持政策实效性，提供示范借鉴。

本章研究数据的选取对应本项研究选取的2005—2015年这个时间段，既是集中体现徐州示范中再生期煤炭资源型城市转型成效的11年，又是很好反映基于转型高质量发展的政府支持政策的出台背景与转型发展历史演变的 11 年。并在之后主要聚焦到淮海经济区中心城市转型高质量发展及其支持政策的延续。

本章研究内容包括徐州煤炭资源型示范城市转型高质量发展支持政策出台的背景、徐州不同时期转型发展支持政策的重点与历史过程分析，徐州生态经济社会子系统转型发展支持政策的实效性实证分析，转型发展支持政策延续与政策效应提升空间分析，以及本章研究结果分析。

6.1 徐州煤炭资源型示范城市转型高质量发展支持政策出台的背景

徐州等煤炭资源型示范城市率先成功转型高质量发展为全国同类城市提供了示范借鉴的最佳范本。作为地方政府及权力机关，公共政策的制定和实施一方面紧跟国家政策"风向标"，另一方面结合本地实际给予支持政策的充分保障，发挥各级政府相关支持政策的最大合力。

6.1.1 新时代国家高质量发展的历史机遇与挑战背景

以徐州转型高质量发展示范城市为例，其在生态城市建设重要组成的国家生态园林城市建设创新示范等方面，通过国家、地方、行业政策之间的精准对接，强化了支持政策的实效性，走出了适合自己的转型高质量发展的宽路子。徐州煤炭资源型示范城市转型、老工业基地振兴、城市高质量发展相关的国家、省市一系列支持政策出台，主要基于新时代国家高质量发展的历史机遇与挑战，从工业文明到生态文明城市绿色转型，以及徐州作为淮海经济区区域中心城市的高质量发展定位、发展目标等相关的国家、省、市系列政策出台背景（详见 7.1 转型高质量发展的机遇与挑战、7.2 老工业基地与煤炭资源枯竭城市的产业转型发展及趋势分析、7.3 区域中心城市视野的城市绿色转型分析）。

6.1.2 城市建设发展背景

徐州煤炭资源型示范城市转型高质量发展支持政策出台还基于以下城市建设发展背景：

1）2001 年，"7·22"煤矿爆炸事故，促使徐州开始反思依靠煤炭能源发展的旧思路，加快摆脱煤炭资源枯竭、环境恶化、城市发展难以为继的窘境，徐州更是肩负老工业基地振兴和煤炭资源枯竭型城市转型的双重任务。

2）进入新时代，我国资源型城市转型相关的政策制定在背景、方式和理念上发生了重大变化，从经济发展"粗放时代"进入到"精益化时代"。

3）在生态文明征程的推动下，大力推进绿色城镇化，发展绿色建筑，推进绿色生态城区建设等已不仅仅是一家之言，统筹相关领域制度和政策创新，实行综合治理已成为推进政策转化落地的常态化举措。

4）国家开始从水利、道路交通、能源等的大型基础设施建设逐步转向对城市园林绿化建设的高度重视与热切期望，由简单直接的提倡植树种草、防风固沙造林工程转向对生态环境治理与美好绿色家园的迫切需求；也正是在相关背景下，2005—2015 年期间徐州出台了一系列促进生态转型高质量发展的经济与环境兼容、绿地建设与管理相关的政策文件，如图 6-1、图 6-2 所示。

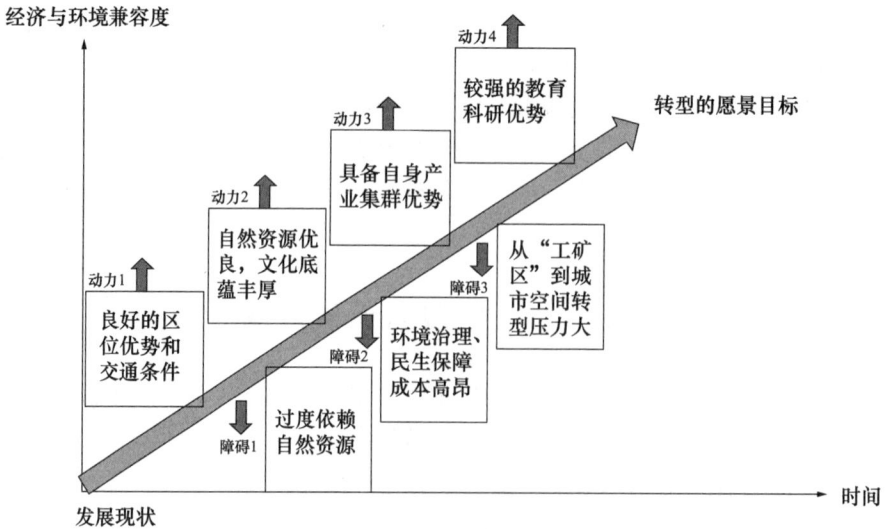

图 6-1　徐州实施转型高质量发展的本底条件

资料来源：徐州绿色发展课题城市园林绿化建设评价专题研究基础调研。

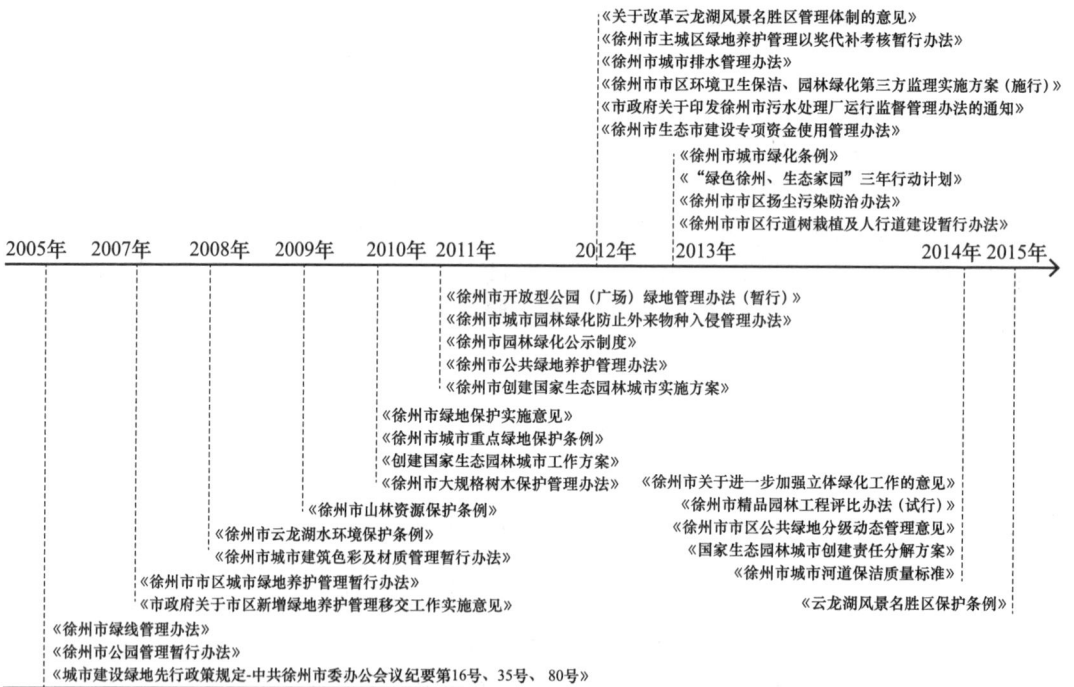

图 6-2　2005—2015 年期间徐州绿地建设与管理相关政策文件

资料来源：徐州绿色发展课题城市园林绿化建设评价专题研究基础调研。

6.2　徐州不同时期转型发展支持政策的重点与历史过程分析

根据不同时期转型发展与政策支持的要求与重点，2006—2015 年徐州市支持政策可分为 2005—2006 年调整增长方式，开始重视生态环境时期，2007—2010 年提供转型发展资金保障与政策引导时期，2011—2015 年推进政策项目化时期的三个阶段。

从提出"绿色生态市"建设到加快资源型城市转型，实施"三重一大"战略，再到准确把握政策—项目—资金的关系，从产业、财税金融、土地利用和环境治理等方面，提出一系列支持政策，在实践的历史过程中逐步形成以各级政府相关支持政策的最大合力，以及精准对接为主要特点的，强化转型支持政策实效性的徐州模式和以生态转型为先导，带动产业转型、城市转型、社会转型的政策实施与创新的"贾汪模式"。

6.2.1　明确发展定位调整增长方式开始重视生态环境阶段

2005—2006 年为明确发展定位，调整增长方式，开始重视生态环境阶段。这一阶段，针对中共江苏省委十届五次会议《中共江苏省委关于学习"三个代表"重要思想，努力实现"两个率先"的决定》具体明确苏北 5 市发展整体目标，迫于自身环境条件的亟待改善，徐州市政府紧紧将发展重点放在以生态环境改善作为江苏省全面建成小康社会的四大类指标之一的具体要求上，把全面提升绿化水平，以及环境质量综合指数作为重要决策写入《徐州市国民经济和社会发展第十一个五年规划纲要》；随后，《徐州市"十一五"国土绿化纲要》总体布局，提出"绿色生态市"建设，突出以下方面：

1）以资源环境承载力、生态敏感性及综合发展潜力，实施市域空间 5 类主体功能区战略，确定市域空间开发格局；

2）中心城区实施"中优化、东扩张、南融合、西改造、北提升"战略；

3）优化生产力布局，使空间形态由中心集聚向轴带延伸和区域集群演变；

4）创新政府引导机制（创新产业发展支持机制、可持续发展产业筛选机制、重大项目有效配置机制、绩效考核综合评价机制）；

5）构筑与徐州自然山水条件相吻合的市域绿地系统，实施十大工程。

这一阶段，徐州对过度依赖投资和资源消耗的增长方式进行反思，政策导向摆脱"速度情结"和"换挡焦虑"，从产业结构优化、资源能源消耗、生态环境改善和可持续发展等方面综合考量经济增长，提出"坚决不要带污染的 GDP""跳出苏北走绿色创新发展的路子""改进政府组织经济工作的方式"等决策思路和举措，强化徐州煤炭资源型城市生态转型发展的政策支持。

6.2.2　为振兴老工业基地与转型可持续发展提供资金保障与政策引导阶段

2007—2010 年为振兴老工业基地与转型可持续发展提供资金保障与政策引导阶段。这一阶段，徐州以转型、振兴、民生为主线，全面贯彻实践科学发展观，相继作出了加快资源型城市转型、加快振兴徐州老工业基地、加快构建特大型区域性中心城市的一系列决策，实施"三重一大"战略。

针对《中共江苏省委、江苏省人民政府关于加快振兴徐州老工业基地的意见》（苏发〔2008〕19 号）中提出的振兴老工业基地对苏北全面振兴、转型可持续发展的要求，徐州相继出台了《市政府办公室关于印发曹新平同志在市政府全体（扩大）暨政府工作报告目标任务分解会议上的讲话的通知》（徐政办发〔2007〕35 号）、《徐州"十一五"工业结构调整和发展规划纲要》（徐政发〔2007〕145 号）、《市政府关于进一步加强节约集约利用土地的意见》（徐政发〔2008〕12 号）、《市政府关于实行领导包挂重大项目的通知》（徐政发〔2009〕60号）等转型发展支持政策，重点突出转型发展国家、省、市支持政策和措施之间的精准对接：

1）对徐州已具备治理复垦条件的2800hm²塌陷地，其中原为建设用地的近1333hm²塌陷地，复垦成耕地后，可等面积置换为建设用地指标；

2）允许徐州地区煤炭企业税前按20元/t煤提取可持续发展准备金，专项用于环境恢复与生态补偿、发展接续替代产业、解决历史遗留问题等；

3）老城区原则上不再出让0.67hm²左右的小地块，这类地块在实施过程中基本被用于建设小微绿地，在城市更新过程中，老旧城区绿地建设起到了巨大的促进作用，增加了老城区公园的绿地率；

4）以项目建设为重点的经济建设。实行重大项目领导包挂联系制度，5亿元以上的重大项目市委书记亲自抓；

5）针对服务业项目，土地完全市场化，实施招拍挂，针对重要工业项目和城市重点功能性项目，加强政策扶持；

6）市区投资规模小于3000万元、县区小于1000万元的工业项目不予单独供地，云龙、鼓楼、泉山区和三环路以内范围不再批准新增工业项目用地；

7）原老城区土地由市政府统一收储公开出让，土地增值收益按一定比例返还原土地使用者，专项用于支持新址建设、自身发展和职工安置等；

8）实行年度农用地转用计划与盘活利用存量土地挂钩奖励政策。市政府每年留出30%的农用地转用计划；

9）建设"绿色徐州"，已实施和要实施绿量每年不小于1000万m²。

这一阶段，徐州在转型发展方面实现了意识创新，不断摆脱"地市级思维"和传统"苏北意识"，卸下老工业基地"包袱"，勇于打破梯度转移、跟随发展的路径依赖。一方面积极实施财政政策，对环境恢复与生态补偿、产业优化升级提供资金支持，较好地发挥政府财政职能的示范作用；另一方面，充分发挥政府在土地、市场的调控作用，以优美环境吸引外资，以全社会多方位资金筹措推进项目建设，以建设促转型，以新型工业化带动城市化发展，基本解决了生态修复初期投入资金不足等问题，有效保障产业转移困难群众的基本生活。

6.2.3　借助扶持资金找准切入点细化实施路径推进政策项目化阶段

2011—2015年为借助扶持资金，找准切入点，细化实施路径，推进政策项目化阶段。这一阶段中的2011年，徐州被国家正式列为全国第三批资源枯竭型城市之一，2011—2017年获得中央财政支持16.23亿元。通过扶持资金撬动社会资本，实施生态修复与产业升级，实现转型高质量发展是这一时期政策的主要着力点。针对江苏省《省政府关于支持徐州市贾汪区资源枯竭城市转型发展的意见》有关产业转型、环境治理等方面的要求，徐州相继出台了《徐州市国民经济和社会发展第十二个五年规划纲要》《徐州市生态市建设专项资金使用管理办法》《徐州市生态市建设规划（2011—2015年）》《"绿色徐州、生态家园"三年行动计划》《徐州市公共绿地分级动态管理意见》等政策。重点突出以下方面：

1）提出工业立市、产业强市，以产业转型带动城市转型；

2）加快中心城市建设（通过撤县设区等措施完善区划调整，为城市建设发展释放更多土地和空间，加快产业园建设，进行集约生产、降低污染，为商贸、物流、金融等现代服务业腾出丰富空间）；

3）加强生态环境保护建设，开展"生态修复""蓝天碧水""园林绿化"等专项工程，以"生态园林城市""水生态文明城市"等为抓手，大力实施污染治理；

4）全面推进环、带、园生态建设，构建徐州城外、城郊和城中梯次推进、特色鲜明的生态屏障格局。高水平建设环城绿化带，在各城市组团间形成绿色隔离区；

5）始终以项目作为最终落实的载体和抓手。

这一阶段，徐州认真研究、吃透国家、江苏省有关扶持政策（包括财政性资金支持及非财政性相关行业的优惠政策及试点、先行区工作），在任务分解部门化的基础上，细化责任，抓好落实。将责任分解落实到人，通过制订年度计划，按计划节点抓推进，制定专项考核奖惩，抓好扶持政策落实。

其次，政策项目化。通过梳理政策，找准国家、省在政策支持、项目布局、资金安排等方面的扶持切入点，积极在棚户区改造、接续替代产业、独立工矿区和矿山地质环境治理等方面策划项目，找准争取政策抓手。准确把握政策—项目—资金的关系，从产业、财税金融、土地利用和环境治理等方面，提出支持政策。逐渐确定了以生态转型为先导、带动产业转型、城市转型、社会转型的政策实施与创新"贾汪模式"。

6.2.4 以淮海经济区中心城市建设为重点的转型高质量发展支持政策延续阶段

2016年后，徐州从煤炭资源型城市转型、老工业基地振兴转型、加快中心城市建设逐步将重点转向2017年国家规划明确定位的淮海经济区中心城市建设阶段，同时进入了以此为重点的转型高质量发展支持政策延续阶段。

这一阶段，在徐州2017年淮海经济区中心城市定位明确不久，2017年8月江苏省印发《中共江苏省委 江苏省人民政府关于支持徐州建设淮海经济区中心城市的意见》（苏发〔2017〕20号），进一步突出"经济中心"建设的战略性、重要性，在明确"加快产业升级，增强经济综合实力"重要任务的同时，专门提出设立淮海经济区中心城市产业发展基金、加大省级各类产业发展专项资金扶持力度、支持开展新型工业化示范、技术装备改造和绿色转型试点等一系列具体举措；同年12月，江苏省发展和改革委员会印发了《支持徐州建设淮海经济区中心城市意见重点任务分解方案》。

2021年，徐州市十三次党代会提出：建设产业强市、打造区域中心。加快提升中心城市首位度和集聚辐射带动力，全力打造名副其实的淮海经济区中心城市。同时徐州市围绕企业这一经济发展的"主力军"，积极培育龙头骨干企业，推动各类产业政策、惠企政策直达快享、应享尽享，塑造企业发展新优势。

2022年，《国务院关于同意徐州市建设国家可持续发展议程创新示范区的批复》（国函〔2022〕69号），国务院同意徐州市以创新引领资源型地区中心城市高质量发展为主题，建设国家可持续发展议程创新示范区。充分反映国家对徐州作为资源型地区中心城市，淮海经济区中心城市转型高质量发展及引领作用的肯定与支持。

2022年，江苏省第十四次党代会提出，深入推进淮海经济区建设，支持徐州加快建设淮海经济区中心城市。

2023 年的江苏省政府工作报告中，"支持徐州高质量建设淮海经济区中心城市"被列入 2023 年重点工作。《淮海经济区高质量协同发展规划》也在稳步有序地推进之中。

2023 年年初，徐州出台实施《关于新形势下稳经济促发展的若干政策措施》，而后细化分解"省 42 条"，出台"136 条"相关支持政策措施。

徐州以淮海经济区中心城市建设为重点的转型高质量发展支持政策延续阶段，同时参见 6.4 转型发展支持政策延续与政策效应提升空间分析、7.1.4 淮海经济区中心城市转型高质量发展的历史机遇与挑战、7.3 区域中心城市视野的城市绿色转型分析、7.6.3 区域中心城市转型更新模式等。

6.3 徐州生态经济社会子系统转型发展支持政策实效性实证分析

煤炭资源型城市转型高质量发展成效直接体现相关支持政策的实效性。本节侧重徐州转型发展在生态子系统的热岛效应、空气质量与河湖水质量和经济子系统的经济增速、产业转型升级、旅游业发展，以及社会子系统的工资水平、生态福祉等方面的演变分析，直接反映和衡量相关支持政策在生态系统、经济系统方面取得的实效性，为转型高质量发展支持政策总体评价奠定分析基础。

6.3.1 生态子系统支持政策的实效性实证分析

6.3.1.1 热岛效应明显缓解

基于 Landsat 5 TM 及 Landsat 8 热波段 TIRS 的影像数据，对徐州市区研究区 2005 年夏天、2010 年夏天、2015 年夏天 3 个节点的地表温度进行反演（其中，2010 年夏天反演为参考），分析徐州市区研究区热岛效应的变化情况，经过分析计算等做出图 6-3 徐州市区研究区 2005 年、2015 年地表温度空间分布。分析计算得出，2005—2015 年徐州市区研究区地表温度平均值从 39.11℃增加到 40.41℃，标准温差变化较小，从 3.98℃减小到 3.68℃。

从图 6-3 分析得出，2005 年，市区研究范围高温区聚集分布于内部老城区范围，随着城市化的推进，到 2015 年，高温区主要分布于市区研究区范围周边，并且分布比较分散破碎；分析计算并得出市区研究区范围高温区地表温度平均值从 2005 年的 44.73℃增加到 45.80℃，但研究区范围高温区占比发生了一定程度的下降，从 2005 年的 19.56% 下降到 15.62%。

值得指出，城市景观格局的改变影响着城市热环境的变化。本研究以 Landsat 地表温度为例，以 1km 长作为研究分析单元，统计分析林地比例与地表温度的关系（图 6-4）。结果发现，徐州市区研究区范围，随着林地比例的增加，地表温度发生明显降低，并且，每增加 1% 林地比例，地表温度下降 0.08℃。

另一方面，在与城市绿地系统进行叠加后，计算得出 2005 年，2015 年徐州市区研究区城市绿地的冷岛效应强度（市区研究区除绿地外的建设用地地表平均温度与城市绿地地表平均温度的温差）分别为 3.33℃，3.65℃。徐州市区研究区绿地冷岛效应强度，如表 6-2 所示。

从表 6-2 徐州市区研究区绿地冷岛效应强度结果分析得出，徐州城市绿地具有明显的降温作用。冷岛效应强度从 2005 年 3.33℃提高到 2015 年 3.65℃，伴随城市绿地总面积大幅增长，降温效果明显提高。

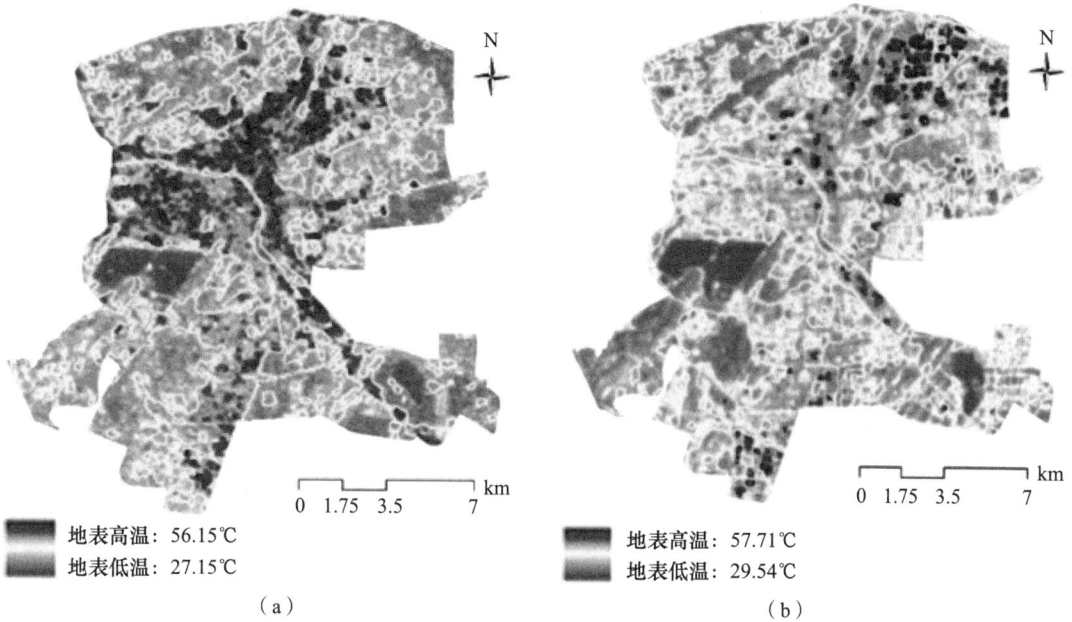

（a）　　　　　　　　　　　　　　　　　　（b）

图 6-3　2005 年、2015 年徐州市区研究区地表温度空间分布

（a）2005 年；（b）2015 年

资料来源：徐州绿色发展课题热岛效应评价专题研究。

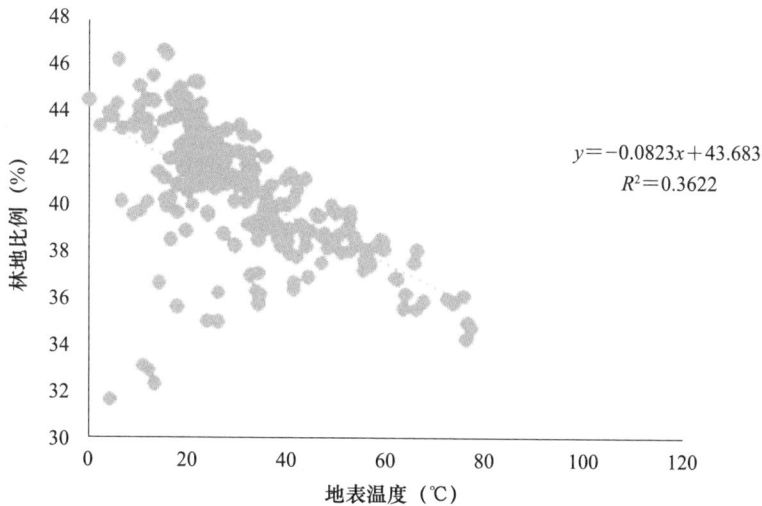

$$y=-0.0823x+43.683$$
$$R^2=0.3622$$

图 6-4　林地比例与地表温度的关系

资料来源：徐州绿色发展课题热岛效应评价专题研究。

徐州市区研究区绿地冷岛效应强度　　　　　　　　　　表 6-2

年份（年）	绿地地表平均温度（℃）	除绿地外的建设用地地表平均温度（℃）	冷岛效应强度（℃）	绿地总面积（hm²）
2005	38.43	41.76	3.33	1126.43
2015	38.72	42.37	3.65	2655.89

资料来源：徐州城市热岛效应评价专题研究。

　　总体而言，2005—2015 年，徐州市区研究区的热岛效应得到比较明显的缓解，是生态环境改善的一个重要方面，从一个方面充分反映生态修复与生态园林城市建设支持政策的实效性。

6.3.1.2　空气质量提升

　　对徐州主城区 7 个国控空气监测点 2005—2015 年的主要空气污染物浓度数据进行比较分析，结果如图 6-5 所示（因部分环境监测点建设较晚，缺少部分年份数据）。

　　从图 6-5（e）、（f）结果分析可以得出，2005—2015 年，可吸入颗粒物 PM10 和 PM2.5 类型污染整体浓度都高于国家二级标准，其中，PM10 年浓度呈现一定的波动变化状态，没有出现明显好转的趋势；但 PM2.5 整体呈下降趋势。除徐州煤炭工业城市影响外，可吸入颗粒物还存在邻近区域的污染影响，徐州市在全国地处东靠北，北邻山东可吸入颗粒物污染较严重的省份，受到一定程度的邻近区域污染影响。

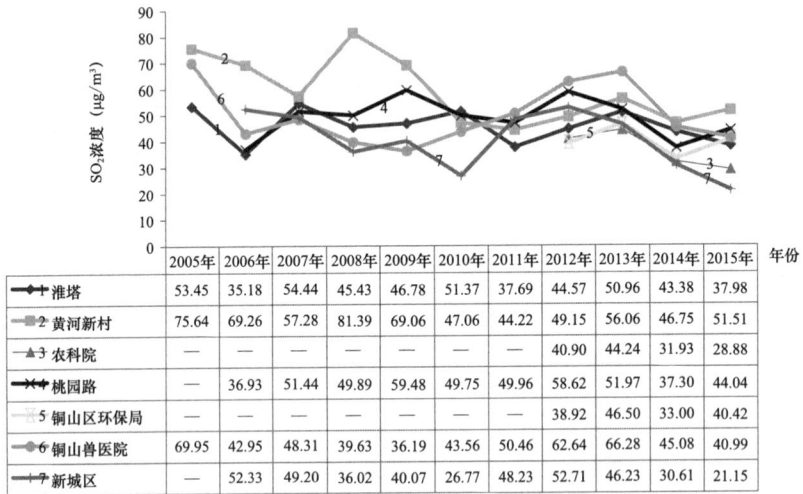

	2005年	2006年	2007年	2008年	2009年	2010年	2011年	2012年	2013年	2014年	2015年
1 淮塔	53.45	35.18	54.44	45.43	46.78	51.37	37.69	44.57	50.96	43.38	37.98
2 黄河新村	75.64	69.26	57.28	81.39	69.06	47.06	44.22	49.15	56.06	46.75	51.51
3 农科院	—	—	—	—	—	—	—	40.90	44.24	31.93	28.88
4 桃园路	—	36.93	51.44	49.89	59.48	49.75	49.96	58.62	51.97	37.30	44.04
5 铜山区环保局								38.92	46.50	33.00	40.42
6 铜山兽医院	69.95	42.95	48.31	39.63	36.19	43.56	50.46	62.64	66.28	45.08	40.99
7 新城区	—	52.33	49.20	36.02	40.07	26.77	48.23	52.71	46.23	30.61	21.15

（a）

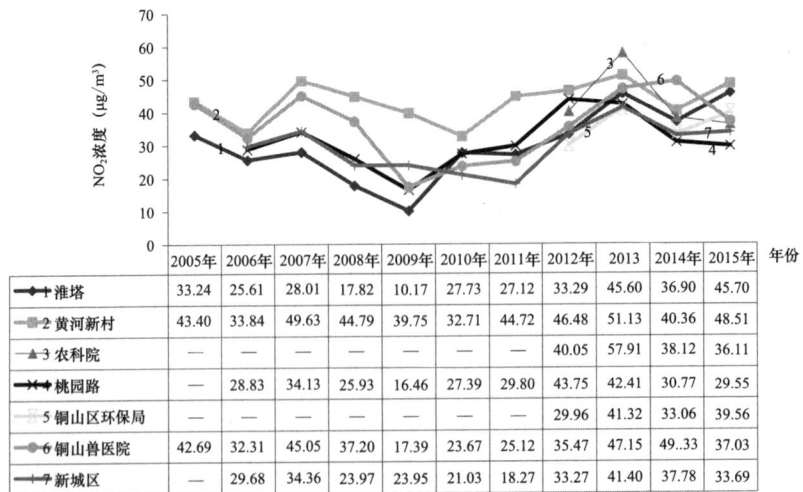

	2005年	2006年	2007年	2008年	2009年	2010年	2011年	2012年	2013	2014年	2015年
1 淮塔	33.24	25.61	28.01	17.82	10.17	27.73	27.12	33.29	45.60	36.90	45.70
2 黄河新村	43.40	33.84	49.63	44.79	39.75	32.71	44.72	46.48	51.13	40.36	48.51
3 农科院	—	—	—	—	—	—	—	40.05	57.91	38.12	36.11
4 桃园路	—	28.83	34.13	25.93	16.46	27.39	29.80	43.75	42.41	30.77	29.55
5 铜山区环保局								29.96	41.32	33.06	39.56
6 铜山兽医院	42.69	32.31	45.05	37.20	17.39	23.67	25.12	35.47	47.15	49..33	37.03
7 新城区	—	29.68	34.36	23.97	23.95	21.03	18.27	33.27	41.40	37.78	33.69

（b）

图 6-5　2005—2015 年徐州主城区及相关各监测站主要污染物浓度变化趋势（一）
（a）SO$_2$ 浓度变化；（b）NO$_2$ 浓度变化

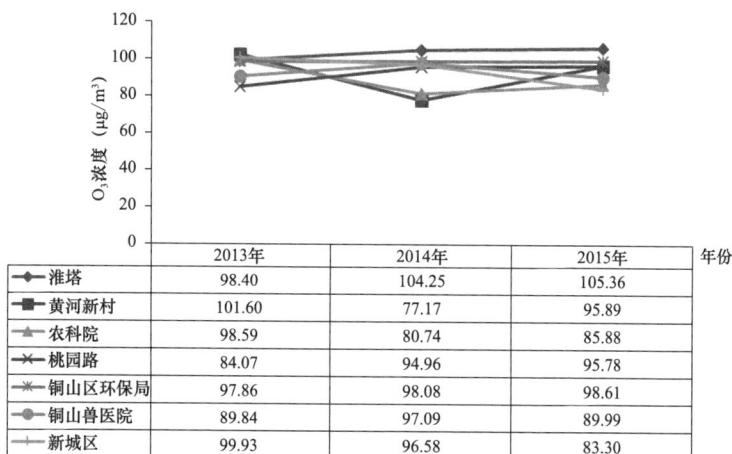

	2013年	2014年	2015年	年份
淮塔	98.40	104.25	105.36	
黄河新村	101.60	77.17	95.89	
农科院	98.59	80.74	85.88	
桃园路	84.07	94.96	95.78	
铜山区环保局	97.86	98.08	98.61	
铜山兽医院	89.84	97.09	89.99	
新城区	99.93	96.58	83.30	

（c）

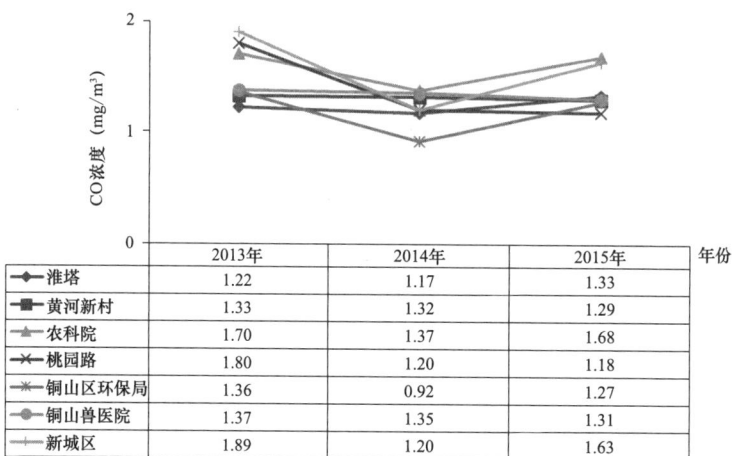

	2013年	2014年	2015年	年份
淮塔	1.22	1.17	1.33	
黄河新村	1.33	1.32	1.29	
农科院	1.70	1.37	1.68	
桃园路	1.80	1.20	1.18	
铜山区环保局	1.36	0.92	1.27	
铜山兽医院	1.37	1.35	1.31	
新城区	1.89	1.20	1.63	

（d）

图 6-5　2005—2015 年徐州主城区及相关各监测站主要污染物浓度变化趋势（二）
（c）O_3 浓度变化；（d）CO 浓度变化
资料来源：徐州绿色发展课题环境监测专题研究。

从图 6-5 2005—2015 年徐州市主城区及相关各监测站主要污染物浓度变化趋势（一）、（二）（a）、（b）、（c）、（d）结果分析可以得出：

2005—2015 年徐州市区 SO_2 只有黄河新村和铜山兽医院监测站在个别年份超出二级标准（60μg/m^3），其他监测站点基本都低于国家二级标准，且各监测站点下降呈波动变化趋势，到 2009—2011 年浓度相对最低，到 2013 年之后又开始呈下降趋势；NO_2 年平均浓度变化趋势与 SO_2 年平均浓度变化趋势类似，除了黄河新村监测站和铜山兽医院监测站 NO_2 浓度有超出二级标准（40μg/m^3）外，其他站点基本低于二级标准；2013—2015 年徐州黄河新村监测站和农科院监测站 O_3 浓度呈先下降后上升趋势，铜山兽医院监测站和新城区监测站 O_3 浓度呈先上升后下降趋势，其他监测站点则有上升趋势；2013—2015 年徐州市区及相关各监测站点 CO 年平均浓度呈先降低后虽有上升，但无明显变化趋势。

总体上来说，SO_2、NO_2、O_3 和 CO 类型污染年浓度呈现波动变化，但浓度整体低于国家二级标准。伴随徐州煤炭资源型城市转型绿色发展，以及不断加强生态园林城市绿地建设，2005—2015 年空气质量逐渐趋好，也是转型发展与绿地建设支持政策实效性的一个方面重要体现。

6.3.1.3　水质好转的变化

2005—2015 年生态建设支持政策实效性也体现在重点河流断面和重点湖库水质好转的变化。

（1）重点河流断面水质变化分析

选取徐州主城区重点河流断面废黄河 - 大环西路桥断面及奎河－十里桥断面，根据2005—2015 年水质监测数据，可得到图 6-6 和图 6-7 相关水质指标变化情况。

大环西路桥断面位于废黄河（市区段）的上游，如图 6-5 所示，2015 年该断面的主要污染指标为总氮，总氮含量在 2005 年以及 2013—2015 年明显超过Ⅳ类水的限量标准1.5mg/L。从这些年的水质指标变化来看，溶解氧在 7mg/L 上下波动，已满足Ⅱ类水的要求；各重金属指标也完全满足Ⅳ类水的要求，其中六价铬和铜的含量在 2015 年明显增加。综合各项指标来看，2005 年该断面的水质类别属于劣Ⅴ类，但从 2006 年开始水质已明显得到改善。

奎河十里桥断面位于奎河在市区段的上游，如图 6-7，2005—2015 年该断面的主要污染指标总氮多数年份达到Ⅴ类标准，其他监测指标均达到Ⅴ类标准。从 2005 年到 2015 年水质指标的变化来看，该断面水质呈现逐步改善的趋势；总氮、总磷、氨氮等含量的波动幅度较小；各类重金属含量均很低，达到Ⅱ类水标准。

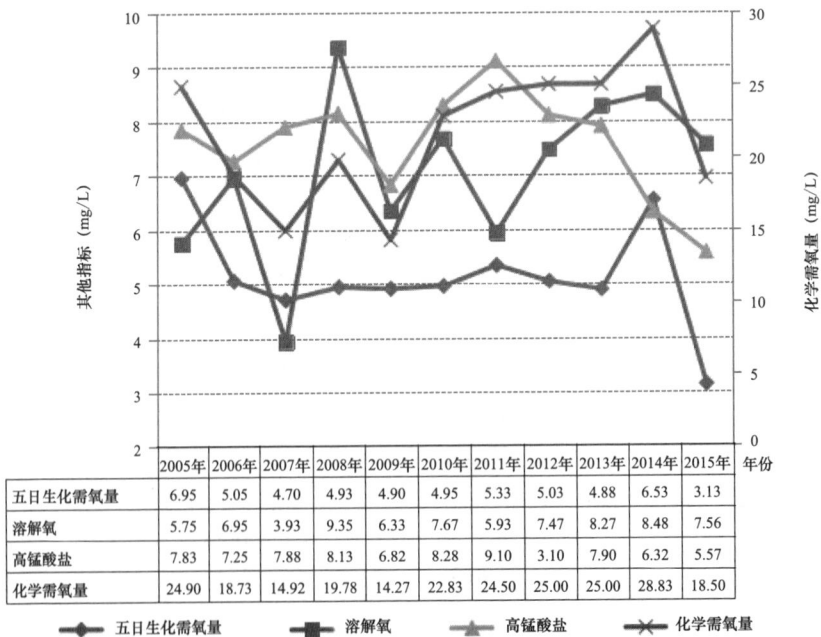

	2005年	2006年	2007年	2008年	2009年	2010年	2011年	2012年	2013年	2014年	2015年
五日生化需氧量	6.95	5.05	4.70	4.93	4.90	4.95	5.33	5.03	4.88	6.53	3.13
溶解氧	5.75	6.95	3.93	9.35	6.33	7.67	5.93	7.47	8.27	8.48	7.56
高锰酸盐	7.83	7.25	7.88	8.13	6.82	8.28	9.10	3.10	7.90	6.32	5.57
化学需氧量	24.90	18.73	14.92	19.78	14.27	22.83	24.50	25.00	25.00	28.83	18.50

（a）

图 6-6　废黄河大环西路桥断面水质指标变化情况（一）

（a）五日生化需氧量、溶解氧、高锰酸盐、化学需氧量

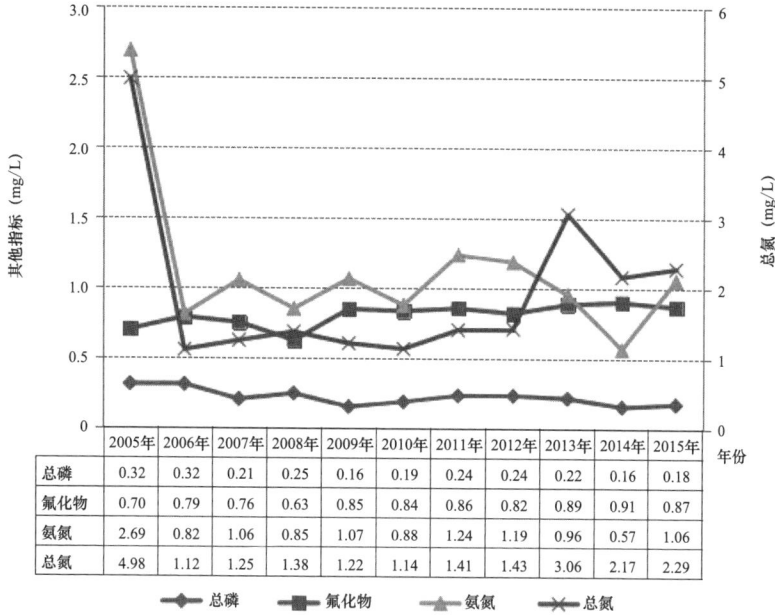

	2005年	2006年	2007年	2008年	2009年	2010年	2011年	2012年	2013年	2014年	2015年
总磷	0.32	0.32	0.21	0.25	0.16	0.19	0.24	0.24	0.22	0.16	0.18
氟化物	0.70	0.79	0.76	0.63	0.85	0.84	0.86	0.82	0.89	0.91	0.87
氨氮	2.69	0.82	1.06	0.85	1.07	0.88	1.24	1.19	0.96	0.57	1.06
总氮	4.98	1.12	1.25	1.38	1.22	1.14	1.41	1.43	3.06	2.17	2.29

（b）

图 6-6　废黄河大环西路桥断面水质指标变化情况（二）

（b）总磷、氟化物、氨氮、总氮

资料来源：徐州绿色发展课题环境监测专题研究。

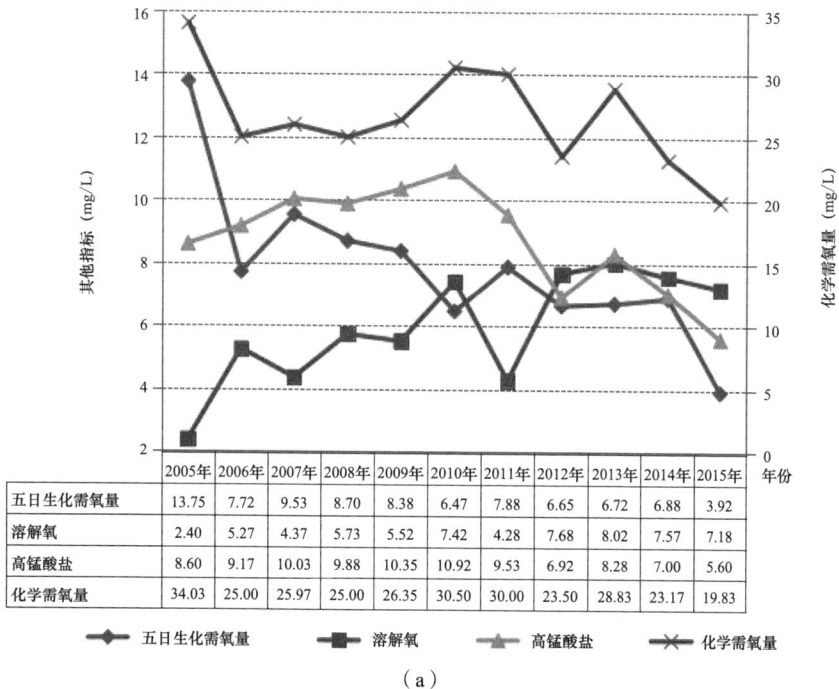

	2005年	2006年	2007年	2008年	2009年	2010年	2011年	2012年	2013年	2014年	2015年
五日生化需氧量	13.75	7.72	9.53	8.70	8.38	6.47	7.88	6.65	6.72	6.88	3.92
溶解氧	2.40	5.27	4.37	5.73	5.52	7.42	4.28	7.68	8.02	7.57	7.18
高锰酸盐	8.60	9.17	10.03	9.88	10.35	10.92	9.53	6.92	8.28	7.00	5.60
化学需氧量	34.03	25.00	25.97	25.00	26.35	30.50	30.00	23.50	28.83	23.17	19.83

（a）

图 6-7　奎河十里桥断面水质指标变化情况（一）

（a）五日生化需氧量、溶解氧、高锰酸盐、化学需氧量

年份	2005年	2006年	2007年	2008年	2009年	2010年	2011年	2012年	2013年	2014年	2015年
总磷	0.66	0.34	0.32	0.29	0.35	0.32	0.37	0.34	0.32	0.32	0.32
氟化物	0.85	0.82	0.91	0.57	0.64	0.73	0.62	0.66	0.72	0.70	0.69
氨氮	6.03	1.16	1.43	1.48	1.61	1.61	1.32	0.99	1.05	1.54	2.17
总氮	9.65	1.54	1.85	1.86	1.82	1.82	1.72	1.61	4.82	2.16	3.73

（b）

年份	2005年	2006年	2007年	2008年	2009年	2010年	2011年	2012年	2013年	2014年	2015年
六价铬	0.002	0.002	0.002	0.002	0.002	0.005	0.011	0.005	0.007	0.005	0.009
砷	0.001	0.001	0.001	0.001	0.001	0.001	0	0.001	0.001	0	0
铅	0.002	0.002	0.002	0.001	0.001	0.001	0.003	0.001	0.002	0.001	0
镉	0.001	0.001	0.001	0.001	0.001	0.001	0	0.001	0.001	0	0
汞	0	0	0	0	0	0	0	0	0	0	0
铜	0.014	0.009	0.009	0.010	0.011	0.024	0.005	0.006	0.003	0.003	0.060
锌	0.084	0.072	0.023	0.013	0.017	0.050	0.061	0.067	0.024	0.060	0.025

（c）

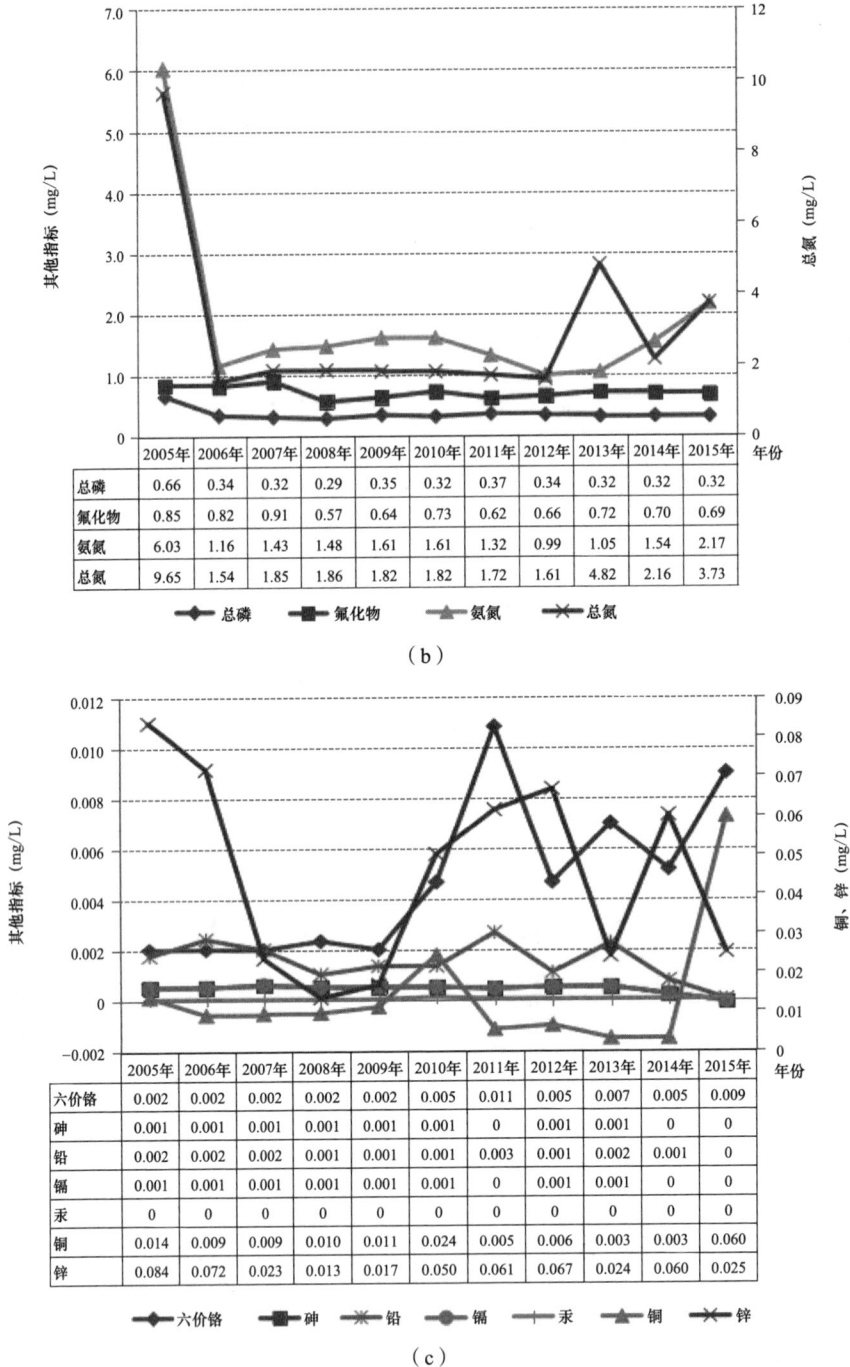

图 6-7　奎河十里桥断面水质指标变化情况（二）

（b）总磷、氟化物、氨氮、总氮；（c）六价铬、砷、铅、镉、汞、铜、锌

资料来源：徐州绿色发展课题环境监测专题研究。

（2）重点湖库水质变化分析

云龙湖水库是徐州主城区最大的湖库，也是徐州的城市名片之一。本研究选取云龙湖东湖中心断面，根据 2005—2015 年水质监测数据，可得到图 6-8 相关水质指标变化。

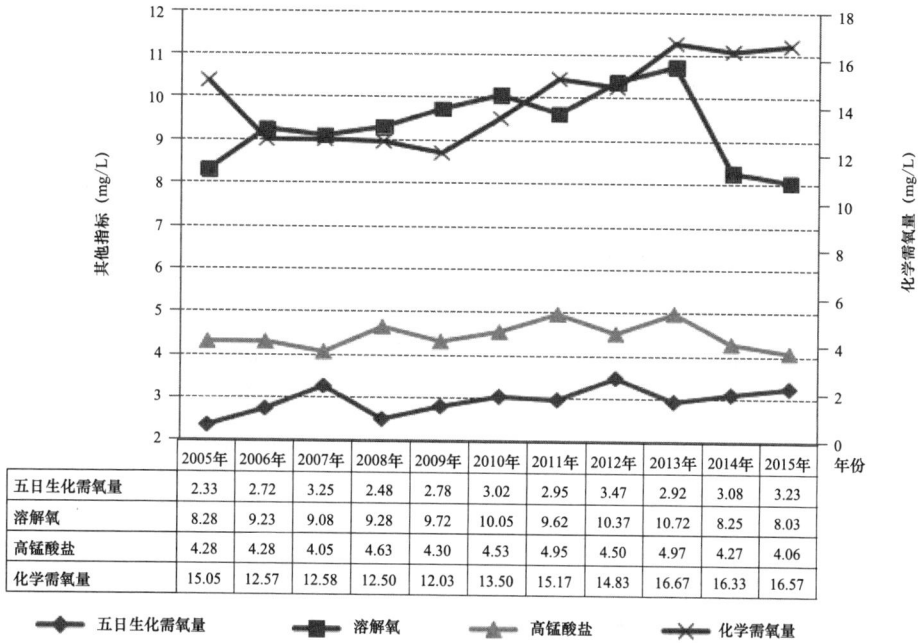

	2005年	2006年	2007年	2008年	2009年	2010年	2011年	2012年	2013年	2014年	2015年
五日生化需氧量	2.33	2.72	3.25	2.48	2.78	3.02	2.95	3.47	2.92	3.08	3.23
溶解氧	8.28	9.23	9.08	9.28	9.72	10.05	9.62	10.37	10.72	8.25	8.03
高锰酸盐	4.28	4.28	4.05	4.63	4.30	4.53	4.95	4.50	4.97	4.27	4.06
化学需氧量	15.05	12.57	12.58	12.50	12.03	13.50	15.17	14.83	16.67	16.33	16.57

（a）

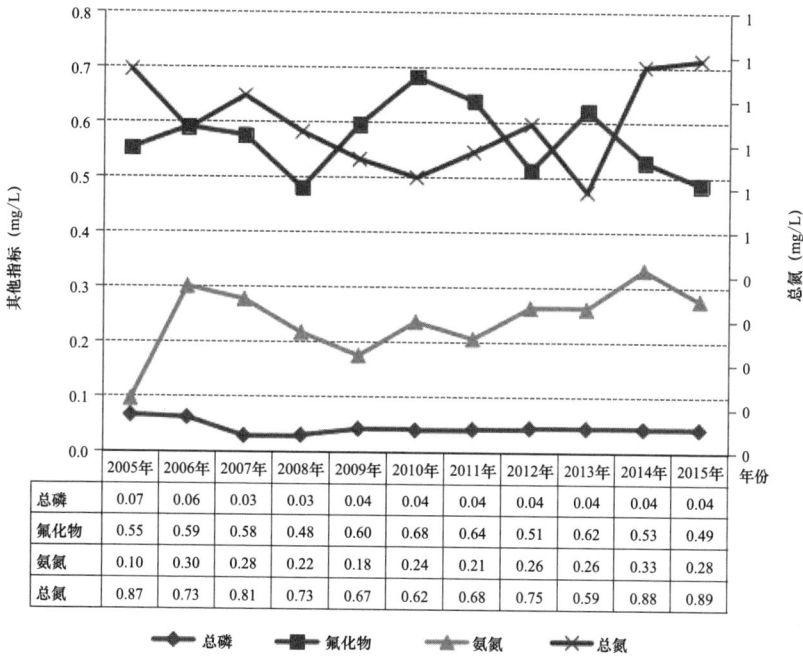

	2005年	2006年	2007年	2008年	2009年	2010年	2011年	2012年	2013年	2014年	2015年
总磷	0.07	0.06	0.03	0.03	0.04	0.04	0.04	0.04	0.04	0.04	0.04
氟化物	0.55	0.59	0.58	0.48	0.60	0.68	0.64	0.51	0.62	0.53	0.49
氨氮	0.10	0.30	0.28	0.22	0.18	0.24	0.21	0.26	0.26	0.33	0.28
总氮	0.87	0.73	0.81	0.73	0.67	0.62	0.68	0.75	0.59	0.88	0.89

（b）

图 6-8　云龙湖东湖中心断面水质指标变化（一）

（a）五日生化需氧量、溶解氧、高锰酸盐、化学需氧量；（b）总磷、氟化物、氨氮、总氮

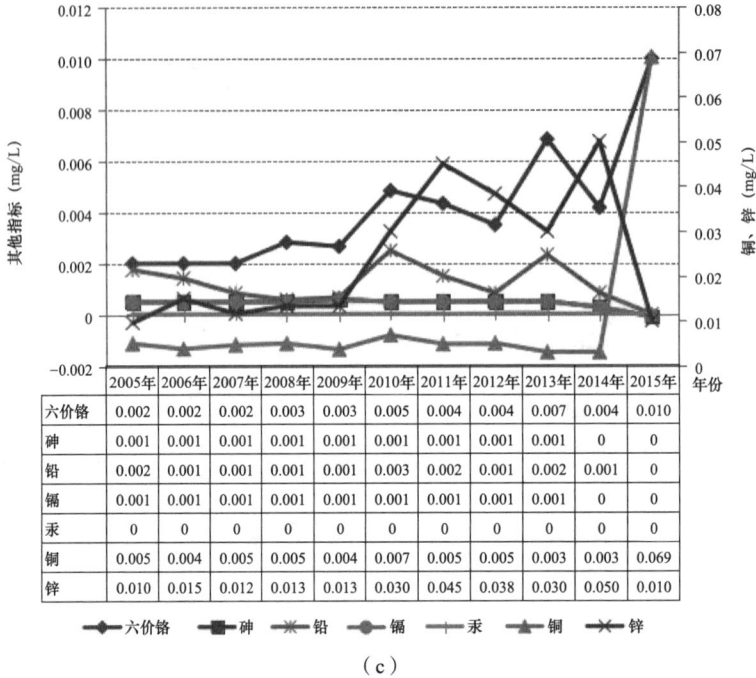

	2005年	2006年	2007年	2008年	2009年	2010年	2011年	2012年	2013年	2014年	2015年
六价铬	0.002	0.002	0.002	0.003	0.003	0.005	0.004	0.004	0.007	0.004	0.010
砷	0.001	0.001	0.001	0.001	0.001	0.001	0.001	0.001	0.001	0	0
铅	0.002	0.001	0.001	0.001	0.001	0.003	0.002	0.001	0.002	0.001	0
镉	0.001	0.001	0.001	0.001	0.001	0.001	0.001	0.001	0.001	0	0
汞	0	0	0	0	0	0	0	0	0	0	0
铜	0.005	0.004	0.005	0.005	0.004	0.007	0.005	0.005	0.003	0.003	0.069
锌	0.010	0.015	0.012	0.013	0.013	0.030	0.045	0.038	0.030	0.050	0.010

→ 六价铬 — 砷 ✳ 铅 ● 镉 ┼ 汞 ▲ 铜 ✕ 锌

（c）

图 6-8 云龙湖东湖中心断面水质指标变化（二）

（c）六价铬、砷、铅、镉、汞、铜、锌

资料来源：徐州绿色发展课题环境监测专题研究。

根据图 6-8 的水质指标变化分析，云龙湖东湖中心断面水质指标的年际变化相对稳定，2005—2015 年的综合水质评价均达到Ⅲ类水的标准。从十多年的水质指标变化来看，溶解氧含量稳定在 9mg/L 上下浮动，已超过Ⅰ类水的标准 7.5mg/L；总磷含量接近Ⅲ类水（湖、库）的限量 0.05mg/L。各类重金属含量均满足Ⅲ类水的要求。

2015 年徐州主要河湖断面水质基本达到国家标准相关要求，且多年来呈现逐渐变好的趋势。

综上分析，徐州绿色转型发展、生态建设取得城市热岛效应明显缓解、空气质量提升、水质量好转等方面的显著成效，充分反映和体现了生态系统相关支持政策的实效性。

6.3.2 经济子系统支持政策的实效性实证分析

6.3.2.1 经济增速的支持政策实效性分析

人均地区生产总值增速可以较好地反映城市的经济增长水平。从全国 21 个有代表性的煤炭资源型城市中选取更具可比性的邯郸、邢台、长治、抚顺和枣庄作为比较样本城市与徐州进行对比，计算各煤炭资源型城市 2005—2015 年的年人均地区生产总值年均增长率。

如图 6-9 若干煤炭资源型样本城市 2005—2015 年人均地区生产总值年均增长率比较所示，徐州市 2005—2015 年人均地区生产总值年均增长率达到 16.21%，为 6 座更具比较意义的煤炭资源型样本城市中最高，高出增长率最低的邢台市近 7 个百分点。支持政策的经济增速实效性，体现在徐州不仅经济规模在煤炭资源型城市中处于领先地位，同时经济增速也远高于其他煤炭资源型城市。

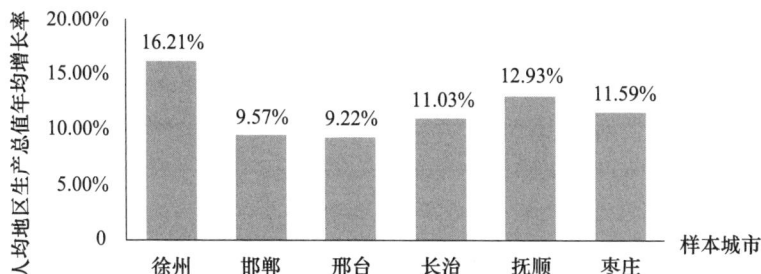

图 6-9 若干煤炭资源型样本城市 2005—2015 年人均地区生产总值年均增长率比较

资料来源：作者自绘。

6.3.2.2 产业转型升级的支持政策实效性分析

提升第三产业占 GDP 的比重通常被看作为煤炭资源型城市产业转型升级的重要指标之一。

从图 6-10 若干煤炭资源型样本城市 2005—2015 年人均地区生产总值年均增长率比较中可以看出，2005—2015 年，徐州的第三产业占 GDP 的比重年均增速在所选的 6 个煤炭资源型样本城市中处于中游靠后水平，远低于邢台和枣庄，反映出徐州转型产业结构升级有待加速。

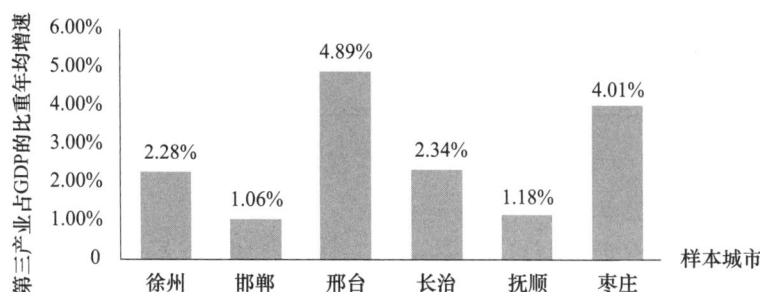

图 6-10 若干煤炭资源型样本城市 2005—2015 年第三产业占 GDP 的比重年均增速比较

资料来源：作者自绘。

区位熵可以用来衡量某一区域要素的空间分布，反映了区域内某一产业部门的专业化程度，通常被用来评估城市的产业集聚度与比较区位优势产业（主导产业）。

从表 6-3 中 GDP 占比与区位熵值可以得出，与 2005 年相比，徐州 2015 年第一产业农、林、渔、牧在 GDP 的占比有较大幅度提升，行业竞争力虽然有明显增强，但依然低于全国平均水平。

徐州各行业 GDP 占比及区位熵变化情况   表 6-3

行业	2005 年 GDP 占比	2015 年 GDP 占比	2015 年区位熵	2005—2015 年区位熵变化率
农、林、牧、渔业	1.76%	3.71%	0.41	179.29%
采矿业	12.26%	3.66%	1.32	−39.94%
制造业	31.92%	37.82%	1.29	31.09%
电力、燃气及水的生产和供应	4.88%	2.00%	0.92	−30.95%

行业	2005 年 GDP 占比	2015 年 GDP 占比	2015 年区位熵	2005—2015 年区位熵变化率
建筑业	8.52%	5.85%	0.86	−43.09%
交通运输、仓储和邮政业	8.87%	6.48%	1.46	−4.81%
信息传输、计算机服务和软件业	1.86%	1.85%	0.69	−2.45%
批发和零售业	10.84%	16.59%	1.73	20.39%
住宿和餐饮业	3.06%	1.89%	1.07	−20.76%
金融业	0.79%	4.43%	0.53	120.46%
房地产业	2.15%	2.86%	0.47	1.14%
租赁和商务服务业	0.88%	2.01%	0.81	56.36%
科学研究、技术服务和地质勘查业	0.87%	1.20%	0.61	−17.69%
水利、环境和公共设施管理业	0.34%	0.37%	0.67	−9.45%
居民服务和其他服务业	0.21%	1.26%	0.80	548.50%
教育	4.15%	2.69%	0.77	−42.54%
卫生、社会保障和社会福利业	1.76%	2.21%	1.02	−6.70%
文化、体育和娱乐业	0.88%	0.35%	0.49	−63.85%
公共管理和社会组织	4.00%	2.79%	0.72	−28.33%

第二产业中，2015 年采矿业在 GDP 的占比远低于 2005 年，产业竞争力有一定减弱，但优势依然较强，徐州市政府下大力气关停煤矿，逐步摆脱资源依赖；制造业是徐州的支柱产业，2015 年 GPD 占比高达 37.82%，行业总体发展良好，不仅产业规模较 2005 年逐步扩大，同时行业竞争力也同步增强；建筑业衰退显著，GDP 占比与行业竞争力都有较大幅度的下降。

第三产业中，生产性服务业发展呈分化趋势，金融业和商务服务业发展增速很快，行业竞争力有了较大的增强，但依然低于全国平均水平，信息服务业务和主导产业交通运输业发展较慢，GDP 占比与行业竞争力都有小幅度降低，科技服务业虽然规模有所扩大，但行业竞争力较弱，有小幅度降低，科技创新对工业生产的支撑力度依然较弱；生活性服务业中，同为主导产业的批发和零售业、住宿和餐饮业发展呈现两极分化，批发和零售业产业规模和行业竞争力都有所提升，而住宿和餐饮业的产业规模和行业竞争力却同时降低。

综上分析，与 2005 年相比，2015 年徐州主导产业中制造业、批发和零售业实现规模和竞争力全面提升，采矿业、交通运输业、住宿和餐饮业都呈现不同程度的衰退，其中，采矿业衰退符合再生期产业转型；非主导产业中，金融业和商务服务业发展快，行业竞争力有了较大的增强，建筑业、科技服务业、信息服务业务等的竞争力有所减弱。

6.3.2.3　旅游业发展支持政策的实效性分析

煤炭资源型城市转型高质量发展离不开生态修复，采煤塌陷地、宕口等生态修复后形成许多宕口特色资源、湖泊湿地特色资源、自然与人工交融的山水特色资源，以及与生态园林交融的历史人文特色资源，成为发展旅游业的最大优势，截至 2020 年 12 月，徐州共有国家 A 级景区 60 家，相比 2010 年增加 37 家，其中有 5 家景区的级别得到了提升（仅统计提升后为 4A 级以上的景区），旅游资源得到极大丰富。旅游业已成为徐州煤炭资源型城市转型可持续发展的主要接续产业之一。近年来，徐州市政府出台了一系列支持旅游业发展的政策，取得了显著成效。

旅游人数与旅游收入是衡量旅游业发展状况的重要依据。选取典型煤炭资源型样本城市抚顺、阜新、淮北与徐州在旅游人数、旅游收入方面的变化对比，结果如图 6-11、图 6-12 所示。

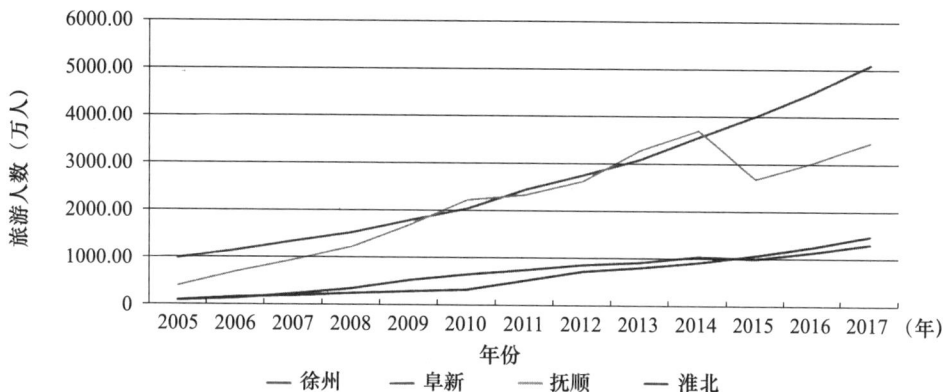

图 6-11　部分煤炭资源型城市 2005—2017 年国内旅游人数变化情况
资料来源：作者自绘。

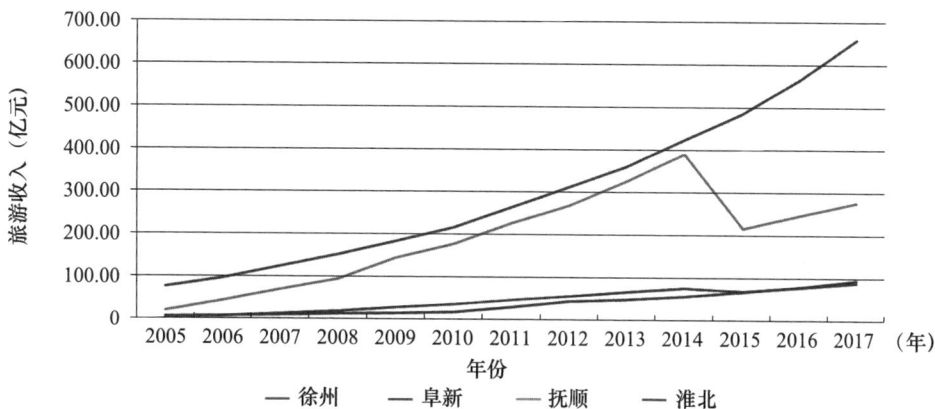

图 6-12　部分煤炭资源型城市 2005—2017 年国内旅游收入变化
资料来源：作者自绘。

从图 6-8、图 6-9 中可以看出，与其他几个煤炭资源型样本城市对比，从 2005 年到 2017 年，无论旅游人数还是旅游收入，徐州均处于领先地位，且多年来增速在较高位平稳运行，说明与其他几个煤炭资源型样本城市相比，徐州城市旅游业发展支持政策的实效性更好、更突出。

综上分析，徐州市经济系统支持政策在经济增速与旅游业发展等方面取得较好的实效性，而在产业结构调整、产业空间布局及科技创新方面支持政策实效性尚有较大的提升空间。

6.3.3　社会子系统支持政策的实效性实证分析

6.3.3.1　工资水平体现的支持政策的实效性分析

选取典型煤炭资源型样本城市邯郸、邢台、长治、抚顺和枣庄作为比较样板与徐州进行对比，计算各煤炭资源型样本城市 2015 年职工平均工资，结果如图 6-13 所示。

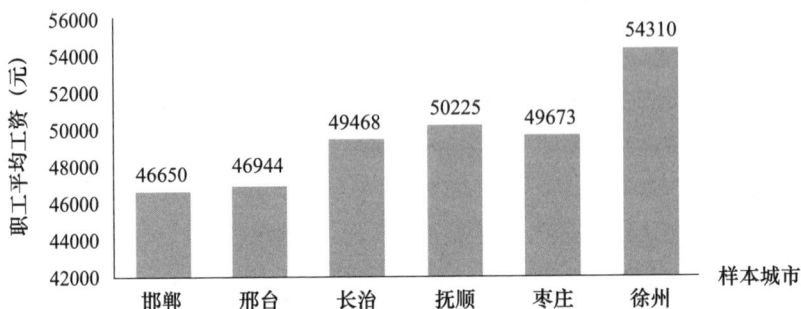

图 6-13　若干煤炭资源型样本城市 2015 年职工平均工资比较
资料来源：作者自绘。

由图 6-13 可知，徐州 2015 年职工年平均工资位列几个煤炭资源型样本比较城市中的第一位，年平均工资水平较高。

进一步分析 2005—2015 年各煤炭资源型城市的年均职工平均工资增长率。

如图 6-14 所示，徐州市 2005—2015 年年均职工平均工资增长率只有 11.16%，为 6 个城市中最低，落后增长率最高的邢台市两个多百分点。一方面徐州职工平均工资基数大，一定程度上限制了工资增长速度，另一方面徐州的人均 GDP 增速较高，说明城镇居民收入明显滞后于经济增速，还没有充分分享到经济发展带来的实惠。

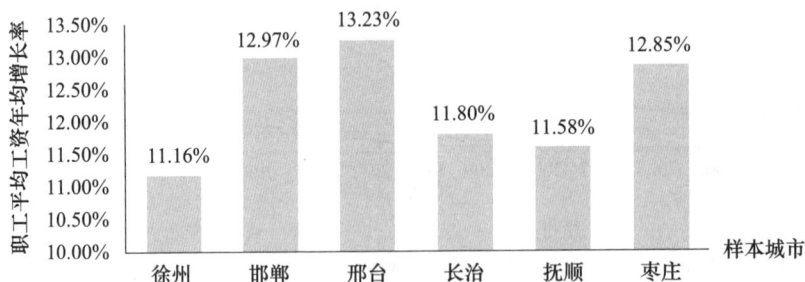

图 6-14　若干煤炭资源型样本城市 2005—2015 年年均职工平均工资增长率比较
资料来源：作者自绘。

6.3.3.2　生态福祉体现的支持政策的实效性分析

（1）建成区绿地总面积

如表 6-4 所示，2005—2015 年徐州市主城区各类绿地（除生产绿地外）均有大幅增加。其中，2005—2010 年的增幅最为明显，公园绿地的面积增加了近 2.6 倍，防护绿地的面积增加了近 7.4 倍；风景游憩绿地的面积在 2010—2015 年增幅较大，5 年内增长了24%。

2005—2015年研究范围城市各类绿地面积统计表 表6-4

绿地类型	2005年	占比	2010年	占比	2015年	占比
公园绿地面积（hm²）	406.58	1.78%	1445.22	6.34%	1564.08	6.86%
防护绿地面积（hm²）	12.24	0.05%	102.49	0.45%	103.13	0.45%
生产绿地面积（hm²）	70.59	0.31%	0.00	0.00%	0.00	0.00%
风景游憩绿地面积（hm²）	551.91	2.42%	661.52	2.90%	821.69	3.60%

资料来源：徐州课题城市园林绿化建设评价专题研究。

（2）公园绿地供给与服务满意度

徐州公园绿地500m服务半径覆盖率91.1%，面积服务率70%，人口服务率81%，服务人口约95.1万人，供给服务能力较强。公园绿地供给服务覆盖率从城市中心到外围变化不很大，人口密度的变化相对较大，中心城区人口密度较大，外围地区很小，呈现"陡崖式"的降低。从中心到外围，大致呈现"高需高供"－"高需低供"－"低需高供"－"低需低供"的分布格局（图6-15）。徐州建成区79%的街道公园绿地供给服务覆盖率高于90%，有7个街道低于90%。低于90%的街道主要存在徐州外围地区，属于低需低供范围内。

2018年国庆长假期间，在徐州建成区25个主题公园向游客（其中82.25%本地游客）发放调查问卷回收1724份，调查问卷结果表明，游客对徐州市区公园服务条件总体比较满意，其中交通、环境、文化满意度较高，景观可观性、卫生的满意度相对较低。

（3）公园绿地防灾避险能力

公园绿地防灾避险服务率可以评估居民遇到灾害就近进入公园的难易程度，可利用网络分析法对地理网络、城市基础设施网络进行地理化和模型化计算。

公园绿地防灾避险服务人口约77.84万人，服务率66%，创造的经济总价值约为1200.7万元，服务效果较好；防灾避险服务率的空间差异性明显，由市中心向外围呈现递减趋势（图6-16）。泉山区防灾避险功能最好，其次为云龙区和贾汪区；铜山区防灾避险功能相对较差。公园绿地防灾避险服务空间差异性主要受公园绿地格局、路网密度等因素的影响；鼓楼和铜山区应加强公园绿地建设，合理布局公园、提高路网密度，促进防灾避险功能提升。

（4）生态安全与生物多样性

徐州煤炭资源型城市，曾经常年的矿产开发为城市留下了大量的宕口，全市约有70%的山体被开挖，安全风险很大。徐州加强生态环境保护建设，开展"生态修复""蓝天碧水""园林绿化"等专项工程，2005—2015年，徐州完成建成区42处宕口的生态修复，修复面积159.61hm²，修复率82.44%。山体平均NDVI指数2005年为0.37，2015年为0.67，提升了81%，宕口生物多样性得到有效恢复。

而长期的煤矿开采形成大规模煤矿塌陷区，给城市带来安全隐患。2005年，贾汪区城区共有采煤塌陷区3处，总面积442hm²。通过多年的生态修复，2015年这些采煤塌陷地已完全修复，一方面增加城市建设用地；另一方面修复后的南湖、潘安湖湿地公园，以及林地等生态用地，改善了城郊生态环境，同时不仅解决了安全隐患，也丰富了生物多样性。

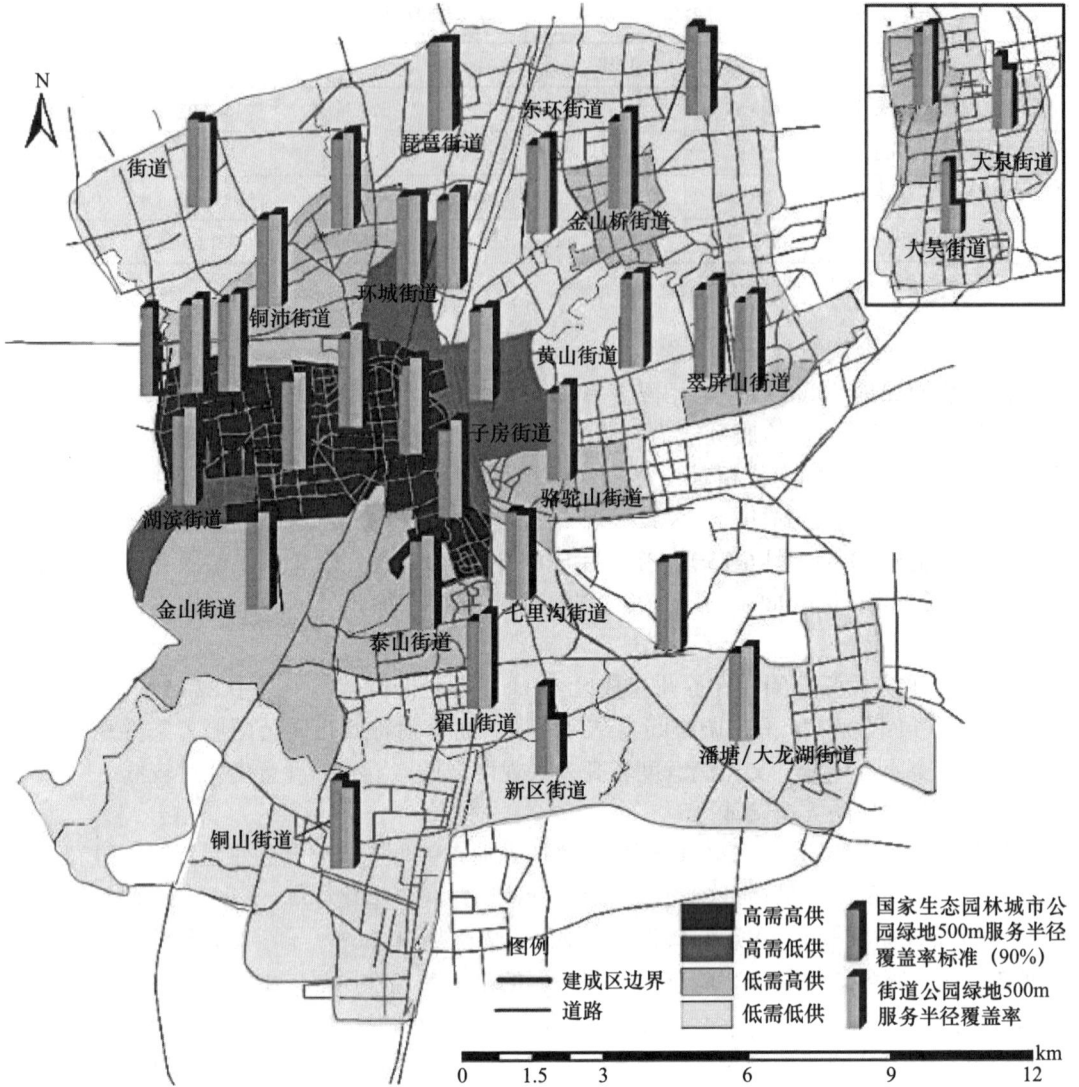

图 6-15　徐州市 2015 年公园绿地供需状况空间分布

资料来源：徐州绿色发展课题社会效益评价专题研究。

综上分析，徐州在工资水平与生态福祉方面集中体现了转型发展在社会系统相关支持政策的较好实效性。

图 6-16 徐州市 2015 年公园绿地防灾避险服务率空间分布

资料来源：徐州绿色发展课题社会效益评价专题研究。

6.4 转型发展支持政策延续与政策效应提升空间分析

徐州作为煤炭资源型样本示范城市，其转型高质量发展支持政策与政策效应及提升空间分析，在侧重对财政政策、土地管理政策、生态、环保政策及其政策效应取得显著实效的整体评价基础上，支持政策延续与政策效应提升空间挖掘，宜重点转到淮海经济区中心城市高质量发展的更高要求与更高水平上来，进一步提升产业发展支持政策效应和科技创新支持政策效应。

6.4.1 转型发展重点支持政策的实效性评价

（1）财政支持政策针对性强，实效显著

徐州积极抢抓一系列重大政策机遇，制定一系列有针对性的转型扶持政策，在任务分解部门化的基础上细化职责，并将政策项目化，找准国家、省在政策支持、项目布局、资金安排等方面的扶持切入点，侧重在棚户区改造、独立工矿区和矿山地质环境的治理等方面策划项目，积极落实政策支持。2007—2015 年徐州累计投入城市生态修复建设资金约220.46 亿元，其中市、区两级财政累计投入资金约 202.74 亿元，占总投入资金的 91.96%。截至 2018 年，徐州已累计实施工矿废弃地复垦项目 431 个，2009—2011 年，借助振兴徐州老工业基地的机遇，以及工矿废弃地复垦置换政策，徐州市完成采煤塌陷地复垦置换项目 43 个，总规模 2987hm²，置换建设用地指标 1940hm²。2012 年以来，徐州市累计实施工矿废弃地复垦治理项目 431 个，总规模 3086hm²，置换建设用地指标 3633hm²。徐州市通过生态修复新增建设用地近 667hm²，转移煤矿工人 12000 多名，解决了矿区 8000 多名失地农民和 5000 多名煤矿工人再就业问题，成为全国露采矿山整治和生态修复利用面积最大、技术领先、生态文明建设成效最为显著的地区之一。可以说，徐州的财政政策在城市生态转型资金支持及产业转移生态补偿中都发挥了十分显著的作用。

（2）土地管理政策向生态优先可持续发展倾斜，园林绿地建设成就辉煌

徐州转变发展思路，提出"坚决不要带污染的 GDP"，走绿色可持续发展之路，充分发挥政府在土地、市场方面的调控作用，塌陷地复垦后可置换建设用地指标政策，有效缓解生态修复工程初期投入资金不足的困难；建成区不再批准新增工业项目用地，降低了市区工业污染风险；土地奖励和税收返还政策，解决了生态修复资金投入和产业转移居民基础保障问题；老城区不再出让 0.67hm² 小地块改建小微绿地政策，既节省成本又效果明显，对老旧城区绿地建设起到了很好的促进作用。

上述政策实施，2005—2015 年徐州市主城区各类绿地大幅增加，公园绿地覆盖率高，服务能力较强，防灾避险服务覆盖率高，服务效果较好。完成建成区 42 处宕口的生态修复，修复面积 159.61hm²，修复率 82.44%；如同前述，贾汪区采煤塌陷区已完全修复为城市建设用地和河湖湿地、林地等生态用地，通过生态修复工程，消除了重点区域的生态安全隐患，丰富了生物多样性。

（3）生态、环保支持政策在缓解热岛效应、减轻环境污染、改善水质等方面成效突出

徐州作为煤炭资源型城市和老工业基地，长期以来饱受工业污染影响，生态环境欠账较多。徐州提出实现"生态优先，绿色发展"理念，出台了多项支持生态修复、荒山复绿、污染治理、水质改善的政策制度，生态环境得到有效改善。2015 年徐州建成区绿地总面积较 2005 年增加 139%，城市绿地发挥了明显的降温作用，有效缓解了城市热岛效应。空气质量逐步改善，SO_2、NO_2、O_3 和 CO 类型污染浓度都整体低于国家二级标准，受一定程度邻近跨省区域转严重污染影响，可吸入颗粒物 PM10 浓度虽高于国家二级标准，但PM2.5 浓度多年来整体呈下降趋势。主要河湖断面水质基本符合国家标准，且多年来呈现逐渐变好的趋势。蓝绿空间的增加，环境的改善，还为旅游业的发展带来了契机，无论旅游人数还是旅游收入均成绩喜人，且多年来增速在较高位平稳运行。

6.4.2 转型高质量发展支持政策延续与实效性提升空间分析

徐州示范城市从煤炭资源枯竭城市转型发展及支持政策取得显著成效，向淮海经济区中心城市转型高质量发展及其支持政策延续提升（参见第 7 章转型高质量发展徐州实践创新与模式借鉴），在集中体现成功转型支持政策的实效性的同时，也对转型高质量发展支

持政策实效性的提升空间挖掘提出更高要求，集中分析以下两个方面：

（1）产业发展支持政策有待加强，政策效应有待进一步发挥

徐州作为江苏唯一的煤炭资源枯竭型城市，转型高质量发展取得了巨大成就，但产业结构问题依然存在，产业发展政策的科学性与合理性有待加强。表现在产业转型升级速度较慢，2005—2015年徐州第三产业占GDP的比重年均增长率在选择比较的邯郸、邢台、长治、抚顺和枣庄共6个煤炭资源型样本城市中，处于中游靠后水平（图6-9）。第一产业虽有发展，但基础薄弱，这一时期还存在依赖重工业的产业格局，高新技术产业尚未形成比较优势，集聚效应尚不够显著；产业布局存在不尽合理，主要工业尚有分布在城市东北的上风向，并缺少较大规模防护绿地，未能进一步消除工业废气对城区影响。有待进一步科学合理地制定富有针对薄弱环节的产业支持政策，发挥政策效应，促进主导产业的进一步技术升级，扶持战略性新兴产业和生产性服务业的快速发展。

（2）科技创新政策扶植有待加强

虽然徐州通过相关的产业政策、科技政策、金融政策及土地政策等加大传统产业向战略性新兴产业转移的力度（详见7.2.2产业结构调整与转型升级的路径选择），但前一时期，政策对科技创新的引导性尚为不足，徐州2015年高新技术产业产值占规模以上工业总产值的比重和全社会研发投入和占GDP比例有较大提升，但平均值还低于江苏省平均值，企业与高校的产学研交流合作较少，科技服务业的行业竞争力增长还有待进一步提升，科技创新政策扶植有待进一步加强。

6.5 本章研究结果分析

（1）进入新时代，我国资源型城市转型相关的政策制定在背景、方式和理念上发生了重大变化，从经济发展"粗放时代"进入到"精益化时代"。

（2）根据不同时期转型发展与政策支持的要求与重点，2006—2015年徐州市支持政策可分为2005—2006年重视生态环境时期，2007—2010年提供资金保障与政策引导时期，2011—2015年推进政策项目化时期三个阶段，从提出"绿色生态市"建设到加快资源型城市转型，实施"三重一大"战略，再到准确把握"政策—项目—资金"的关系，从产业、财税金融、土地利用和环境治理等方面提出支持政策，在实践的历史过程中，逐步形成以各级政府相关支持政策的最大合力及精准对接为主要特点的，强化转型支持政策实效性徐州模式和以生态转型为先导，带动产业转型、城市转型、社会转型的政策实施与创新"贾汪模式"。

（3）2005—2015年徐州示范城市转型发展，按生态、经济、社会子系统支持政策实效性分析分别得出如下：

1）生态子系统

建成区绿地总面积较2005年增加139%，城市绿地发挥了明显的降温作用，有效缓解了城市热岛效应；空气质量逐步改善，SO_2、NO_2、O_3和CO类型污染浓度整体都低于国家二级标准，一定程度上受到邻近跨省区域污染较严重的影响，可吸入颗粒物PM10浓度虽高于国家二级标准，但PM2.5浓度多年来整体呈下降趋势；主要河湖断面水质基本达到国家相关标准要求，且多年来呈现逐渐变好的趋势。

2）经济子系统

经济发展取得了较好的成绩，不论是规模还是增速，都远超过其他几个煤炭资源型城市；但产业转型升级速度较慢，过度依赖重工业的产业格局依旧存在，高新技术产业尚未形成比较优势，集聚效应还不够显著；与其他几个煤炭资源型城市相比，旅游业发展增长速度较快并且稳定，可以作为转型发展的接替产业之一重点发展。

3）社会子系统

居民享受的生态福祉质量较高，2005—2015 年徐州建成区各类绿地均大幅增加，公园绿地供给服务能力较强，供给服务覆盖率较高，防灾避险服务效果较好，游客对公园服务较满意，通过多年的生态修复，宕口和采煤塌陷地得到了有效治理，基本消除了安全隐患，生物多样性得到有效恢复；职工工资虽然在几个煤炭资源型城市中最高，但增速尚滞后于经济增长。

（4）徐州示范城市转型发展支持政策总体上取得显著实效，突出反映在财政政策针对性强，在绿色转型资金支持及产业转移生态补偿中发挥了积极有效的作用；土地管理政策向生态、可持续发展倾斜，园林绿地建设成果显著；生态环保政策在缓解热岛效应、减轻环境污染、改善水质方面效果较好。

徐州示范城市从煤炭资源枯竭城市转型发展支持政策取得显著成效阶段，向淮海经济区中心城市转型高质量发展，支持政策延续提出更高要求阶段发展，支持政策提升空间更需要进一步挖掘，对于产业转型发展主要是针对高新技术产业形成比较优势与集聚效应尚不够显著，进一步提升现代产业体系及强化科技创新扶植的支持政策更为重要。

第7章　转型高质量发展实践创新及徐州模式借鉴

徐州作为我国煤炭资源型城市中样本示范城市的典型代表，其转型高质量发展率先取得成功的实践探索与创新，为我国众多的煤炭资源型城市转型可持续发展提供重要的示范模式借鉴。本章既是煤炭资源型城市转型高质量发展，侧重由面到点理论研究与实践探索的结合、规范研究与实证研究的结合，又是煤炭资源型城市转型高质量发展全面、系统、深层次分析研究不可或缺的重要组成之一。

徐州及其所在淮河生态经济带与淮海经济区在我国区域经济发展中，具有重要的战略地位。徐州煤炭资源枯竭型城市转型的实践探索，在所在区域，乃至全国同类与共性煤炭资源型城市转型中都有很好的示范与借鉴作用。

进入新时代，徐州在煤炭资源枯竭型城市转型成功的基础上，进入以淮海经济区中心城市建设为重点的高质量可持续发展新阶段，坚持从发展阶段性特征出发，以新发展理念着力转变发展方式，积极抢抓一系列重大政策机遇，在创建国家老工业城市和资源型城市产业转型升级示范区的同时，坚定不移推进作为区域中心城市的产业、城市、生态、社会转型，走出一条符合自身实际、具有徐州地方特色的老工业城市与资源型城市转型振兴高质量可持续发展之路。

本章从老工业城市、资源型城市转型升级示范区视角，论述徐州煤炭资源枯竭城市转型及高质量发展实践创新，模式借鉴。侧重基于相关理论研究、调查研究与比较分析的规范研究与实践探索。

研究内容包括转型高质量发展的机遇与挑战、老工业基地与煤炭资源枯竭城市的产业转型发展及趋势分析、区域中心城市视野的城市绿色转型分析、煤炭资源枯竭城市的生态转型及生态体系建设分析、以人为本与民生为重点的社会转型分析、城市转型与更新耦合的高效协调高质量发展模式创新，以及本章研究结果分析。

7.1　转型高质量发展的机遇与挑战

7.1.1　徐州及所在淮河生态经济带与淮海经济区的战略地位

（1）淮海经济区中心城市

徐州地处华北平原东南部、江苏省西北部，素有"五省通衢"之称，京沪铁路、陇海铁路在此交汇，京杭大运河傍城而过贯穿徐州南北，北滨微山湖。公路四通八达，北通京津，南达沪宁，西接兰新，东抵海滨，是我国重要水陆交通枢纽和东西、南北经济联系的重要"十字路口"。徐州是国家"一带一路"重要节点城市、长三角北翼重要中心城市，徐州都市圈核心城市，淮海经济区中心城市。

（2）创建老工业城市及资源型城市产业转型升级示范区与徐州都市圈核心城市

2018 年 10 月，国家发展改革委印发《淮河生态经济带发展规划》，淮河生态经济带以淮河干流、一级支流以及下游沂沭泗水系流经的地区为规划范围，包括江苏省淮安市、盐城市、宿迁市、徐州市、连云港市、扬州市、泰州市，山东省枣庄市、济宁市、临沂市、菏泽市，安徽省蚌埠市、淮南市、阜阳市、六安市、亳州市、宿州市、淮北市、滁州市，河南省信阳市、驻马店市、周口市、漯河市、商丘市、平顶山市和南阳市桐柏县，湖北省随州市随县、广水市和孝感市大悟县，规划面积 24.3 万 km^2，2017 年年末常住人口 1.46 亿人，地区生产总值 6.75 万亿元。

淮河生态经济带发展规划上升为国家战略，国家对淮河生态经济带的战略定位为：流域生态文明建设示范带，特色产业创新发展带，新型城镇化示范带，中东部合作发展先行区。

同时，作为淮河生态经济带三大区组成之一的北部"淮海经济区"的范围，也首次在国家重点区域规划中得以明确，确定为徐州市、连云港市、宿迁市、枣庄市、济宁市、商丘市、淮北市、宿州市、临沂市、菏泽市 10 市。从而，为区域内各城市间在交通、产业、生态、公共服务等领域融合协同发展拓展了空间。徐州市作为淮海经济区中心城市首次在国家重点区域规划中被赋予一系列重点任务。而其中之一就是支持徐州市创建老工业城市和资源型城市产业转型升级示范区。

（3）淮海经济区的两个发达经济板块的"断裂带"和"经济低谷"崛起的重要战略地位

淮海经济区位于亚欧大陆桥东部桥头堡，是新亚欧大陆桥陇海兰新经济带东部的龙头。淮海经济区北接齐鲁、南连江淮、东濒黄海、西临中原；城市经济群带东连沿海经济带、西襟中原经济区、南接长三角城市群、北临环渤海经济圈，徐州都市圈就在淮海经济区之中。淮海经济区是全国经济东西结合和南北交流的枢纽地带，承担我国经济"东靠西移接力站"的重任。在全国具有重要的地位。淮海经济区是历史自然形成的经济区域，是东部发达地区的洼地，全国的经济欠发达地区。

淮海经济区的战略地位突出在以下方面：

1）新亚欧大陆桥陇海兰新经济带东部的龙头和全国连南融北、承东启西的战略"棋眼"地位。

从区位来看，徐州都市圈与淮海经济区地处中国东部发达地区经济区及西襟中原经济区的"洼地"，整体而言是东部及襟连中原的欠发达区域，也是四省交界的边缘性落后地区。徐州都市圈与淮海经济区面临着中西部竞争与沿海发达地区差距扩大等压力，同时也蕴含进一步加快发展的动力。随着国家对中西部地区开发力度的加大，中西部地区城市在一段时间开始获得较为充足的发展资源和强大动力，具有资源优势和政策倾斜优势的中西部地区在部分产业领域，凭借低廉的劳动力成本和土地成本等与徐州都市圈与淮海经济区展开竞争。在这种背景下，既非沿海沿江地区、又非国家重点扶持的西部地区，同时又远离实力强劲的特大城市辐射，地处苏鲁豫皖接壤区的徐州都市圈与淮海经济区将面临巨大的压力和挑战。加快培育徐州都市圈与淮海经济区，不仅能够舞起新亚欧大陆桥陇海兰新经济带东部的龙头，进一步强化新亚欧大陆桥的整体功能，而且对于服务和促进中西部开发开放，推动新亚欧大陆桥陇海兰新经济带的迅速崛起，都将产生积极的影响；同时，淮海经济区区位优势突出，是新亚欧大陆桥的东桥头堡区域，在全国区域经济发展总体格局中具有连南融北、承东启西的战略"棋眼"地位和作用。

2）我国东部沿海两个发达经济板块的"断裂带"和"经济低谷"的崛起战略地位。

淮海经济区由苏、鲁、豫、皖四省接壤地区的 20 个市组成，已有 20 余年的发展历程。在全国各地区域经济体迅速崛起的大背景下，国务院审定的《长江三角洲地区区域规划》中明确提出加快淮海经济区区域规划编制，推动淮海经济区发展规划早日上升为国家战略。淮海经济区是历史自然形成的经济区域，但因基础较差、实力较弱、生产力水平相对滞后，目前仍然是一个典型的二元结构区域，城市之间经济差距较大，总量规模在一定程度上掩盖了总量的不平衡。淮海经济区生产总值只占全国的 7.4%，人均生产总值只有东部发达地区人均生产总值的 30%，而长三角的地区生产总值占全国 20.2%，环渤海的地区生产总值占全国 28.2%。夹在中间位置的淮海经济区本应受到两个发达经济板块的经济辐射，然而实际上却成了两个发达经济板块的"断裂带"，我国东部沿海发达地区的"经济低谷"。

党的十九大报告指出，"中国特色社会主义进入新时代，我国社会主要矛盾已经转化为人民日益增长的美好生活需要和不平衡不充分的发展之间的矛盾。"这一科学论断是对我国社会发展的区域差别、城乡差别、贫富差别等两极分化现实，社会主要矛盾新概括。进一步明确了消除发展不平衡的问题，坚持了社会主义共同富裕的根本原则。

淮海经济区具有我国东部沿海两个发达经济板块的"断裂带"和"经济低谷"的崛起重要战略地位，其跨越发展将为中国特色社会主义进入新时代，消除发展不平衡、推动全国经济协调、可持续发展和构建和谐社会作出重要贡献。

7.1.2 新时代转型及高质量发展的历史机遇与挑战

党的十九大报告将生态文明和绿色发展置于突出位置，开启了绿色发展新时代。党的十九大报告关于中国社会主要矛盾发生转变的重大论断，对徐州资源枯竭城市转型高质量发展有以下重要含义：

（1）产业转型升级和生态文明促进高质量发展

产业结构转型升级推动经济高质量发展；生态文明建设促进绿色发展。城市社会发展的目的乃是满足人们全方位的需求，以增进人们福祉，而经济增长只是提高福祉的手段和途径。当物质财富增加到一定程度后，发展的内容就应该超越物质财富需求，转向满足人们全方位的需求，即"人们日益增长的美好生活需要"。

（2）高质量发展意味着社会经济发展的巨大机遇

社会经济发展内容转向满足人们"日益增长的美好生活需要"，意味着大量新的经济增长机遇，人们日益增长的美好生活需求，需要供给侧结构性改革和新的供给来满足，无疑将成为徐州经济增长新的重要来源。

7.1.3 老工业基地资源枯竭城市转型振兴的历史机遇与挑战

进入 21 世纪，徐州煤炭资源日趋枯竭，已探明储量仅够开采 50 年，依赖煤炭及粗放经济难以为继，徐州面临区域资源枯竭城市的绿色接续产业转型，随着煤炭资源逐步枯竭，江苏省从 2008 年开始实施振兴徐州老工业基地战略。并且在国家层面，徐州被列为国家老工业基地调整改造支持城市和资源再生型城市，同时，徐州城市群被列入国家重点建设的 32 个城市群之一，加上综合交通枢纽和区域中心城市地位不断强化，有利于城市在更高层次上汇聚各类发展资源。在前述的《淮河生态经济带发展规划》中国家明确支持徐州创建老工业城市和资源型城市产业转型升级示范区，意味徐州面临更好的老工业基地煤炭资源枯竭城市振兴转型的历史机遇。同时，徐州振兴转型历史机遇还表现在以下利好趋向：

（1）政策倾斜与转型高质量发展的重点难点高度契合

改革红利的逐步释放，有利于从体制机制上克服和解决长期以来制约转型高质量发展的深层矛盾和突出问题。国家推行定向调整的各项产业政策特别是加大力度对基础设施、民生建设、老工业基地改造提升、战略性新兴产业培育等方面进行政策倾斜都与徐州转型高质量发展的重点、难点高度契合。

（2）经济发展新阶段有利实现更高水平的绿色转型发展

新常态我国经济发展新阶段的基本特征是中高速、优结构、新动力、多挑战。其中，中高速是新常态下保持经济增幅中高速换挡；优结构是推动经济结构发生全面深刻的变化、加快优化升级步伐，在产业结构上促进第三产业逐步成为产业主体，在需求结构上促进消费需求逐步成为需求主体，在城乡区域结构上促进现有差距逐步缩小，在分配结构上促进居民收入占比上升、更多分享改革发展成果；新动力是从要素驱动、投资驱动转向创新驱动，把发展动力转换到科技创新上来；多挑战是一些不确定风险的显性化。新常态经济发展新阶段有利于就业充分、收入均衡、社保完善、增长平稳、质量提升，实现更高水平的绿色转型发展。

（3）省市联合联动效应赢得转型发展更多先机

近年来从江苏省级层面推行的四大战略组合，将在今后一个时期得到不断延续、拓展和完善。而在四大战略组合中，"一市一策"有利于分类突破；"六大行动"即新型工业化、农业现代化、城乡一体化、南北合作共建、民生幸福工程、扶贫开发等更加有力地促进跨越升级；"八项政策"即产业支撑、县域发展、园区共建、科技创新、基础设施、要素保障、民生工程、干部人才等为绿色转型提供强大动力；"五个一批"即一批政策、一批项目、一批试点、一批人才、一批平台等在全省上下进一步形成绿色转型发展的联合联动效应。徐州在江苏省绿色转型大格局中也必将更多地赢得先机。

（4）产业结构战略性调整和阶段性超越的历史性机遇

徐州处于工业化中期向后期的过渡阶段，工业化的历史任务尚未完成，产业结构高度化的目标没有完成，从产业价值链低端向高端的跨越没有完成。作为工业化后发地区，要素结构、产业结构和空间布局结构优化升级仍有巨大空间；伴随国内外第三次工业革命的导入，以信息技术、制造技术、能源技术、材料技术交叉糅合、深度渗透为特征的包容性转型，将为徐州市新型工业化发展的后来居上打开"机会窗口"，为加快产业结构的战略性调整和阶段性超越提供了历史性机遇。

7.1.4　淮海经济区中心城市转型高质量发展的历史机遇与挑战

（1）发挥中心城市带动辐射作用的同时，引领其他城市转型高质量发展

2018 年《淮河生态经济带发展规划》从国家战略层面，明确提出"一带、三区、四轴、多点"的空间布局。在"三区"中的"北部淮海经济区"部分，再次强调要着力提升

徐州区域中心城市辐射带动能力。规划区域内的各个城市也将迎来重大发展机遇。作为淮海经济区中心城市，徐州面临转型高质量发展的历史机遇与挑战。徐州作为淮海经济区的龙头，除发挥中心城市的带动辐射作用外，还承担引领其他城市转型高质量发展的职责。

从2008年开始，江苏省振兴徐州老工业基地战略，对徐州进行重点支持，到2016年，徐州重点培育的装备制造业、食品、能源、化工、冶金、建材这6大千亿元产业产值达到12442.09亿元。2016年，徐州三产占比结构调整为9.3∶43.3∶47.4，2018年三次产业变化更大，占比达9.4∶41.6∶49。但对照中心城市，还有较大差距。徐州要成为名副其实的中心城市，以一个城市来服务一个区域，还需要大力发展现代服务业。中心城市一些最基本的功能，如医疗卫生等公共服务，都需要放在经济区区域中来提升，而不仅仅在本市辖区内。多年来，经济学分析，徐州首位度在淮海经济区第一，但还不够突出一直是学界关注的焦点。徐州2016年经济总量是南京的1/2，对照这个差距，徐州要成为中心城市，辐射与带动周边其他城市，经济总量要达到周边城市的2～3倍以上，现正在向缩小这个差距方向发展。

早些年，徐州淮海经济区中心城市还面临条件相仿资源型城市山东济宁的挑战。江苏依托徐州都市圈推动淮海城市群的规划建设，打造苏北地区振兴发展的重要支撑，而山东则将济宁打造为经济增长第三极，推进"西部隆起带"建设。2005年，济宁经济总量还是片区榜首，后徐州的地区生产总值又开始反超济宁。自从2005年之后，徐州经济逐渐开始发力，每年的GDP增量都在200亿元以上。逐渐超过了石家庄、沈阳、哈尔滨等诸多省会城市，不仅夯实了二线城市的地位，而且成为名副其实的"北方第一地级市"；而济宁虽然也在发展，但经济却一直得不到快速提升。尤其是2018年的经济普查后，还出现了负增长。2019年徐州GDP总量已是济宁的1.636倍，这些年徐州超越济宁已十分明显。

表7-1、表7-2分别为2005年淮海经济区主要城市综合实力比较、2005—2019年徐州与济宁经济增长比较。

2005 年淮海经济区主要城市综合实力比较 表 7-1

城市名称	GDP 总量排名	地区生产总值（GDP）（亿元）	地方财政一般预算收入（亿元）	进出口总额（亿美元）
济宁	1	1266.30	66.50	18.68
徐州	2	1226.65	55.22	11.26
枣庄	3	633.40	28.16	3.72
商丘	4	560.80	16.56	0.51
连云港	5	456.00	24.59	20.39
宿迁	6	392.38	13.77	1.53
宿州	7	313.79	7.01	0.50
淮北	8	205.14	11.30	0.61

资料来源：江苏省、山东省、河南省、安徽省统计年鉴（2006 年）。

2005—2019 年徐州与济宁经济增长比较　　　　　　　　　　表 7-2

年份（年）	徐州 GDP 总量（亿元）	济宁 GDP 总量（亿元）	徐州与济宁 GDP 总量比值
2005	1226.65	1266.30	0.969
2006	1464.74	1425.75	1.027
2007	1747.87	1706.30	1.024
2008	2118.84	2082.01	1.018
2009	2390.16	2238.12	1.068
2010	2942.14	2542.81	1.157
2011	3551.65	2896.69	1.226
2012	4016.58	3189.37	1.259
2013	4519.82	3501.54	1.291
2014	4963.91	3800.06	1.306
2015	5319.88	4013.12	1.326
2016	5808.52	4301.82	1.350
2017	6605.95	4636.77	1.425
2018	6755.23	4336.83	1.558
2019	7151.35	4370.17	1.636

资料来源：根据江苏省、山东省相关年份统计年鉴数据综合计算。

资源型城市转型高质量发展的前提和基础是要有足够的存量，包括城市生态资产的足够存量，以及有可依托可支撑的条件，在确保足够的存量的基础上，通过供给侧结构性改革，创造包括城市生态资产在内的转型高质量发展的更多增量。基于这一基点分析，徐州作为淮海经济区中心城市在引领区内城市转型高质量发展中，应进一步突出以下优势：

1）全面优化调整经济结构的物质基础。徐州工业总产值通过万亿大关，标志着工业体系已经走向成熟，产出能力已经达到较高阶段，回旋的余地和转型的空间可以大有作为，比较苏州、无锡、常州等发达城市经验，徐州已经具备了全面优化调整经济结构的物质基础。

2）对转型高质量发展的更强支撑带动力。作为特大型区域性中心城市，徐州连续推动关系国计民生的重大产业项目、重大城建项目、重大基础设施项目，使整个城市支撑服务功能得到不断强化和提升，一批重大基础设施、市政工程、产业项目、开发园区，不仅对现有经济存量的调整产生支撑带动作用，而且对新一轮转型发展所需的经济增量也将提供强大的支撑力和承载力。同时，随着高铁商务区二期建设和城市轨道交通体系的完善，徐州作为华东综合交通枢纽地位不断强化，对转型高质量发展形成更强的支撑带动力。

3）释放更强的市场潜力。在转型高质量发展中，徐州城乡消费市场将呈现全面增长态势，随着建设淮海经济区产业、交通、商贸物流、教育、医疗、文化、金融、旅游 8 大中心的城市建设进程加快，周边各市乃至整个淮海经济区近 17 万 km² 都将在中心城市的生产与消费中释放出更强的市场潜力。

4）支持性、倾斜性的政策资源。东陇海产业带已列入国家规划，将成为转型高质量发展的新战场和新动力；淮海经济区建设列入长三角经济区规划，赋予徐州在区域经济发展中的职能定位，有利于更大规模地吸纳发达地区优质产业资本；上海自贸区的建设与发展，将为徐州转型高质量发展带来更加显著的示范、转移、承接效应；徐州都市圈与城市群建设的推进，极有可能进入国家规划的实施，将使徐州转型高质量发展获得量身定做的政策资源；特别重要的是徐州处在国家实施"一带一路"倡议构想的重要区域和关键节点，"一带一路"倡议推进将为徐州进一步提高对外开放水平构建起宽广的战略平台，为转型高质量发展所必需的区域合作创造难得条件，有利于徐州市更加充分地发挥交通大枢纽、区域大都市的特殊优势，实现更宽领域和更高层次地承东崛起、启西协作；《国务院关于印发全国资源型城市可持续发展规划（2013—2020年）的通知》（国发〔2013〕45号）中，不仅为徐州转型高质量发展指明了方向和路径，而且也使徐州在诸多方面取得含金量较高的支持性、倾斜性政策资源。

5）新阶段的绿色增长发展主题。近些年来，徐州三次产业结构调整中，第三产业特别是现代服务业得到较快增长，标志着徐州将进入服务化时代；节能减排和生态建设持续推进，绿色增长正在成为发展主题。徐州经济运行保持总体平稳、稳中有进的态势，主要经济指标增速继续高于全国和全省平均水平，徐州列入的37个大类行业中，有33个行业产值保持正增长，战略性新兴产业呈现领跑之势，表明徐州转型高质量发展已经进入了常态化新阶段。

（2）面临来自外部和内部的各种新挑战

同时，徐州在未来一个时期的转型高质量发展中，也面临来自外部和内部的各种新挑战，突出矛盾和发展压力比过去任何一个时期都更加集中而复杂，破解难题的力度和要求也更加迫切。面临新挑战主要集中在资源枯竭与接替产业的双重压力、人力成本与转型代价的双重难题、体制创新与模式创新的双重考验、周边崛起与区域竞争的双重威胁、还清旧账与化解风险的双重矛盾等方面。

7.2 老工业基地与煤炭资源枯竭城市的产业转型发展及趋势分析

7.2.1 产业转型发展趋势与偏重工化产业结构调整及优化

7.2.1.1 产业结构高级化多元化生态化转型趋势因子分析

（1）转型的产业结构高级化组成与衡量标准

资源型城市产业结构是资源型城市区域资源配置基本模式的决定因素，也是影响资源型城市区域转型经济增长的重要因素之一。

徐州从老工业基地与煤炭资源枯竭城市的转型发展阶段到淮海经济区中心城市的转型高质量发展阶段，转型后持续、稳定地经济增长，不但表明转型对各种资源的配置开始趋向合理；而且体现徐州产业结构高级化、多元化转变与经济增长互动的发展趋势，也体现徐州经济从失调走向协调，从不平衡走向平衡，从不良性循环走向良性循环，从旧的平衡走向新的平衡。产业转型的产业结构高级化、多元化是资源型城市经济发展的必然趋势。

资源型城市经济发展水平是衡量产业结构高级化、多元化发展与演变的一个重要标志，也是衡量转型发展产业结构优化的标准。资源型城市产业结构高级化与多元化趋势体现产业结构的高度化和多元结构的合理化趋势。本研究同时提出生态化转型因子，强调包括转型的要素投入结构优化、排放结构优化，以及经济增长动力结构优化方面产业结构优化的生态化影响因子。

资源型城市产业结构高度化也是产业结构高级化发展趋势。产业结构高度化是指资源型城市经济发展重点或产业结构重心及三次产业结构比例变化的过程，标志着经济发展水平的高低和发展阶段、方向。具体反映在各产业部门之间产值、就业人员、国民收入比例变动的过程上。

产业结构中产业占优势比重的变化反映资源型城市产业结构高级化的变化趋势，主要体现在以下方面：

1）在整个资源型城市产业结构中，产业重点向三大产业依次转移，产业占优势比重由第一产业逐级向第二产业、第三产业演进；

2）通常而言，资源型城市产业结构中产业占优势比重向各种要素密集度的依次转移，体现在由劳动密集型逐级向资本密集型、技术知识密集型演进；

3）资源型城市产业结构中产业占优势比重向产品形态依次转移，体现在由制造初级产品逐级向制造中间产品、最终产品的产业占优势比重演进。

（2）转型的产业结构高度化程度变化趋势

1）产业高附加值化程度（产业高附加值化产品价值中所含剩余价值比例和绝对剩余价值率及超额利润比值），反映企业技术密集程度不断提高的过程；

2）产业高技术化程度，反映产业普遍应用高技术（包括新技术与传统技术复合）的变化；

3）产业高集约化程度，反映产业组织合理化和较高的规模经济效益的变化；

4）产业高加工度化程度，反映加工深度化和较高的劳动生产率的变化。

资源型城市产业转型由劳动密集型、资本密集型产业占优势比重逐级向技术（知识）密集型产业占优势比重演进，由制造初级产品的产业占优势比重逐级向制造中间产品、最终产品的产业占优势比重演进。随着经济发展水平的不断提高，资源型城市产业转型产业结构经历从低级到高级的高度化发展，同时产业结构高度化又推动产业结构在更高层次上实现合理化的过程。

上述也表明第三产业、技术（知识）密集型产业、制造最终产品的产业在产业结构中占优势比重，已成为转型高质量经济发展趋势主要标志。在徐州产业转型发展中，产业结构高级化是必然趋势，除上述反映的产业结构中产业占优势比重的变化趋势外，还将主要体现在以下发展趋势：

1）强化科技创新与新技术应用，以徐州工程机械集团有限公司为代表的现代制造业高附加值化和产业高加工度化，反映企业技术密集程度不断提高和较高的劳动生产率的变化趋势；

2）改造煤炭、建材等传统重化工业，发展新型、现代重化工业与战略性新兴产业，体现产业高技术化，反映产业普遍应用高技术，包括新技术与传统技术复合的变化趋势；

3）以第二产业、第三产业为主的、包括第一产业在内的产业结构调整与重新布局，体现产业高集约化，反映产业组织合理化和较高的规模经济效益的变化趋势。

7.2.1.2 转型发展的产业结构合理化生态化趋势分析

转型发展的产业结构合理化是指在一定的经济发展阶段根据科学技术水平、消费需求结构、人口基本素质和资源条件，对原不合理的产业结构进行调整，实现生产要素合理配置和产业多元化协调发展，以提高经济效益的过程。

资源型城市产业结构多元化、合理化和高度化及生态化是转型发展产业结构优化的基点。转型发展产业结构高级化趋势，基于产业结构多元化、合理化、生态化，产业结构多元化、合理化、生态化过程，使产业结构效益不断提高，进而推动产业结构向高度化发展。

资源型城市产业结构的高级化、多元化、合理化、生态化是经济高效协调增长的客观要求。通常经济的持续增长取决于资源（资本、劳动力、技术等）的不断投入及资源市场经济条件下有效配置，而产业结构的合理与否在很大程度上决定了资源配置的效果。资源配置有效，要素投入的不断增长就能保证产业的不断增长，转型发展经济就得以持续增长。主要反映在：

1）资源利用、产业分工及生产要素最佳组合的程度；

2）经济各部门发展的协调性；

3）整体经济效益与社会有效需求的满足程度；

4）人口、资源、环境的良性循环程度。

转型发展产业结构合理化具体目标要求，包括产业间的素质与相对地位及关联方式的协调，也包括供给和需求在数量与结构上的协调。

徐州装备制造业面临历史性的发展机遇，一方面，生产要素价格的快速上涨与传统成本优势的削弱，我国制造业需要加快通过装备升级提高生产效率，实现生产能力和产品质量的全面升级；另一方面，新一轮科技革命和产业变革正在兴起并带动制造业的数字化、智能化和网络化转型，"中国制造2025"战略推动制造业由大做强，给装备产业带来新的机遇；第三产业是市场升级型产业，2013年我国第三产业比重第一次超过第二产业，且两者的差距不断拉大，服务业成为经济增长的最大动力来源。徐州作为淮海经济区中心城市转型高质量发展已进入服务业相对快速增长的时期，金融、物流、研发设计等支撑产业升级的生产性服务业和支撑消费升级的传统服务业均将呈现较快增长的态势；战略性新兴产业，以高端装备、新材料、生物医药等产业为代表。战略性新兴产业以新的技术变革为主要推动力，徐州地区装备制造业已经拥有良好的基础，具备诸多实现产业结构高级化、多元化、合理化、生态化的有利条件，更是发展必然趋势。

随着经济发展水平的不断提高，徐州产业结构经历从低级到高级的高度化发展，同时产业结构高度化、多元化又推动产业结构在更高层次上实现合理化、生态化。第三产业、技术密集型产业、制造最终产品的产业在产业结构中占优势比重已成为中心城市转型及高质量发展的必然趋势和重要标志之一。第三产业、技术密集型产业、制造最终产品的产业在区域产业结构的比重需要逐渐增加，此外，产业的发展注重低碳化、高技术化、高智能化和布局集约化：

1）产业低碳化，以低耗能、低排放、低污染为基础，重点发展对环境、气候影响相对较小的产业；

2）产业高技术化，包括传统产业技术升级和新高科技企业比重增加，现代制造业高附加值化和产业高加工度化，企业注重科技创新与新技术应用，产业技术密集程度、劳动生产率不断提高；

3）产业高智能化，重点发展以人工智能科学技术为基础的智能产业，实施"中国制造2025""工业4.0"和"互联网＋产业"战略，企业重视物联网和信息系统的应用；

4）产业布局集约化，通过产业组织的高度集中，实现资源优化配置，提升生产效率，使产业可持续发展。

徐州从煤炭资源型城市转型发展和老工业基地振兴阶段到淮海经济区中心城市转型发展阶段，徐州及以其为中心城市的淮海经济区产业结构向高级化、多元化、合理化、生态化发展，应根据区域资源禀赋、产业比较优势、技术水平等条件，按照区域产业结构合理化标准，一方面重点发展战略性新兴产业和现代服务业；另一方面，对传统重化工业、传统轻工业、机械电子工业进行技术升级改造，提升产品附加值。

从三次产业分析，第一产业需要重点发展现代农业和生态农业；第二产业中，机械电子工业需要降低生产成本，提高生产效率，推广"互联网＋装备制造"，发展智能化制造和网络化制造，提高产品的档次，增加附加值；对传统重化工业技术升级改造，延伸产业链长度，关闭淘汰落后产能，关停僵尸企业，促进产业可持续发展；对于传统轻工业，通过技术改造，增加自主创新能力，提升产品质量与档次；对于第三产业，重点要发展现代服务业和新兴服务业。

7.2.1.3　淘汰落后产能传统产业改造升级转型分析

淘汰落后产能，2013—2016年，徐州合计压减和化解铸造33.2万t、电镀4.2万t、电解铝10万t、铅酸电池69万kVAh、造纸4.5万t、纺织3.19万t，取缔非法小炼钢57家，淘汰非法产能约130万t。建立能源消费总量和强度"双控"机制，切实减少煤炭消耗。2016年，徐州煤炭消费总量为4037万t，较2012年下降822万t，超额完成江苏省政府年度考核目标。

小煤窑、小水泥、小造纸、小化工、小高炉是城市主要低价污染源。2003年以来，徐州依法关闭小煤窑、小水泥、小造纸、小化工企业计有400多家，拆除市区燃煤锅炉790多台，拔掉中心区烟囱740多根，关停小火电发电机组150多万千瓦。

徐州市水泥企业由146家减少到不足10家，并在江苏省率先淘汰立窑产能，粉尘排放量减少了60%；电力行业，徐州7年关停小型机组近30个，新建大容量机组近600万kW，新建机组全部同步建设脱硫脱硝装置，配备污染排放实时监测仪器，全市各大电厂发电量增加了150多亿千瓦时以上，二氧化硫排放则减少了25%。

传统产业改造升级，徐州陆续关停并转200多家水泥厂，涉及400余条生产线，并于2009年在江苏省率先淘汰了立窑产能，同时积极推进3个大型水泥熟料生产基地建设，将优势资源集中到淮海中联、徐州中联等骨干企业上来。通过配备国内外一流的生产线，推进节能减排，将单线生产能力提高到360万t，两条生产线即可完成原先全市的产量。

7.2.1.4　产业结构向中高端迈进转型分析

徐州推进老工业基地产业结构调整，进行产业转型升级的战略布局，从根本上为生态"减压"，以绿色产业振兴引领老工业基地全面振兴。确立"工业立市、产业强市"主攻方向，突出抓好"一中心一基地一高地"（区域性绿色产业科技创新中心、先进制造业基地、现代服务业高地）和现代农业发展四大任务，加快构建现代绿色产业体系，推动产业结构向中高端迈进。

（1）空间结构优化

徐州严格落实主体功能区规划，推进经济社会发展、城乡、土地利用、生态环境保护等"多规合一"，优化都市核心区，沿东陇海线、沿徐宿通道、沿徐济通道、沿京杭运河和沿黄河故道的"一核、五沿"生产力空间布局，严守生态、耕地保护和城市开发边界"三条红线"。在江苏省率先出台《重要生态功能保护区规划》，划定82块生态红线区域，占徐州市国土面积的26.3%。全市以镇为单元划定城市综合发展、优化工业发展、鼓励工业发展、限制工业发展、禁止工业发展5类区域，实行分类考核，引领区域错位发展。

（2）供给侧结构性改革的产业结构优化

徐州早前是煤炭城市，依赖煤炭，形成了煤炭、机械、化工、建材等重工化占比较高的产业结构。随着资源枯竭，产业升级成为徐州面临的迫切问题。针对徐州产业的偏重工化结构，突出产业供给侧结构性改革主线，着眼产业供需两侧平衡、新旧动能转换，正确处理"加"与"减"的关系，注重优化存量和扩大增量并举，坚持改造提升传统产业与培育壮大新兴产业"双轮驱动"，加快推进产业结构"重转轻"、产业层次"低转高"、产业链条"短转长"、产业布局"散转聚"，不断提高产业层次和总体竞争力。

三次产业占比由2010年的9.6∶50.7∶39.7调整为2016年的9.3∶43.3∶47.4，再到2018年的9.4∶41.6∶49。不仅实现了煤炭、冶金、煤化工等产业的提档升级，而且逐渐形成了装备制造业、新能源、新材料、生物制药等新兴产业。

7.2.1.5 高新技术产业和战略性新兴产业占比明显提升的产业转型发展分析

过去的徐州以煤起步，从煤发电到煤焦化，再到钢铁、水泥等与煤炭相关的行业，形成了"一煤独大"的产业格局，产业偏重工化、结构单一。徐州把产业转型作为老工业基地振兴的根本支撑，统筹推进传统产业改造升级和新兴产业发展壮大，着力构建高级化、多元化、合理化与生态化徐州特色的现代产业体系，推动装备制造、食品加工、能源等8个产业规模超千亿元。近年来，积极顺应产业革命和科技变革趋势，把高新技术产业、战略性新兴产业和"四新经济"作为新的主攻方向，在制造业方面重点突破装备与智能制造、新能源、集成电路与ICT、生物医药与大健康四大新兴产业；新技术、新产业、新业态、新模式经济形态的"四新经济"方面，新技术主要涵盖电子信息、生物与新医药、航空航天、新材料技术、地球科学、软件研发等行业，新产业经济主要包括新能源、基因工程、纳米材料、生物育种、机器人、无人机、3D打印等，新业态主要包括云计算、物联网、大数据、人工智能、移动互联、网络销售、APP手机应用、手游、页游、网游等，新模式主要指的是众创、众包、众扶、众筹，截至2017年年底，徐州共有新技术经济市场主体1.97万户，注册资本832.28亿元，新产业经济市场主体有4191户，注册资本762.78亿元，新业态经济市场主体有904户，注册资本56.63亿元，新模式市场主体有27户，注册资本1.09亿元。总的方面加快发展大数据、云计算、电子商务等，引进建设4个大数据中心，数量规模在全国地级市中处于领先位置。通过不懈努力，徐州从根本上改变了过去产业结构偏重、偏煤、单一的状况，产业发展不断向新的高度攀升，2018年高新技术产业和战略性新兴产业占比分别达到38.3%和37.7%。

7.2.2 产业结构调整与转型升级的路径选择

徐州偏重工化产业结构调整与传统产业转型升级路径选择，主要突出以下方面：

（1）以统筹协调助推传统产业的链条化与集群化、结构化创新

徐州传统产业的发展有赖于一个科学、合理、集约发展的产业链条，需要产业链条的下游、上游合理发展，既要让下游企业助力上游企业，又要将着力点放在发展上游企业上，同时协调推进相关的服务产业的配套设施，构建起一个结构合理、流通顺畅、功能分明的现代产业体系。要着力推进传统产业发展的结构化创新，由分散的中小企业的块状经济转向以大企业、大集团为龙头的分工协作联合体发展，逐步实现工业化、市场化、城市化联动提升型的产业集群。

（2）科技驱动助力产品的高端化与产业结构的合理化

衡量一个地区是否在产业链条中处于高端位置的关键要素在于是否具有较强的科技创新能力，以及是否具有高附加值及高品牌效应的高端产品。因此，徐州一方面注重产业的优化升级，努力向产业链高端迈进；另一方面注重培养行业主导，以及自主创新能力强的技术品牌。在经济结构调整的过程中，推进科技进步与创新及其成果产业化的进度，依靠科技驱动，助力产品的高端化与产业结构的合理化。

2013 年，徐州高新产业增长率已高达 85%，高新产业产值占规模以上工业比重分别达到 34% 和 36%。

（3）优化产业结构布局淘汰落后产业形成园区的特色化

徐州传统产业转型升级构建就地转型为主的模式，对于传统产业中的众多优势企业和潜力企业，通过技术改造，培育品牌，实现就地转型升级，改造提升综合竞争力逐渐培育成高新技术企业。同时，产业园区是产业发展的主要载体，是推进新型工业化的核心动力和关键抓手，是区域经济发展的主要增长极。产业园区从重视数量转到重视质量的方向上来，坚持优化产业结构布局淘汰落后产业，发展特色园区，形成具有竞争力和聚集力的产业园区。

（4）注重生态保护，建构集约绿色低碳可持续发展模式

徐州注意在传统产业中鼓励发展绿色、低碳类的产业，开发和应用节能降耗技术和设备。淘汰高耗能、高污染、破坏环境的产业，积极探索环境保护与经济发展之间的新模式。积极发展绿色、低碳、循环经济，围绕核心的地方资源发展相关产业，努力实现资源在企业内部的循环利用和企业之间的协调发展，积极促进企业内环保系统的优化升级，不断提升资源的综合利用及可持续利用的效率。用绿色、低碳型经济发展理念指导传统产业转移和原有工业园区的改造，形成有利于建设资源节约型、环境友好型社会的产业结构、生产方式、生活方式和空间格局。

（5）创新驱动，传统产业向战略性新兴产业升级

徐州传统产业转型升级的最终方向，仍然需要向技术和知识密集型的战略性新兴产业发展，但向战略性新兴产业升级并不是摒弃传统产业，而是在传统产业的基础上"嫁接"或"孕育"新兴产业，或者通过两者的融合、协调发展来实现。需要合理利用传统企业现有平台、市场、网络等资源优势来发展战略性新兴产业。加快传统产业组织创新、制度创新、管理创新，建立与战略性新兴产业协调发展的外部环境。从组织上积极探索适合现代

企业发展模式的管理机构和运作团队；从制度上积极探索规范化的现代公司治理机构；从管理上积极激发员工的创新能力，营造良好的企业文化。通过相关的产业政策、科技政策、金融政策及土地政策等加大传统产业向战略性新兴产业转移的力度，不断加强传统产业与战略性新兴产业的统筹规划和衔接，制定远景规划和发展模式，逐步形成集群内企业间上下游联系紧密、相互依存的发展模式，探索和掌握战略性新兴产业的运作模式和发展规律。

（6）立足绿色发展，严格环境准入

先后否决了 20 多个总投资约 60 亿元的焦化、钢铁等重大项目，努力集聚面向未来的战略性新兴产业。多晶硅光伏、风力发电和节能环保等新能源产业，成为徐州绿色转型发展的新引擎。中能硅业利用自主创新技术，单晶硅生产废气全部转化成多晶硅生产原料三氯氢硅，克服了世界性环保和安全难题。在中能硅业等龙头企业拉动下，徐州基本形成从多晶硅原料到太阳能电站的完整光伏产业链，带动大批相关配套企业，千亿级新能源基地培育成型。

（7）坚持自主创新、科技创新

徐州工程机械集团有限公司，以销售收入 6% 投入自主创新科技创新，运用机械物联网工程、产品智能化等向装备制造产业高端迈进。现在已拥有 6000 多人的科研队伍，在全球 7 个国家设立研发中心，位居机械行业全国第一、世界第五，徐州也由此奠定"中国工程机械之都"的地位。

（8）构筑以先进制造业和现代服务业为主干的现代产业体系

加快围绕构筑以先进制造业和现代服务业为主干的现代产业体系，突出"科技创新引领、双向开放带动、平台载体支撑"三大关键导向，探索具有徐州特色的老工业城市和资源型城市产业转型升级新路径。

7.2.3 资源枯竭城市的绿色接续产业多元化转型

伴随煤炭资源的日趋枯竭，面临资源枯竭城市的落实接续产业多元化转型，徐州加快国家老工业城市和资源型城市产业转型升级示范区建设，主要突出绿色接续产业多元化转型。

7.2.3.1 从产业偏重工化向战略型新兴主导产业多元化转型

徐州市从依赖煤炭产业偏重工化转向产业多元化、绿色化，实现区域资源枯竭城市的绿色接续产业多元化转型，重点将装备与智能制造、新能源、集成电路与 ICT、生物医药与大健康四大战略性新兴产业作为主导产业来发展。

2017 年 12 月，习近平总书记考察徐州时指出，必须始终高度重视发展壮大实体经济，抓实体经济一定要抓好制造，努力占领世界制高点、掌控技术话语权，使我国成为现代装备制造业大国。

徐州工程机械集团有限公司成立以来始终位居国内工程机械行业前列，已发展成为一家千亿元的世界级跨国公司，主导产品销量创造了两个全球第一、12 个全国第一，跃居全球工程机械制造商前五强，是中国工程机械行业规模最大、产品品种与系列最齐全、最具竞争力和影响力的大型企业集团。徐州工程机械集团有限公司的裂变式崛起，撑起了一个城市支柱产业转型升级的脊梁。同时，在产业集群式发展的整体推进中，徐州培育出一批优、强、大企业和众多"小型冠军"式企业，吸引卡特彼勒、利勃海尔、罗特艾德等数十家外商独资、合资工程机械企业密集落户。装备制造业是制造业的脊梁，要加大投入、加强研发、加快发展，2009 年，徐州装备制造业率先实现千亿元目标。2010 年，徐州荣膺全国唯一"中国工程机械之都"称号，现在正全力提升智能制造水平。2017 年一季度其主导产品汽车起重机销量增长 150%，挖掘机销量和销售收入增幅均超 100%。通过车间生产线仿真优化和智能化装备升级，采用智能物流等手段，生产效率提高了 25.8%。

实现科技创新，新技术和新业态加速发展。在徐州经济开发区、徐州高新区和县域专业园区中，新能源、新材料、高端制造等龙头项目纷纷落户，培育出现代煤化工等一批千亿元级创新企业群。同时，随着徐州生态环境和投资创业环境的不断改善，甲骨文、微软等一批海内外知名企业也都争先徐州布局。徐州产业发展已摆脱对煤炭工业的主导路径依赖，走向主导产业多样化、绿色化、特色化发展之路。从而，提升了徐州在淮海经济区的地位，有效引领了区域绿色转型高效协调发展，并为区域资源枯竭城市的绿色接续产业转型提供模式示范。

7.2.3.2　文化旅游—绿色接续产业的优先选择之一

（1）现代服务业支撑未来经济发展

人类社会经历了农业社会到工业社会再到现在的信息社会，进入了以信息资源为关键资源的知识经济时代。20 世纪 90 年代中期全球互联网在商业领域普及应用，改写了基本经济规则，对人们的生活和行为产生了深远影响，标志信息社会的到来。1996 年美国经济合作与发展组织（OECD）发布了《知识经济报告》，知识与技术在经济增长中的重要作用得以充分认同。与知识经济时代国际知识密集型产业或服务业部门相关，1997 年我国提出"要加快发展现代服务业，提高其在国民经济中的比重"。国际经验表明，一般来说随着经济发展水平的提高，服务业比重不断提高。

现代服务业将是我国未来经济发展的重要支撑，也将是我国进行全球产业竞争的关键领域。旅游与电子商务及文化创意是当今三大现代服务行业，而世界发达经济体已经是服务型经济。我国已成为世界第二大经济体，并已进入世界中等收入国家行列，显然加快包括旅游业为三大组成之一的现代服务业发展对于支撑区域与国家经济社会可持续发展，提升区域乃至全球产业竞争力。有十分重要的意义。

资源型城市发展旅游产业在其生态修复、特色资源、环境治理、产业转型、社会转型、城市转型方面更有目标、功能、愿景的诸多一致。

（2）旅游产业的发展趋势及作用分析

1）旅游业是最具活力的朝阳产业

在世界发达国家发展过程中，旅游业带动相关产业的融合发展已普遍得到认同和验证。从 1841 年英国托马斯·库克组织第一次铁路旅游，作为现代旅游的开端起，旅游业就势不可挡地成为世界最大的产业。旅游业属于消费升级类行业，其发达程度是一个国家、一个地区经济发展，社会文明进步的主要标志，旅游产业发展潜力无限，发展前途无量。

2）优化与协调资源型城市区域城乡经济发展

旅游业是最具辐射力的带动产业，具有很强的带动性、融合性和高综合效益。发展旅游业对资源型城市转型经济产业结构调整具有很强的带动、融合、协调作用。旅游业不仅是第三产业的先导产业，而且极大促进第一、第二产业的发展，带动资源型城市社会就业，破解资源枯竭转型与就业困惑，推动社会精神文明建设，促进资源型城市的产业、社会、城市转型。旅游业提供的是服务产品，无需付出多少物质产品，无需多环节的远距离运输，无需耗费很多能源，直接增加财政经济收入。

旅游业对经济的促进作用更为重要还在于其关联辐射功能。据"世界旅游组织"测算，旅游业每直接增加收入1元，相关行业的收入就能增加4.3元；旅游业每增加1个直接就业人员，社会就能增加5个就业机会。旅游业与其他产业已经形成相互促进，相得益彰的可喜局面，其在经济发展中的纽带作用凸显无遗。发展旅游业，有利于发展生产力，有利于增强城市综合竞争力和城乡统筹发展，对提高人民的生活水平，改善人民的生活质量更有直接关系和重要意义，在我国，现在向往旅游并参与国内旅游的人，早已不再局限于城镇居民，农村居民也已经涌进了这个大潮。

3）驱动资源型城市经济社会发展和新型城镇化的最合适产业

① 文化旅游业是一种生态、环保、可持续发展的优质产业，文化旅游产业带动面广，对于优化资源型城市综合环境、改善人民生活质量，具有重要的意义。

② 泛旅游产业驱动资源型城市经济社会发展和新型城镇化。由于旅游产业具有很强的带动性和融合性，综合效益高，因而是驱动经济社会发展和新型城镇化最适合的产业之一，并以泛旅游产业为主导，创造休闲、娱乐、度假、养生、运动、教育等品质生活服务供应能力；以休闲地产和商业配套为延伸，形成消费聚集、人口聚集、就业聚集、服务聚集的综合开发。通过植入旅游产业作为资源型城市转型发展的主导接续产业之一，有助于快速提升资源型城市基础设施和公共服务水平，形成文化旅游、休闲度假的消费聚集，优化当地生态环境，形成功能多元的复合型区域，最终带动资源型城市产业发展、民生改善、就业促进、文化传承和形象提升。

③ 突出转型高质量发展的生态文化品质。旅游接续产业注重生态环境的保护与建设，人居环境和公共服务的优化，并基于休闲度假的具体功能，集聚多种关联功能，具有主题创意化、环境景区化、产品休闲化、功能多元化、空间集聚化、服务社区化等特征，推进资源型城市生态修复"显山、露水、透绿、通畅"的生态化、绿色化进程。同时，注重城市文化特色的传承、融入、发扬与创新，以自然生态文化、历史艺术文化、民族民俗文化、时尚科技文化等，推进有文化个性特色化。

④ 突出有产有业与社会保障的城镇化。在壮大旅游产业的同时，促进与其他产业的整合，实现旅游产业带动的消费和就业集聚，进而推进资源型城市转型发展和城镇化进程。以资源整合、产品创新、品牌塑造、服务升级等手段发展纵向产业网络和完善合理的产业空间结构，形成强有力的转型发展和城镇化产业支撑，同时充分发挥旅游产业对就业的带动作用，扩大就业渠道、完善就业层次、提升就业服务、强化就业质量。另一方面，提升景区与周边区域的资产价值，提供资产性收益，强化社会保障力度并为更高层次产业发展提供资金支持。旅游业对于管理体制、市场机制、社会组织、对外开放等提出更高要求，有利资源型城市转型构建更完善制度保障体系，促进社会保障城镇化。

（3）徐州文化旅游作为区域资源枯竭城市绿色接续先导产业的选择

徐州历史悠久，是江苏省建城最早的城市。秦汉之际，大彭氏国建立已有四千余年历史，著名的秦末农民起义和震惊中外的淮海战役都发生在这里，源远流长的历史变迁，给徐州留下了灿烂的历史文化，也为徐州社会经济的发展奠定了良好的文化基础。徐州文化底蕴十分深厚，历史文化、地方文化、佛教文化、军事文化、名人文化交融。

徐州历史上曾为黄帝初都，宋国国都，西楚首都。徐州是汉高祖刘邦、南唐烈祖李昇、南朝宋武帝刘裕、后梁太祖朱温的故里，有"九朝帝王徐州籍"美誉。而二汉文化看徐州，徐州城周围构造各异的汉墓，栩栩如生的汉画像石，惟妙惟肖的汉兵马俑，并称为"汉代三绝"。

徐州更是人文荟萃之邦，彭祖、刘邦、项羽自不必说，还有萧何、刘裕、李煜、刘向、刘禹锡、李蟠、李可染、马可、宋绮云等，从帝王将相到文人骚客，从艺术大家到革命志士，无数风流人物，闪烁寰宇。徐州是国家历史文化名城，更是爱国主义教育基地。

根据徐州旅游发展整体目标定位，徐州将建设成为国内一流、国际知名的文化休闲旅游名城、区域旅游的中心城市。徐州旅游发展以"中国历史的地理枢纽、中华汉城"形象为导向；以"汉文化、军事文化"为驱动，创新整合资源；以旅游发展与城市发展一体化、旅游开发与产业发展一体化、旅游开发与环境保护一体化为基点，实施政府主导、社会齐上的大旅游发展战略。伴随中心集聚能力的提升，徐州市旅游产业快速发展，先后获得"国家环保模范城市""国家森林城市""国家卫生城市"和"中国优秀旅游城市"等荣誉称号。

无疑，文化旅游是徐州资源枯竭城市绿色转型接续主导产业优选之一，也是培育国民经济与社会发展的支柱产业之一。

（4）以徐州为区域旅游中心城市的淮海经济区文化旅游产业联动发展

徐州老工业基地振兴战略要实施文化兴旅、商贸兴旅、生态兴旅等多元驱动的大旅游、大产业形态，一方面及时转变旅游发展方式，优化产业结构，推进产业转型升级；另一方面，积极推动淮海经济区旅游一体化，以徐州为区域旅游中心城市的淮海经济区文化旅游产业联动发展，实现徐州打造成区域旅游中心城市的战略目标。

近年来，徐州、邳州成功创建中国优秀旅游城市，徐州成为苏北地区唯一拥有两个中国优秀旅游城市的城市；旅游产业规模迅速壮大，旅游经济总量、产业规模和产业形态都已跃上新的发展平台，成为江苏省旅游增长速度最快的城市；完成及推进了一批重大旅游项目建设，包括两汉等历史文化旅游项目板块、军事文化旅游项目板块、山水园林旅游项目板块、农业旅游项目板块、都市休闲度假旅游项目板块、佛教文化旅游项目板块及一系列市民休闲项目。同时，旅游市场推广及节庆举办卓有成效。对日、韩、东南亚等海外国家，北京、上海、华东、华南、华中、台湾、港澳等地区，以及武汉、大连、南京、烟台、郑州等重点城市进行了广泛而持续的宣传，先后组织举办了系列有影响力的节庆活动，大大开拓了客源市场；旅游软实力水平得到很大提高。旅游管理规范化、法制化水平大大提高。初步形成旅游教育及人才培养的联动机制。旅游数字化水平上了新台阶；区域旅游合作取得重大进展，走上了大旅游、大产品、大营销的发展道路。先后与其他城市签订了《徐州都市圈旅游合作备忘录》《淮海经济区旅游发展与合作宣言》《徐州－无锡2008年南北旅游挂钩合作协议》以及《汉文化旅游同盟合作宣言》。

7.2.4　振兴转型的现代产业体系构建

7.2.4.1　转型发展的创新驱动

（1）创新驱动发展

转型升级须依靠创新驱动。党的十八大提出实施创新驱动发展战略、加快建设国家创新体系的重大部署,实现这一战略部署,必须依靠大量创业创新,依靠创新驱动发展,形成和增强经济社会发展主推力,实现可持续发展和增长方式转轨。

创新驱动发展活力正在进发。习近平总书记在2014年6月两院院士大会上指出,信息技术、生物技术、新能源新材料技术等交叉融合正在引发全球新一轮科技革命。我国载人航天、探月工程、新支线飞机、高速轨道交通、时分同步码分多址接入通信、高性能计算机等领域已取得一批重大创新成果。抓住新一轮科技革命机遇,营造良好的创业创新环境,事关徐州能否高目标、高起点、高标准实现创新驱动转型升级。

实现创新驱动关键在构建"创新驱动发展生态体系"或"创新生态系统"。美国总统科技顾问委员会在《维护国家的创新生态系统》报告中提出,"美国的经济繁荣和在全球经济中的领导地位得益于一个精心编制的创新生态系统。这一生态系统的本质是追求卓越,主要由科技人才、研发中心、风险资本产业、政治经济社会环境、基础研究项目等构成。"创新驱动发展生态体系或创新生态体系,是一个促进创业创新的生态系统,是各创新主体以及创新群落与其环境之间,通过能量流动、物质循环而相互作用的有机整体,从而使得创新源源不断并成为经济增长动力和社会"第一生产力"。

实现创新驱动发展,关键是要建立一个多要素多层面联动的生态系统,重点是打通科技和经济、社会发展之间的导向通道,建立健全技术创新市场的导向机制,发挥市场对技术研发、路线选择、要素价值的导向作用。打破创新"孤岛效应",产生创新链式反应,形成创新循环系统,激发全社会创新活力,源源不断提供创业创新源动力、经济社会发展源动力。同时,围绕产业链部署创新链,围绕创新链完善资金链,围绕资金链提升价值链,增强创业创新氛围,真正实现创新驱动发展。

(2)绿色产业转型发展的创新驱动引领

以"调高、调轻、调优、调强"为产业发展导向,释放政策效应与创新发展相结合,徐州市先后制定实施了《加快建设区域性产业科技创新中心的意见》《打造区域性现代服务业高地实施方案》《中国制造2025徐州行动纲要》[①]《徐州市参与"一带一路"建设行动计划》等一系列政策文件,注重从产业规划引导、科技创新支撑、财政金融支持、扩大对外开放等多领域强化政策的衔接配套,积极构建"产业+企业+平台+人才+载体+金融+政策"区域创新体系,建设江苏淮海科技城、徐州科技创新谷、徐州市产业技术研究院、潘安湖科教创新区等"一城一谷一院一区"。徐州高新区成功晋升国家级高新区,鼓楼高新区获批筹建。构建"6+6"先进制造业和"333"现代服务业体系,设立200亿元规模的产业引导资金和基金等重大举措,积极吸引和鼓励境内外资金、技术、人才向徐州市产业集聚,推动产业链纵向延伸和横向配套。徐州工程机械集团有限公司2017年实现营业收入951亿元,主营收入537.9亿元,同比增长58.9%,居中国工程机械行业第1位和全球行业第6位。徐州矿务集团有限公司着力构建"一体两翼"发展路径,积极"走出去"在境外建立生产基地。鼓励支持龙头企业开展兼并重组及投资合作,加快培育大企业

①《中国制造2025徐州行动纲要》提出"6+6"先进制造业体系,即6大优势产业:装备制造、食品及农副产品加工、煤电能源、煤盐化工、绿色冶金、建筑建材;6大战略性新兴产业:新能源、电子信息、新材料、新医药、高端装备、节能环保。市委市政府《关于打造区域性现代服务业高地的实施方案》提出"333"现代服务业体系,即现代物流、现代金融、科技服务三大生产性服务业,商贸文化旅游、房地产、健康养老三大生活性服务业和商务服务、平台经济、软件与服务外包三大新兴服务业构成的现代服务业体系。

大集团，全市百亿元企业增至 9 家，其中江苏中能硅业科技发展有限公司多晶硅产能稳居世界第一。大力实施高新技术产业跨越发展行动计划，出台装备与智能制造、新能源、集成电路与 ICT、生物医药四大新兴主导产业实施方案，制定特色产业基地发展实施意见，2017 年六大战略性新兴产业完成产值 4880 亿元，比 2916 年提升 28.9%。

同时，徐州着力建设"一中心一基地一高地"，即区域性的产业科技创新中心、先进制造业基地和现代服务业高地，加快形成新的经济结构、新的发展动能和新的竞争优势。2017 年，全市高新技术产业产值完成 5306 亿元，占规模以上工业的比重达到 37%；大中型工业企业研发机构实现全覆盖，全市科技进步贡献率达 56%。

7.2.4.2 强化绿色产业集群及平台经济

特色与绿色产业集群是绿色产业集约发展的基础和保证。以推动功能平台扩大规模和提档升级为重点，统筹推进开放平台、创新平台、服务平台等发展，为绿色转型发展升级注入强大动力。徐州出台《加快徐州市开放型经济平台建设的实施意见》等政策措施，全面推进综合保税区、航空口岸、铁路口岸等"十大开放平台"建设，开通了观音机场一类开放口岸、多条国际航线和直达中亚的国际货运班列，"徐新亚"国际货运班列实现常态化运行，保税物流中心封关运作。不断提升各类园区产业承载能力、产出比重和项目集聚程度，为各类企业集群发展提供设施齐全、上下游配套的良好载体，促进项目集中、企业集聚、产业集群、发展集约。徐州经济技术开发区升格为国家级开发区，成为江北首家国家生态工业示范园区，形成了高端工程机械、先进光伏光电制造和现代商务服务业等特色产业集群；徐州高新区成功晋升国家级高新区，是苏北首家国家级高新技术开发区；邳州经济技术开发区获批国家循环改造示范园区，实现了传统煤化工向煤基新材料产业的战略转型。徐州市省级以上开发区达到 13 家，构建了各具特色的产业体系。45 家省、市级现代服务业集聚区初具规模，已入园企业 4000 余家，为企业集聚发展、创新发展提供了良好环境和支撑条件。

2014 年，徐州装备制造业实现总产值 3200 亿元，销售收入亿元以上企业 250 家，10 亿元以上企业 20 家，50 亿元以上企业 5 家，100 亿元以上企业 3 家，成为中国乃至世界装备制造业的产业高地。而华为、微软、软通动力、阿里巴巴等一批 ICT 企业相继进驻徐州，为徐州集成电路与 ICT 产业发展奠定了坚实基础。

7.2.4.3 老工业基地振兴的现代产业体系构建

加快构建现代产业体系，是转变经济发展方式、破解资源型城市发展难题的迫切要求。增强老工业基地与资源型城市经济发展活力，将经济发展转变到更加注重质量效益、更加注重结构优化、更加注重可持续发展的方式上来，着力增强科技创新能力，完善体制机制保障，强化政策导向，优化发展环境，加快构建以高新技术产业、先进制造业、文化产业、旅游业和现代服务业为地方产业特色的现代产业体系；徐州工程机械集团有限公司等以融入全球产业链高端和价值链核心为导向，加快推进要素供给侧结构性改革，成为深化供给侧结构性改革的生力军，瞄准国际标准提高发展水平，促进向全球价值链中高端跨越，培育产业生态链生态圈，重塑产业经济地理，夯实淮海经济区中心城市产业支撑。

同时，徐州全力推动装备与智能制造、新能源、集成电路与 ICT、生物医药与大健康这四大战略性新兴产业发展，根据产业发展规划，到 2021 年，徐州市战略性新兴产业增加值占 GDP 比重达 15% 以上，达到全省平均水平；战略性新兴产业产值年均增速快于规模以上工业产值增速 2～3 个百分点，占比达到 44% 左右，年均提高 2 个百分点左右。其中，四大战略性新兴主导产业产值力争达到 2350 亿元左右（装备与智能制造产业产值 1500 亿元、新能源产业产值 450 亿元、集成电路与 ICT 产业产值 200 亿元、生物医药与大健康产业产值 200 亿元），年均增速高于规模以上工业产值增速 4～5 个百分点。

7.3 区域中心城市视野的城市绿色转型分析

人类文明从原始文明、农业文明、工业文明到生态文明，生态文明是迄今为止人类文明发展的最高形态。绿色化是生态文明的核心内容，绿色化发展理念本质上反映了当今城市经济社会发展的内在要求，为化解人与自然和谐发展的突出问题提供现实手段，是统筹人与自然和谐发展的战略途径。

城市转型的本质是发展模式和发展方式的转变，绿色发展是对新时期城市发展理念和路径的高度概括。资源型城市的绿色转型是城市经济社会可持续发展的关键和核心。徐州持续推进从工业文明到生态文明的城市绿色转型、从生态园林到水生态文明城市建设转型、从生态修复到城市修补促进中心的城市绿色转型，以及向以中心商圈为代表的中心城市辐射带动绿色转型。

7.3.1 从工业文明到生态文明的城市绿色转型

城市绿色转型是 20 世纪以来世界各国城市发展的大趋势，欧美国家率先进行了城市绿色转型，发展中的国家也随之开始城市绿色转型。城市绿色转型是城市发展道路及发展模式的重大变革，工业文明粗放式经济发展，环境保护形势严峻，我国正处在环境问题的激化期，生态文明城市建设任务艰巨，借鉴世界各大工业国的经验教训，工业文明向生态文明的城市绿色转型是经济与生态双赢的方向，徐州在从工业文明向生态文明城市绿色转型方面进行了大胆的探索。

徐州以工矿企业退城入园、产业"退二进三"作为调整结构、优化环境、城市转型发展的重要环节，大力推动服务业创新发展，实现由传统服务业向现代服务业转变，实施精细化管理城市。

7.3.1.1 与环境和谐的经济发展模式，实现城市绿色转型

建设和谐的环境经济生态，强调爱护资源、合理开发利用资源，把清洁生产、资源综合利用、生态资产资本化和绿色消费融为一体，倡导一种与环境和谐的经济发展模式，在资源生态化、生态资产化的基础上实现资源型城市环境经济生态的有机平衡。

（1）生态环境修复变生态包袱为发展资源

徐州是典型的老工业基地，曾经可以用"灰头土脸"来形容。其中的潘安湖水镇几年前还是典型的采煤塌陷地，而现在，这里有数百亩水域的荷花，已经成为人工湿地。2017年以来，旅游休闲人数就达到 120 多万人次，旅游直接经济效益收入近 2 亿元。如同潘安湖水镇，众多生态环境修复给徐州带来明显的生态、经济、社会综合效益的同时，也让徐州变生态包袱为发展资源，为城市深化绿色转型创造更有利条件。

（2）向繁荣稳定、安全舒适城市转型

徐州城市高新技术产业发展、城市规划建设和生态环境改善等方面都取得了突出成

绩。徐州是淮海经济区的产业、商贸、物流、信息、金融中心，也是江苏省重要的经济、商业和对外贸易中心，经济持续繁荣，连续多年经济增速居江苏省第一位。优美的生活环境、齐备的城市基础设施、充足的教育医疗文化资源、宜居宜业的城市环境、方便的绿色出行，这些特点都体现社会和谐稳定，文化氛围浓郁，安全、方便、舒适、可持续、高品质的城市生活氛围，城市转型发展上升到新高度。

建设和谐的社会生态，实现人与人、人与社会，以及人与自然之间的和谐。和谐的社会生态以人为中心，建设生态宜居突出满足人们居住舒适、健康、安全、便捷的需求。

建设和谐的文化生态，满足城市居民精神文化需要。生态宜居城市呈现开放、包容、竞争的时代特征，具备多样化的文化特质，形成互尊互爱、互帮互助、鼓励创新、包容失败的社会风尚，弘扬诚信、友爱、宽容、公正的现代精神。正如《马丘比丘宪章》中所指出，宜人生活空间的创造不仅是在物质环境上，更要满足人们对城市精神的需要。

（3）向退出工业企业、塑造文化园林特色景观绿色转型

坚持不懈抓好退城入园。坚持整体推进与分类指导相结合，大力推进城内工业企业关停转迁、"腾笼换凤"，倾心打造精品园林。徐州主城区三环路以内及外延 1km 范围内污染企业已全部退出主城区。搬迁后腾出的土地，除部分用于布局建设住宅以及商贸、物流、金融、旅游等一批现代服务业项目外，市区沿街沿路 $0.67hm^2$ 以下的土地全部由政府用于公园绿地建设，尽最大努力为城市增绿。

在园林建设上，打破"千园一面"局限，突出文化主题，注重园林景观与历史文化保护传承相融合，先后建成以彭祖文化为主题的彭祖园、以劝学励志为主题的奎山公园、以苏轼文化为核心的云龙山东坡广场、以徐州籍道教创始人张道陵为主题的珠山景区等，使每座公园都独具特色，让丰富的山水资源、深厚的人文底蕴与城市融为一体。先后有 20 多个项目获得"中国人居环境范例奖""中国风景园林学会园林绿化工程金奖""江苏人居环境范例奖"等奖项。2017 年，徐州城市建成区绿化覆盖率达 43.8%，由全省第 7 位跃居第 2 位；市区 $5000m^2$ 以上的公共绿地达到 177 个，$20hm^2$ 以上的大型公园达到 21 个，人均公共绿地面积 $15.74m^2$，市民出行 500m 即可以步入休闲绿地，形成了"城在林中、路在绿中、人在景中"的园林城市特色。

7.3.1.2 生态文明城市建设促进城市绿色转型

徐州市结合山水绿地生态系统建设与水生态文明城市建设，加快城市绿色转型。

十多年来，徐州站在新的历史起点，山水绿地系统建设通过绿地系统规划，立足保护和修复城市自然资源，有机融合了徐州自然山水和绿地资源，实现城市与自然园林的相互融合、人与自然的和谐共生。

历史上的徐州，屡遭战乱；黄河夺泗侵淮等自然灾害，致使自然植被资源消失殆尽，几成"不毛之地"；徐州又是煤炭资源型城市和老工业基地，粗放式经济发展，更造成严重的生态环境危机。徐州 2002 年提出"三年创建国家园林城市"的目标。自 2007 以来，从快哉亭公园、云龙公园开始实施敞园改造工程，2015 年 3 月市区公园总数达 177 个，面积在 $6.67hm^2$ 以上的 33 个大型综合性公园全部实现敞园开放。云龙公园、彭祖园、奎山公园、珠山景区、汉文化景区、泉山森林公园连成了徐州宜居乐居的风景线，把整个城市拼成了一个绿色的大花园。近年来，通过各类生态建设项目的推进实施，徐州市新增开放式公共绿地 $2000hm^2$；拥有 11 个自然保护区和风景名胜区以及 4 个国家级生态示范区；

故黄河风光带、云龙湖风景区、潘安湖、大龙湖等一大批公园和绿地成为城市绿色地标。全市森林覆盖率达32%、居全省第一；市区绿化覆盖率达43.26%，居江苏省前列，城市人均公园绿地面积近17m²。在生态建设实践中，形成了"自然山水大气恢宏，园林绿化精致婉约；兼南秀北雄，显楚韵汉风"的特色。2016年，徐州被评为首批国家生态园林城市，2017年以综合排名第一的成绩荣获中国人居环境奖。

水生态文明城市建设按照水利部、江苏省政府《徐州市水生态文明城市建设试点实施方案》，徐州结合"古风汉韵、平畴沃野、汴泗交流"的城市特点，系统开展了水管理、水安全、水环境、水节约、水生态和水文化6大体系建设，完成了云龙湖综合治理、南水北调清水走廊尾水导流利用、矿坑塌陷地综合治理等6大类、90项示范项目。试点期完成投资113.51亿元，形成了"九湖绕城、四水润彭"的水系新格局，同步建立了最严格的水资源管理制度体系。

通过各项试点任务实施，徐州市全面实现了《徐州市水生态文明城市建设试点实施方案》确定的试点建设目标，22项约束性和预期性指标均已完成或超额完成，实现了资源枯竭型城市从"一城煤灰半城土"到"一城青山半城湖"的实质转变，以青山绿水的全新景致和"楚韵汉风"的城市气质，成就了名副其实的生态园林宜居之城，顺应了人民群众新期待，增添了经济社会发展新动力。

徐州市以"水更清"行动计划为抓手，采取"综合整治、源头控污、清淤疏浚、综合开发"等多种措施，主要河湖水质基本稳定在Ⅲ类；建立了南水北调东线尾水导流专用工程体系，保障了南水北调输水水质安全；通过防洪排涝体系建设，提升了主城区防洪排涝能力；全面落实最严格水资源管理制度，2016年用水总量为12.31亿m³、万元工业增加值用水量为13.82m³、水功能区水质达标率79%、农田灌溉水有效利用系数为0.603，达到了预期目标，实现了以"三条红线"管理倒逼产业结构调整的目标；建成了6处国家水利风景区、19处省级水利风景区等涉水景观带，人民群众得到亲水、近水的实惠，生态环境和社会经济效益显著，城市环境面貌和生态水平显著提升。

试点建设过程中，徐州在河湖水系连通及综合治理、矿井水等非常规水资源利用、矿坑塌陷地和地下水超采综合治理、水污染治理与水生态修复、水利风景区建设与水文化发展，以及水生态文明建设的推进机制、融资模式等方面作出了富有成效的有益探索。将"水更清"行动计划纳入全市"水更清、天更蓝、地更绿、路更畅、城更靓"五大行动计划，水生态文明建设与城市建设一体化推进，建设成果融入百姓生活。

通过国家水生态文明城市建设试点，徐州城市品位大幅提升；打造富有浓郁地方特色的水景观和汉风乐舞山水彭城的水文化体系，水文化遗产得到了良好传承与保护；在推动徐州生态环境由灰变绿的同时，也带动了经济总量由小变大、产业结构由老变新、经济实力由弱变强，使徐州经济社会迈上了生态绿色发展之路。

徐州以国家生态园林城市和水生态文明城市为特色的城市生态文明建设率先起到全国的示范作用，生态文明城市建设有力促进城市绿色转型。

7.3.1.3 新发展理念和制度建设，全面引领与保障城市绿色转型

创新、协调、绿色、开放、共享新发展理念和制度建设，全面引领与保障城市绿色转型。

1）将制度创新、科技创新、文化创新等全面创新作为促进城市转型升级，推动"五

大建设"的第一动力。

2）实施协调发展战略，不断增强发展的整体性，在协调发展中拓宽发展空间。以城乡协调发展破解城乡二元结构，统筹城乡一体化发展，健全农村基础设施建设，推动城镇公共服务向农村延伸；以协调发展构建区域协调发展新格局，促进经济要素、社会要素有序自由流动，推动基本公共服务均等化，资源环境与经济社会发展的协调化；以协调发展促进物质文明与精神文明同步发展。

3）坚持绿色发展，将生态文明理念融入经济、政治、文化、社会建设各领域，形成绿色化的生产方式、生活方式和价值取向，成为破解资源环境瓶颈制约，推动人与自然和谐发展的根本途径。坚持"可持续发展"理念，将建设"宜居城市"与"可持续发展"高度地契合在一起。

4）坚持开放发展，实施开放战略，"一带一路"建设将徐州的经济发展融入中国与世界经济发展的大格局、大趋势中。

5）坚持共享发展理念，全面树立以人的发展为中心、人民群众是城市主体的观念，发展的目的就是为了满足人民群众日益增长的物质和精神文化需求。

7.3.2　生态修复与城市修补促进中心城市绿色转型

徐州市人民政府印发《关于开展"城市双修"试点城市工作实施方案》，从 10 个系统落实"城市双修"的工作重点和核心策略，构建起强有力的工作机制。强化规划引领，注重系统化推进，从多个规划层面全面融入"城市双修"理念，以整体性、系统化、可操作性强的规划统筹引导，切实践行绿色发展理念，大力度开展生态修复和城市修补，促进徐州生态环境和城市面貌发生了巨大变化，成功实现了由"一城煤灰半城土"向"一城青山半城湖"的精彩转变。先后成功创建了国家环保模范城市、国家森林城市、国家卫生城市、国家生态园林城市，2016 年以优异成绩荣膺中国人居环境奖。

2017 年，徐州被批准成为全国第三批生态修复城市修补试点城市，以云龙湖珠山景区公园、金龙湖宕口公园、潘安湖湿地公园、户部山历史街区等为代表的"城市双修"取得显著成效，徐州市围绕建设名副其实的淮海经济区中心城市的目标，把"城市双修"作为重塑徐州生态环境、补齐城市功能短板、打造淮海经济区中心城市的重要抓手，作为提高公共服务水平、增强群众幸福感、打造宜居宜业现代化城市的重要突破口，致力转变城市发展方式、提升城市治理能力，探索走出资源型城市绿色发展和谐发展的新路子。2018 年，联合国人居奖，徐州市成为全球唯一获奖的城市。

按照中心城市的标准，高层次开展城市修补，不断提升城市功能品质风貌。加大基础设施提升、老城区改造、功能性项目建设力度，着力打造活力城市、宜居城市、精品城市。

（1）坚持棚户区改造和老旧小区整治并进，加快改变城市面貌

把棚户区改造作为推进民生改善、产业接续和城市转型的重要抓手，科学规划、统筹安排，攻坚克难、稳步推进，创了了棚户区改造的"徐州模式"。主城区启动实施棚户区改造项目 300 余个、3790 万 m^2，提供定销安置房 1277 万 m^2，棚改安置货币化率达 60%，解决了近 20 万户棚户区家庭居住问题。大力度开展老旧小区整治。针对市区基础设施薄弱、市容环境差、治安案件易发的无物业老旧小区，重点从道路环卫设施改造、公共服务设施完善、技防安防消防管理提升等方面进行综合整治，主城区 62 万群众的居住环境得

到显著改善。大力度推进违建治理。全力开展违法建设治理，在有效遏制新增违法建设的同时，有计划地拆除存量违法建筑 500 余万平方米。坚持科技治违，利用无人机等手段建立"天上看、地上查、网上管、视频探"立体监控网，形成由被动处置转变为源头治理、由专项监管转变为联合管理的徐州违建治理模式。

（2）补齐中心城市公共设施短板和提升中心城市综合功能并举，切实增强中心城市公共服务能力

大力完善城市给水、燃气、供热、通信、电力等基础设施，加大污水处理设施、环卫基础设施建设力度，积极推进城市防洪、排水及综合管廊建设，突出抓好投资 86.5 亿元的城乡供水一体化工程。实施城建重点工程，构建了更加安全高效的市政基础设施网络体系。致力改善公共出行条件。有序实施道路建设和道路修补，完善城区路网体系，规划建设城区快速路 210km，新建改造主次干道 128 条、204.3km，道路完好率达 98.2%。大力实施公交优先战略，加快构建以轨道交通为骨架、常规公交为主体、出租车为补充、公共自行车和慢行交通为延伸的"四位一体"公共交通体系，市区公交覆盖率 95% 以上。致力提高公共服务功能，统筹规划建设医疗卫生、教育、文化、体育、养老和农贸市场、街坊中心等城市公共服务设施，切实满足市民衣食住行、生老病养等民生需求，全面增强城市服务能力。

（3）塑造现代风貌和传承历史文化并行，着力提升城市魅力品位

在弘扬城市文化特色上，立足彰显楚韵汉风、南秀北雄的城市特质，编制完成历史文化名城保护、户部山历史文化街区保护、老徐州历史文化片区、近现代优秀建筑保护等规划，加强对名城整体历史文化风貌、重点历史地段和文物保护单位的保护，打造回龙窝街区、云龙书院、山西会馆、张山人故居、汉文化景区等文化精品工程，确保徐州历史风貌得以延续、文化底蕴得以传承，努力建设有地域特色、有时代特征、有个性魅力，看得见历史、读得出文化、记得住乡愁的魅力徐州。

（4）为"城市双修"长效化推进提供制度保障

徐州在江苏省率先出台《重要生态功能保护区规划》，划分了城市发展生态功能区、水源保护涵养生态功能区等 5 类生态功能区；立足构建"两轴、两湖、多片区、多点"组成的生态空间结构形态，先后划定了城市蓝线、山林红线和城市绿线，编制市区绿地系统、清风廊道、海绵城市等规划，以此重塑生态格局、修复生态环境、保护山水特色、提高城市品质。强化项目支撑，坚持长效化推进，梳理找出生态问题突出、亟须修复的区域，在年度城建重点工程计划中单独设立"双修惠民工程"板块，通过具体工程来保障"城市双修"落地实施；通过市级投资、区级投资、专项资金、市企融资、社会投资等多种渠道积极筹措资金，确保各项工程有力有序实施。与此同时，制定一系列地方性法规、规章和管理规定，将"城市双修"纳入生态文明考核体系，为"城市双修"长效化推进提供制度保障。

7.3.3 中心商圈为代表的中心城市辐射带动的城市绿色转型

徐州全力打造区域性现代服务业高地，以中心商圈为代表的中心城市辐射带动城市绿色转型。发挥交通区位优势，积极构建现代物流、现代金融、科技服务等"333"现代服务业新体系，大力发展楼宇经济，不断优化平台经济布局，加快推进现代服务业集聚区建

设，全市现代服务业重点集聚区发展的重要发力点，2014 年，实现产值近 3000 亿元。

徐州重点打造了以国家级经济技术开发区、高铁生态商务区、亿吨大港作业区等为主的"六大物流园区"，以徐州观音机场为代表的"三大物流基地"，以铜山、贾汪为代表的"四大物流中心"，初步形成了以制造业物流为龙头，城乡配送物流、铁路物流、航空物流、港口物流、城市保障物流为配套的现代物流产业体系。

徐州各类物流实现的总价值已超过 500 亿 tkm，位居淮海经济区榜首。徐州市提出打造中心商圈为代表的现代商贸设施，建成淮海经济区规模最大、层次最高、辐射带动作用最强的现代商圈和新城区、高铁生态商务区等城市副中心。"市中心商圈"已形成淮海经济区规模最大、门类最全、档次最高的"商贸中心圈"，辐射半径达 200km，可覆盖苏鲁豫皖 10 多个城市，外来消费者消费量占中心商圈总量的 30% 以上。

推动生活性服务业高端化、品质化、多元化发展，并正积极打造信息消费、旅游消费、文化消费、健康消费、养老消费、时尚消费等新的增长点，通过繁荣城区经济，强化中心城市的集聚力和辐射带动力。

7.4　煤炭资源枯竭城市的生态转型及生态体系建设分析

生态转型是社会、经济、环境及制度等向符合生态学原理发展的模式转变。本节侧重城市化区域环境及制度的生态转型。主要内容包括绿色发展生态修复及环境治理生态转型、废弃矿区生态修复统筹用地城市化区域生态转型实效实证分析、生态优势转换生态转型发展优势分析，以及生态转型的区域生态资源保护与共享分析。

7.4.1　绿色发展生态修复及环境治理生态转型

7.4.1.1　绿色发展的城市生态转型

徐州煤炭资源型城市有 130 多年的煤炭开采史，曾被列入全国 113 个大气污染防治重点城市之一，以原煤为主的能源结构给徐州生态带来严重损害，长期采煤、采石，留下 23333hm² 采煤塌陷地，以及工矿废弃地和破损山体。沉重的生态包袱，徐州负重前行，坚持绿色发展、生态园林建设、生态修复、环境治理，徐州走出一条资源枯竭型城市绿色发展生态转型发展之路，徐州煤炭资源型城市生态转型之路，是审视历史与直面现实之后的抉择，也是政府引导与民众需求前推后助共同作用的结果。

徐州以"绿水青山就是金山银山"的发展理念，准确把握绿色发展生态转型及生态建设环境治理与城市经济社会发展之间的辩证关系，坚持绿色发展生态转型，从一座雄浑厚重的老工业城市，转变为宛如江南的秀美城市。生态环境实现脱胎换骨的变化。徐州绿色发展生态转型同时包含在绿色接续产业多元化转型，以及从工业文明到生态文明的城市绿色转型中。

7.4.1.2　生态修复和绿化造林持续推进绿色生态转型

坚持不懈地抓好生态修复和绿化造林。徐州因采煤采矿采石造成的煤矿塌陷地、工矿废弃地、采石宕口面积巨大，仅煤矿塌陷地就有 23333hm²。徐州市通过开展一系列生态再造项目，努力变废为宝，实现资源再发掘再利用，将"生态包袱"变为"绿色资源"，从"一城煤灰半城土"走向"一城青山半城湖"。

历史上的徐州屡遭战乱，加之黄河夺泗侵淮等毁灭性自然灾害，以及长期的资源开采活动，致使自然植被遭到严重破坏。据记载，截至1948年年底，全市仅云龙山存有约20hm²绿地。徐州四周环山，山体多为石灰岩，无土缺水，绿化难度极大，在20世纪50～60年代植树造林的基础上，徐州2007—2009年、2010—2014年，先后两次组织实施了"进军荒山"行动计划。累计投入资金10亿余元，高标准完成荒山绿化8533hm²，栽植各类苗木1400余万株，为400余座荒石山披上了绿装，实现全市荒山绿化全覆盖，被《人民日报》誉为开创了"石头缝里绣出绿色森林"的成功范例。与此同时，组织开展平原绿化工程，精心实施"点、环、带"生态屏障，重点抓好农田林网、水系林网、道路林网"三网"建设和成片造林。全市生态公益林面积达到17余万公顷，农田林网控制率达97%以上。全市林木覆盖率由2005年的24.9%提高到2018年的30%，连续多年稳居江苏省第一位。

7.4.1.3 标本兼治推进生态转型

（1）生态园林城市建设推进生态转型

徐州牢固树立绿水青山就是金山银山的发展理念，持续实施生态恢复、污染治理与景观重建，重构极富特色的山水城市骨架，依托山水资源优势，建设山水园林城市和国家生态园林城市建设生态转型。

（2）生态修复推进生态转型

1）大力实施采煤塌陷地治理推进生态转型

本着"宜水则水、宜田则田、宜农则农、宜林则林"的原则，先后对近6667hm²采煤塌陷地实施生态修复，使各类塌陷区变成耕地和涵养生态功能区。共完成采煤塌陷地复垦置换项目43个，整理耕地2987hm²，置换建设用地指标1940hm²。贾汪区的嬗变成为徐州生态转型的样本，徐州塌陷地面积的1/3在贾汪区，"天灰、地陷、房裂、水黑、山秃"的采煤塌陷地过往历史触目惊心，贾汪区将采煤塌陷地治理作为生态修复的突破口，先后实施了潘安湖、小南湖、月亮湖等塌陷地治理工程，累计实施采煤塌陷地治理项目82个、治理面积4613hm²，百年煤城蝶变江南水乡。贾汪区坚持走"生态＋"发展新路子，推动生态经济化、经济生态化，潘安湖采煤沉陷区综合治理成效更得到总书记充分肯定。

2）深入开展工矿废弃地复垦和采石宕口治理推进生态转型

积极争取国家工矿废弃地复垦利用试点，全市累计实施复垦治理总规模2260hm²，置换建设用地指标2060hm²，如期实现了"推进矿地和谐，再现青山绿水"的既定目标。采用生态绿化、岩壁造景、历史遗存保护等手法，对主城区43处253hm²采石宕口实施修复，盘活利用矿山废弃土地3866hm²，生态恢复率达82.4%，实现了"推进矿地和谐，再现青山绿水"的目标。其中，珠山宕口遗址公园成为全国首个宕口遗址公园，金龙湖宕口公园被国土部誉为废弃矿山治理的典范之作。

（3）河湖景区建设与防洪结合标本兼治推进生态转型

靓丽秀美、风景宜人的云龙湖，三面青山，叠翠连绵，宛如镶嵌在徐州市中心的一块绿色宝石。13km²的核心景区，一湖波光，尽收眼底。过去的云龙湖，是一片地势高于城区的沼泽洼地，汛期山洪暴发，积水就会倒灌徐州城。20世纪80年代，徐州开始了云龙湖风景区建设，不断完善景区生态系统，加强景区生态环境建设，最终实现了"山水灵秀地、最美城中湖"；还有大龙湖、金龙湖、九里湖、潘安湖，也都湖湖漾绿；大运河徐州段、故黄河、奎河全面治理，也都面貌一新。生态为民、生态惠民，民众的获得感、幸福感、自豪感与日俱增。

7.4.2　废弃矿区生态修复统筹用地城市化区域生态转型实效实证分析

资源型城市资源枯竭矿山关闭后遗存的废弃矿区，特别是在城市化区域与城乡接合部的废弃矿区，普遍存在着严重影响城市化进程与城市可持续发展的两大难题：一是废弃矿区矿山地质灾害加剧，如何消除对其周边的人们生活与经济发展存在的安全威胁问题；二是废弃矿山周边土地资源再利用及其价值评估问题。通过生态修复统筹用地，实现资源再利用的同时，促进生态转型可持续发展。

本节是作者在多次实地调研基础上，对废弃矿区生态修复促进城市化区域生态转型实效的实证研究分析。以徐州城市建成区的代表性废弃矿区为例，基于生态修复前后土地覆盖时空变化及生态脆弱性分析，城市化区域统筹生态修复土地再利用，量化评估了研究区采石采矿宕口和采煤塌陷两类废弃矿区生态修复的资源再利用的建设用地价值，前者以废弃矿山的生态脆弱性评价、安全与环境优化为基础，后者以原不可作建设用地的土地复垦与地基工程处理，消除作建设用地的地基沉降隐患为支撑。

同时，废弃矿区生态修复统筹土地资源再利用生态转型实效分析，除研究区生态系统服务价值提升外，还应包括城市化区域、城市郊区采煤塌陷区生态修复形成的湿地特色资源，其在很大程度上提升了城市生态服务功能与服务价值，并且也包括相关城市湿地景观与城市生态旅游价值等重要方面（见本节的 7.4.2.5 实证分析结论与讨论，以及 7.6.2 生态系统为主导的城市空间形态与生态格局及综合功能更新模式的 7.6.2.1 生态修复变生态包袱为发展资源，促进城市景观更新）。

7.4.2.1　研究区及其废弃矿区概况

研究区为徐州市行政区的 2013 年建成区，共 253km²，其中市区泉山区、云龙、鼓楼区、铜山区的建成区 227.9km²，郊区贾汪区的建成区 25.1km²。

研究区内宕口废弃矿区 2005 年在市区建成面积 193.61hm²，2015 年 34hm²，贾汪建成区宕口废弃矿区 1 处，2005 年面积 13.72hm²，2015 年，12.91hm²；研究区内采煤塌陷区集中在贾汪建成区，共有采煤塌陷区 3 处，总面积 442hm²，研究区附近还有颇有影响力的九里湖、潘安湖采煤塌陷湿地生态修复，包括贾汪建成区的南湖共 1.34 万 hm²（图 7-1）。

本研究区的东珠山位于城市化区域，是徐州经济开发区 CBD 高铁国际商务区的第一山，海拔 140m。作为代表性废弃矿区。东珠山采石采矿宕口生态修复与景观重建的特点和要求，在徐州及其他矿业城市的宕口废弃矿区中颇具代表性，因采石采矿形成众多宕口，山体遭到严重破坏、岩体破碎、危崖累累、满目苍夷，宕口采空区地表裸露、粉尘污染严重，周边用地安全与环境综合治理迫在眉睫。其生态复绿、防灾避险与景观再造，使整个山体区域的生态环境变废为景，"青山秀水"成为徐州高铁商务区的名片，推动了区域资源的协调和可持续利用，东珠山生态修复成为城市废弃矿山治理的典范。

塌陷地通过复垦与地基工程处理等生态修复，使其转变为建设用地是采煤塌陷区土地修复利用的一种主要类型。贾汪城区永业嘉苑小区是这一类型的典型代表，所在 16.78hm²塌陷区，2005 年主要是耕地（12.5hm²）和坑塘（3.7hm²），此外是少量的村落。生态修复后原本的耕地和坑塘转为居住用地（14.98hm²）、有林地（小区附属绿地，0.25hm²）和道路交通用地（1.55hm²）。

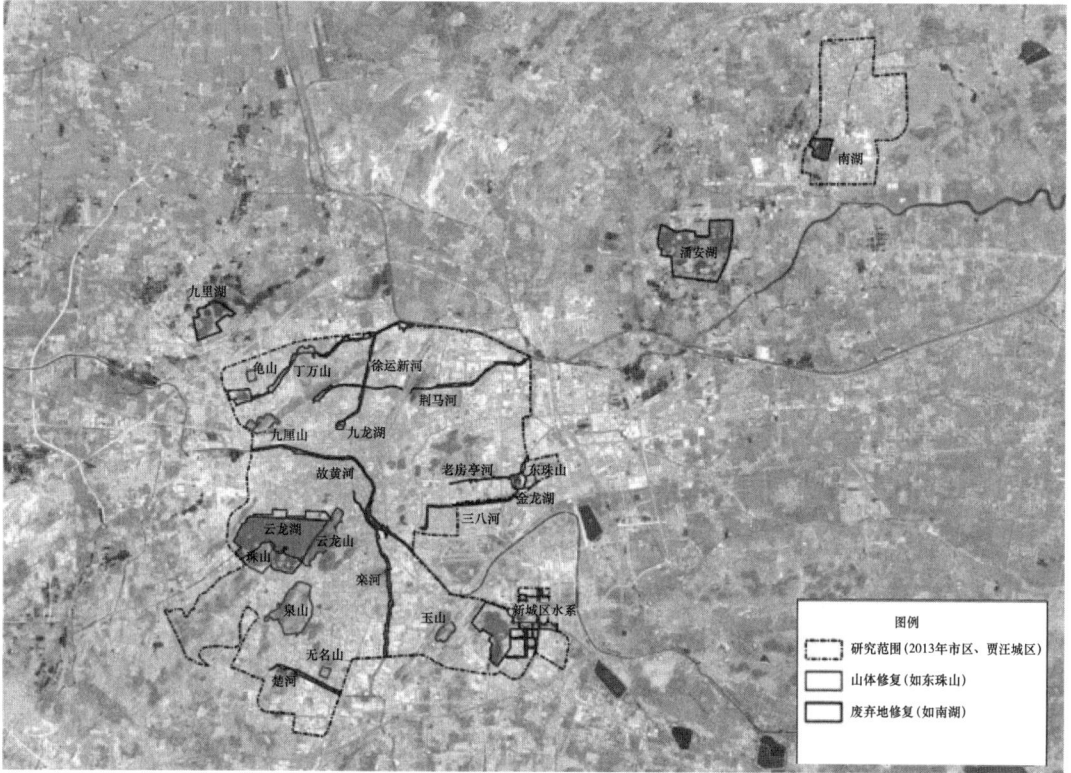

图 7-1　研究区及近邻废弃矿区生态修复点空间分布

7.4.2.2　数据来源与实效实证分析方法

（1）数据与来源

以 2005 年、2015 年遥感影像作为研究的基础数据，2005 年 5 月 QuickBird 数据，全色分辨率 0.61m，2015 年 5 月日高分二号数据，全色分辨率 0.8m，数字化统计以精确度检验后的遥感解译为主，地面勘查为辅。

1）宕口废弃矿区生态修复转化的各类土地空间分布与建设用地研究数据

根据地物要素特征对宕口空间进行识别和提取，遥感解译识别出 2005 年和 2015 年东珠山，即研究区主要采石采矿宕口废弃矿区生态修复总面积为 161.17hm²（除贾汪区建成区有 0.72hm² 宕口转为坑塘外，全部在市区建成区），其中修复为城市建设用地（不含绿地）的面积为 52.56hm²。

2005—2015 年，研究区东珠山宕口废弃矿区生态修复转化增加的建设用地如表 7-3 所示。

2005—2015 年研究区东珠山宕口废弃矿区生态修复转化增加的建设用地　表 7-3

用地类型	面积（hm²）	占比（%）
居住用地	24.58	46.68
交通用地	3.45	6.55

用地类型	面积（hm²）	占比（%）
工业用地	0.49	0.93
公共设施用地	24.04	45.65
合计	52.56	100

2）采煤塌陷区生态修复转化的各类土地空间分布与建设用地研究数据

采煤塌陷区是指采煤塌陷影响范围的边界线划定区域。根据徐州市提供的采煤塌陷区边界矢量图和遥感解译，2005 年、2015 年贾汪建成区内采煤塌陷区边界内土地利用状况如图 7-2、图 7-3 所示，2005—2015 年贾汪建成区内采煤塌陷区生态修复前后建设用地变化如表 7-4 所示。

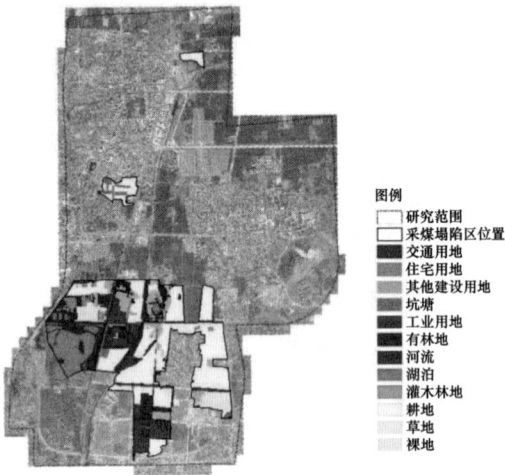

图 7-2　2005 年贾汪建成区采煤塌陷区边界内
土地利用状况

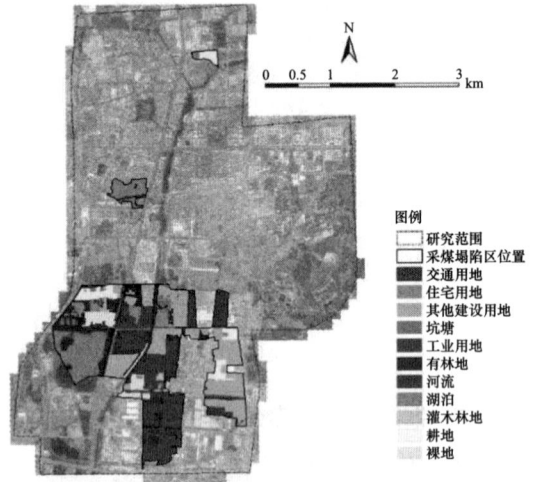

图 7-3　2015 年贾汪建成区采煤塌陷区边界内
土地利用状况

注：图中其他建设用地为公共设施用地。

2005—2015 年贾汪建成区内采煤塌陷区生态修复前后建设用地变化　　　表 7-4

用地类型	2005 年		2015 年	
	原土地面积（hm²）	占比（%）	新利用土地面积（hm²）	占比（%）
交通用地	13.89	15.11	15.57	5.85
住宅用地	9.89	10.76	32.52	12.22
工业用地	34.67	37.72	119.02	44.72
公共设施用地	33.46	36.41	99.03	37.21
合计	91.91	100	266.15	100

3）2015 年研究区废弃矿区生态修复转化的其他类型土地覆盖数据

根据遥感解译相关统计 2005 年、2015 年研究区废弃矿区生态修复转化的其他类型土地利用状况如表 7-5、表 7-6 所示,其中 2005 年为采煤塌陷区数据,2015 年包括宕口废弃矿区和采煤塌陷区数据。

2005 年研究区内废弃矿区其他类型土地覆盖 　　　　　表 7-5

用地类型	土地面积(hm²)	占比(%)
有林地	86.37	24.66
灌木林地	5.75	1.64
草地	0.97	0.28
耕地	179.98	51.38
河湖水系	52.70	15.05
裸地	24.49	6.99
合计	350.26	100

2015 年研究区内废弃矿区生态修复其他类型土地覆盖状况 　　表 7-6

用地类型	土地面积(hm²)	占比(%)
有林地	122.86	44.14
灌木林地	39.14	14.06
草地	0.35	0.13
耕地	25.37	9.11
河湖水系	53.82	19.34
裸地	36.81	13.22
合计	278.35	100

4)各类土地出让价格或土地基准价格数据

各类土地出让价格或土地基准价格数据依据徐州自然资源和规划局资料,地价指数取自中国地价监测网官方网站。由于建设用地的地价变化相近,采用工业用地的地价指数代表。

(2)生态脆弱性与矿区防灾安全保险价值评估方法

1)防灾安全保险价值评估及理论依据

城市生态系统的保险价值是指城市生态系统抵御饥荒、洪涝,以及热浪等灾害能力的价值(Gomez et al.,2013),保险价值评估法是城市生态系统社会效益评价方法之一(Stefan et al.,2014),依据资源价值评估理论,地质灾害防灾避险安全的社会效益可采用保险价值替代方法量化评估,而生态脆弱性评估是其应用依据。

2)代表性废弃矿山的生态脆弱性评估方法

宕口灾害隐患分析是废弃矿区用地安全评估的基础(Kaffashi et al.,2012),从灾害学的观点看脆弱性是一种使人或地区陷入危险的暴露状况[118]。废弃矿区生态脆弱度指数(Ecological Frangibility Index,EFI)反映废弃矿区生态脆弱程度。生态敏感度指数(Ecologica lSensitivity Index,ESI)、生态弹性度指数(Ecological Elasticity Index,EEI)

153

和生态压力度指数（Ecological Pressure Index，EPI）是生态脆弱性评价的 3 个基本判定指标，并按式（7-1）分别计算，进而计算生态脆弱度指数 EFI。

$$I = \sum_{i=1}^{j} B_i W_i \tag{7-1}$$

式中　I——指数值；

　　B_i——指标指数标准值；

　　W_i——指标权重；

　　j——指标个数，个。

对于 EFI 而言，ESI 和 EPI 属于正向指标，即 ESI 和 EPI 越大，EFI 越大；而 EEI 则属于逆向指标，即 EEI 越大，EFI 越小。因此要对 ESI，EEI，EPI 进行标准化。

以研究区东珠山废弃矿区为例（图 7-4），在分析脆弱生态环境成因的基础上，选择引起生态脆弱性的敏感因子，构建评价指标体系；从生态敏感度、生态恢复力及生态压力三方面和以下三个层次进行综合分析和定量评估。其中，目标层由生态敏感度指数、生态恢复力指数和生态压力度指数组成；准则层，其生态敏感度指数集中体现在山体水土流失、山体石漠化、山体地质灾害的敏感度，生态恢复力指数分析含生态可恢复力和恢复活力两个方面，生态压力度指数由易发灾害压力、受灾损失压力、生态环境破坏压力的指数组成；指标层，由按准则层组成指数分别对应的评价指标组成。

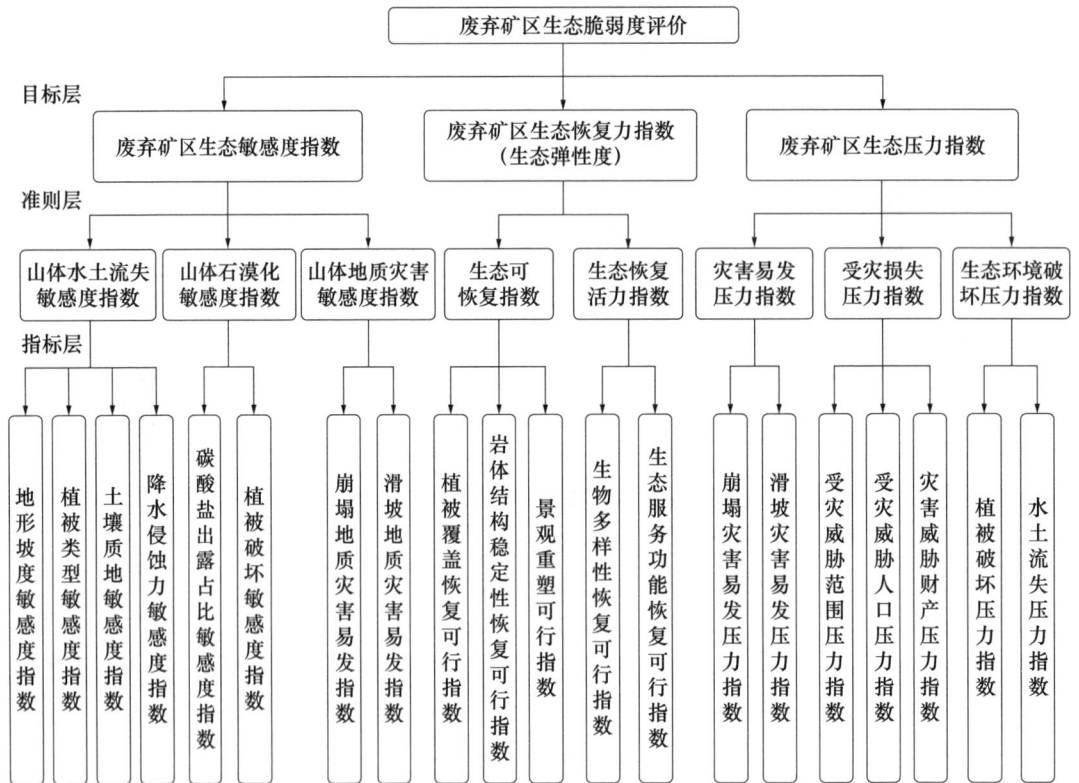

图 7-4　东珠山废弃矿区生态环境脆弱性评价指标体系框架

分析评价各因素对生态环境的影响程度，按作用大小，分级赋值；利用 GIS 对数据进行预处理和标准化处理；运用层次分析法确定指标权重，根据废弃矿山生态脆弱性评价总目标，按照评价指数间的相互关联影响和上下分层隶属关系，以及按废弃矿区生态环境脆弱性评价指标体系框架、不同层次聚集组合评价指数、多层次分析结构模型，确定各因子权重，分层确定低层相对于高层的重要权值。得出的代表性废弃矿山（东珠山）不同层次指标与权重如表7-7所示。

东珠山废弃矿区生态脆弱性评价体系的不同层次指标与权重 表 7-7

目标层		准则层		指标层	
指标	权重	指标	权重	指标	权重
生态脆弱度		山体水土流失敏感度指数	0.6	地形坡度敏感度指数	0.4
				植被类型敏感度指数	0.3
生态敏感度指数	0.5			土壤质地敏感度指数	0.1
				降水侵蚀力敏感度指数	0.2
		山体石漠化敏感度指数	0.3	碳酸盐出露地表占比敏感度指数	0.6
				植被破坏敏感度指数	0.4
		山体地质灾害敏感度指数	0.1	崩塌、滑坡等灾害易发度	1
生态恢复力指数	0.25	生态可恢复指数	0.7	植被覆盖恢复可行指数	0.4
				岩体结构稳定性恢复可行指数	0.4
				景观重塑可行指数	0.2
		生态恢复活力指数	0.3	生物多样性恢复可行指数	0.5
				生态系统服务功能恢复可行指数	0.5
生态压力度指数	0.25	易发灾害压力指数	0.4	崩塌、滑坡等灾害易发压力指数	1
		受灾损失压力指数	0.3	受灾威胁范围、人口、财产压力指数	1
		生态环境破坏压力指数	0.3	植被破坏、水土流失压力指数	1

在相关调查研究和GIS支持下对废弃矿山生态环境脆弱度进行评价，指标标准化方法采用极差标准化和专家级分法2种，其中，陡坡垦殖率指标采用极差标准化，地形坡度、植被类型、土壤质地、降水侵蚀力、碳酸盐出露地表比例、地质灾害易发率、植被盖度、生物潜在生产力和土壤有机质等采用专家级分法，标准化后的指标值为0～1。一般将生态脆弱度从高到低划分为5级：0.81～1.00为极度脆弱；0.61～0.80为高度脆弱；0.41～0.60为中度脆弱；0.21～0.40为低度脆弱；0～0.20为一般脆弱[119]。

（3）废弃矿区生态修复建设用地价值与其他用地生态系统服务价值的评估方法

1）生态修复建设用地价值评估方法

研究区内废弃矿区生态修复建设用地价值评估包括宕口废弃矿区和采煤塌陷区两个部分。前一部分集中在市区建成区，分析生态修复后新建设用地地产开发的土地价值；后一部分集中在郊区贾汪建成区，分析2005—2015年生态修复后建设用地的土地增值变化。

建设用地价值评估采用市场价格法和影子工程法，基于生态修复土地覆盖时空演化与环境优化分析的各类城市建设用地增值评估，采用直接市场法和基准地价系数修正法按式（7-2）、式（7-3）计算生态修复后建设用地增长值，建设用地的土地价值需经地价指数平减。

$$LV_{X_b} = \sum_{i=1}^{n} P_{X_{it}} A_{X_i} \frac{I_{X_b}}{I_{X_t}} \tag{7-2}$$

$$LV_{total} = \sum_{x=1}^{m} LV_{X_b} \tag{7-3}$$

以上两式中　LV_{X_b}——第 x 类建设用地折算成 b 年份的价值，万元；

$\quad\quad\quad\quad x$——建设用地类别（指居住用地、工业用地、交通用地、公共设施用地）；

$\quad\quad\quad\quad t$——土地价值评估年份（用地地块的土地出让年份代替）；

$\quad\quad\quad\quad A_{X_i}$——第 i 个地块的面积，hm^2；

$\quad\quad\quad\quad P_{X_{it}}$——第 t 年份的第 x 类建设用地的出让价格或土地基准价格，元 $/m^2$；

$\quad\quad\quad\quad I_{X_b}$——第 x 类建设用地折算成 b 年份的地价指数；

$\quad\quad\quad\quad I_{X_t}$——第 x 类建设用地第 t 年的地价指数；

$\quad\quad\quad\quad LV_{total}$——折算成年份 b 的建设用地总价值，万元；

$\quad\quad\quad\quad b$——2015 年；

$\quad\quad\quad\quad n$——第 x 类建设用地的地块数，块；

$\quad\quad\quad\quad m$——土地类别数。

2）废弃矿区生态修复的其他用地生态系统服务价值评估方法

采用当量评估的改进方法，比较评估生态修复前后废弃矿区其他用地的生态系统服务价值。谢高地等人[120]提出将单位面积农田生态系统粮食生产的净利润作为 1 个标准当量因子的生态系统服务价值量，计算全国单位面积农田生态系统粮食生产的净利润，得出 2010 年 1 个标准当量因子的生态系统服务价值量为 3406.56 元 /（hm^2·年）。本书在此基础上，分析研究不同地域的城市基准当量计算与方法改进。提出单位面积平均粮食产量是单位面积农田生态系统粮食生产的净利润的主要影响因子，地域基准当量可依据全国农田生态系统当量基准及评估所在地域与全国的粮食结构推算的单位面积平均粮食产量之比调整确定，以符合粮食生产的净利润按自然过程的变化规律的要求。生态系统服务价值按式（7-4）、式（7-5）计算：

$$ESV = \sum A_k \times VC_k \tag{7-4}$$

$$ESV_f = \sum A_k \times VC_{kf} \tag{7-5}$$

以上两式中　ESV——生态系统基础服务价值，元 / 年；

$\quad\quad\quad\quad A_k$——研究区第 k 种土地利用类型分布面积，hm^2；

$\quad\quad\quad\quad VC_k$——第 k 种土地利用类型单位面积生态系统服务价值，元 /（hm^2·年）；

$\quad\quad\quad\quad ESV_f$——生态系统单项服务功能基础价值，元 / 年；

$\quad\quad\quad\quad VC_{kf}$——生态系统单项服务功能价值系数，元 /（$hm^2$·年）；

$\quad\quad\quad\quad k$——土地利用类型；

$\quad\quad\quad\quad f$——生态系统单项服务功能类型。

根据城市生态系统生态功能强度与生物量线性相关性[121]，单位面积生态系统服务价值按生物量因子相关的基准生态系统服务单价式（7-6）订正，以逐项评估：

$$P_{ij} = (b_j/B) P_i \tag{7-6}$$

式中　P_{ij}——订正后单位面积生态系统服务价值，元 /hm^2·年；

$\quad\quad\quad i = 1，2，\cdots\cdots，9$，分别代表气体调节、气候调节等不同类型的生态系统服务；

$\quad\quad\quad j = 1，2，\cdots\cdots，n$，分别代表不同生态资产类型；

P_i——不同生态系统服务价值基准单价，元 $/\text{hm}^2$；

b_j——研究区 j 类生态系统的生物量；

B——我国一级生态系统类型单位面积平均生物量。

实用中 b_j、B 可采用不同土地覆盖的植被面积（hm^2）等生物量线性相关因子代替。

7.4.2.3 安全保险价值评估结果与环境优化的价值效应分析

（1）生态脆弱性评价基础上的保险价值评估

东珠山废弃矿山治理前将近 90% 以上的断岩坡度大于 60°，根据现行国家标准《建筑边坡工程技术规范》GB 50330 边坡稳定性系数计算，90% 以上断岩的稳定性系数小于 1.30，岩石综合分类属 4 级不稳定，易发生人为岩质崩塌、人为岩质土质滑坡、泥石流等山地地质灾害，部分断岩上部更有地表水渗入加重重力侵蚀。

根据相关标准化指标赋值，按照式（7-1）计算出 ESI、EEI 和 EPI 分别为 0.875、0.31、0.83，最后得出：EFI = 0.875×0.5 + 0.31×0.25 + 0.83×0.25 = 0.72，属于高度脆弱区域。

评估分析得出建成区宕口废弃矿区生态环境多属高度脆弱区域，也有一部分中度脆弱区域。针对采矿采石留下的较多地质灾害隐患点的情况，将防灾避灾环境治理投入资金作为安全社会效益保险价值进行效益替代方法统计学意义的评价，根据地矿部门相关资料 2005—2017 年徐州市 5 个行政区采矿地质环境治理项目共投入 26.61 亿元资金，市区范围的废弃矿山宕口防灾避险的安全社会效益保险价值应为 26.61 亿元。

（2）山体生态恢复的资源价值效应分析

通过生态恢复工程以山体挂网喷播形式固坡，山体稳固得以恢复，同时成型后的植被覆盖有效地控制了水土流失，消除地质灾害隐患，使得东珠山废弃矿山宕口周边的徐州市经济开发区总部和生活区，作为城市重要地段的开发首先是安全得到了保障，同时，矿山公园等周边环境优化，使景观、旅游、休闲、文化价值效应得到最大发挥。

7.4.2.4 废弃矿区生态修复建设用地增值分析

（1）宕口废弃矿区生态修复的建设用地增值分析

通过叠加徐州土地出让价格、土地基准价格矢量图与宕口废弃矿区生态修复建设用地矢量图，按式（7-2）、式（7-3）计算得出，2005—2015 年研究区东珠山宕口废弃矿区生态修复用地安全、环境优化折算成 2015 年建设用地增长的土地总价值为 6.86 亿元，其中，住宅用地价值 4.66 亿元，工业用地价值 0.03 亿元，交通用地价值 0.28 亿元，公共设施用地价值 1.89 亿元（表 7-8）。

研究范围 2005—2015 年的东珠山宕口废弃矿区生态修复增加的建设用地价值　表 7-8

土地类型	地块面积（m^2）	折算成 2015 年的土地价值（万元）
居住用地	245789.08	46607.81
工业用地	4920.94	253.86
交通用地	34457.05	2775.24
公共设施用地	240396.47	18920.64
合计	525563.54	68557.55

废弃矿区隐患点多为原郊区村庄，住宅土地价格约 $200 \sim 300$ 元 $/\text{m}^2$，按当地原农村

平均住宅用地 56.82m²/人计算，得出 2005 年原住宅用地土地价值仅为 2187.57 万元，折算成 2015 年的价值为 4042.63 万元；由此计算得出，2005—2015 年生态修复后的研究区宕口废弃矿区折算成 2015 年建设用地的土地总价值增长为 6.46 亿元，其中，住宅用地价值增长 4.26 亿元，工业用地价值增长为 0.03 亿元，交通用地价值增长 0.28 亿元，公共设施用地价值增长 1.89 亿元。

（2）采煤塌陷区生态修复增加土地供应与建设用地增值分析

同样得出，通过生态修复提高土地安全性与可利用性，2005—2015 年贾汪建成区内采煤塌陷区边界内各类建设用地，折算成 2015 年的土地总价值为 15.09 亿元，其中，住宅用地 5.56 亿元、工业用地 2.34 亿元、交通用地 0.98 亿元、其他建设用地 6.21 亿元（表 7-9）。

2005—2015 年贾汪建成区内采煤塌陷区生态修复后的建设用地价值　　表 7-9

土地类型	地块面积（m²）	土地成交年的价值（万元）	折算成 2015 年的土地价值（万元）
居住用地	325210.93	49534.22	55570.65
工业用地	1190237.95	22614.52	23422.37
交通用地	155710.17	9342.61	9816.86
公共设施用地	990314.01	59418.84	62109.93
合计	2661473.06	140910.20	150919.81

生态修复前塌陷区土地安全性和可利用性低，2005 年土地价值评估按农村不同类不同级区分基准价评估，原建设用地的价值为 2.66 亿元，折算成 2015 年的土地价值为 3.77 亿元）（表 7-10）。

贾汪建成区内采煤塌陷区生态修复前 2005 年建设用地价值　　表 7-10

土地类型	地块面积（m²）	2005 年土地价值（万元）	折算成 2015 年的土地价值（万元）
居住用地	98900	2571.40	4757.09
工业用地	346700	5200.50	7124.69
交通用地	138900	5278.20	7231.10
公共设施用地	334600	13551.30	18565.28
合计	919100	26601.43	37678.16

由上得出，研究区 2005—2015 年，采煤塌陷区增加建设用地为 174.24hm²，2015 年增加的土地价值为 11.32 亿元，其中增加住宅用地 5.08 亿元，工业用地 1.63 亿元，交通用地 0.26 亿元，公共设施用地 4.35 亿元。

研究区采石采矿宕口生态修复和采煤塌陷区生态修复增加各类建设用地共 226.81hm²，折算成 2015 年的各类建设用地土地增长值为 17.78 亿元。

根据近年徐州市国土资源管理局发布的徐州市 6 类住宅基准地价，并采取加权平均，城区土地平均价格为 3114.53 元/m²，其与城区 6 类住宅的基准地价 1100 元/m² 之比为

2.83，根据徐州自然资源和规划局各类土地出让价格及价格指数归算的 2015 年居住用地的土地平均价格，宕口废弃矿区生态修复后的小区住宅地价为 2980 元 /m²，已接近城区土地平均价格 3114.53 元 /m²；采煤塌陷区生态修复后的小区住宅地价为 1920 元 /m²，与城区五类地价 2300 元 /m² 比相差不大。

（3）防灾避灾安全受惠人口与建设用地土地价格增值分析

防灾避灾安全社会效益是与地质隐患区域周边防灾避灾受惠人群直接相关的[122]，人与财产等相关影响因子中，人是最重要的。研究范围的废弃矿区 42 处宕口生态修复前地质灾害隐患区域农村居民点受威胁人数约 1540 人，因废弃矿山宕口及周边的生态修复，隐患区域变成安全区域，根据表 7-8，研究范围 2005—2015 年的东珠山宕口废弃矿区生态修复增加的建设用地价值，增加的居住用地面积为 24.58hm²，按平均容积率提高到 1.4 和相应人均住房标准，估算生态修复后 2015 年居住在相关安全区域的人口从生态修复前的1540 人增加到 12290 人，增长 6.98 倍。此外，采煤塌陷区生态修复后避免建筑地基下沉，结构破坏，安全也得到保障。

（4）废弃矿区生态修复前后的生态系统服务价值评估比较

根据中国农产品价格调查年鉴和徐州统计年鉴相关数据，将不同年份全国和徐州地域单位农田生态系统提供粮食作物平均产量的各参值，计算得出的徐州地域 2005 年、2015年的单位面积农田生态系统当量基准调整值分别为 3248.93 元 /（hm²·年）和 3481.00元 /（hm²·年），在谢高地等的中国陆地生态系统服务价值当量因子表的基础上作地域当量基准调整，并将权重因子表转换成生态系统服务价值表，得到本研究区 2005 年、2015年不同生态系统单位面积的基础生态系统服务价值（表 7-11、表 7-12）。

2005 年徐州地域单位面积生态系统服务价值表 ［元 /（hm²·年）］ 表 7-11

		森林			草地		农田		湿地	水域	荒漠
		针叶	阔叶	灌木	灌草丛	草甸	旱地	水田		河湖水系	裸地
供给服务	食物生产	714.76	942.19	617.30	1234.59	714.76	2761.59	4418.54	1656.95	2599.14	0
	原料生产	1689.44	2144.29	1397.04	1819.40	1072.15	1299.57	292.40	1624.47	747.25	0
	水资源供给	877.21	1104.64	714.76	1007.17	584.81	64.98	−8544.69	8414.73	26933.63	0
调节服务	气体调节	5523.18	7050.18	4580.99	6400.39	3703.78	2176.78	3606.31	6172.97	2501.68	64.98
	气候调节	16472.08	21118.05	13742.97	16926.93	9811.77	1169.61	1851.89	11696.15	7440.05	0
	净化环境	4840.91	6270.43	4158.63	5588.16	3248.93	324.89	552.32	11696.15	18031.56	324.89
	水文调节	10851.43	15399.93	10883.92	12410.91	7180.14	877.21	8837.09	78721.57	332170.60	97.47
支持服务	土壤保持	6692.80	8609.66	5588.16	7797.43	4516.01	3346.40	32.49	7505.03	3021.50	64.98
	维持养分循环	519.83	649.79	422.36	584.81	357.38	389.87	617.30	584.81	227.43	0
	生物多样性保护	6107.99	7829.92	5100.82	7082.67	4126.14	422.36	682.28	25569.08	8284.77	64.98
文化服务	美学景观	2664.12	3443.87	2241.76	3118.97	1819.40	194.94	292.40	15367.44	6140.48	32.49

2015 年徐州地域单位面积生态系统服务价值表〔元／(hm²·年)〕 表 7-12

		森林			草地		农田		湿地	水域	荒漠
		针叶	阔叶	灌木	灌草丛	草甸	旱地	水田		河湖水系	裸地
供给服务	食物生产	765.82	1009.49	661.39	1322.78	765.82	2958.85	4734.16	1775.31	2784.80	0
	原料生产	1810.12	2297.46	1496.83	1949.36	1148.73	1392.40	313.29	1740.50	800.63	0
	水资源供给	939.87	1183.54	765.82	1079.11	626.58	69.62	-9155.03	9015.79	28857.49	0
调节服务	气体调节	5917.70	7553.77	4908.21	6857.57	3968.34	2332.27	3863.91	6613.90	2680.37	69.62
	气候调节	17648.67	22626.50	14724.63	18136.01	10512.62	1253.16	1984.17	12531.60	7971.49	0.00
	净化环境	5186.69	6718.33	4455.68	5987.32	3481.00	348.10	591.77	12531.60	19319.55	348.10
	水文调节	11626.54	16499.94	11661.35	13297.42	7693.01	939.87	9468.32	84344.63	355897.44	104.43
支持服务	土壤保持	7170.86	9224.65	5987.32	8354.40	4838.59	3585.43	34.81	8041.11	3237.33	69.62
	维持养分循环	556.96	696.20	452.53	626.58	382.91	417.72	661.39	626.58	243.67	0
	生物多样性保护	6544.28	8389.21	5465.17	7588.58	4420.87	452.53	731.01	27395.47	8876.55	69.62
文化服务	美学景观	2854.42	3689.86	2401.89	3341.76	1949.36	208.86	313.29	16465.13	6579.09	34.81

依据作者[123]得出的 2005 年修正后单位面积不同类型生物量生态系统服务价值的 b_j/B 调整系数：森林 1.545，草地 0.178，河湖湿地 2.659，耕地 1.294；2015 年 b_j/B 调整系数：森林 2.373，草地 0.224，河湖湿地 2.714，耕地 0.114。由此得到 2005、2015 不同年度功能强度调整后不同分类生态系统服务价值（表 7-13、表 7-14）。

研究区内废弃矿区 2005 年功能强度调整后不同分类生态系统服务价值（万元） 表 7-13

生态系统分类		供给服务			调节服务				支持服务			文化服务	总计
一级分类	二级分类	食物生产	原料生产	水资源供给	气体调节	气候调节	净化环境	水文调节	土壤保持	维持养分循环	生物多样性	美学景观	
森林	针叶	2.76	6.53	3.40	21.38	63.75	18.74	42.00	25.90	2.01	23.64	10.32	220.43
	阔叶	8.92	20.31	10.47	66.79	200.07	59.41	145.90	81.57	6.15	74.18	32.63	706.40
	灌木	0.55	1.25	0.64	4.07	12.21	3.70	9.67	4.96	0.37	4.54	1.99	43.93
草地		0.02	0.03	0.02	0.11	0.29	0.10	0.21	0.13	0.01	0.12	0.05	1.10
农田		64.32	30.27	1.51	50.70	27.24	7.57	20.43	77.94	9.08	9.84	4.54	303.42
水域		36.42	10.47	377.42	35.06	104.26	252.67	4654.68	42.34	3.19	116.09	86.05	5718.65
裸地		0	0	0	0.16	0	0.80	0.24	0.16	0	0.16	0.08	1.59
合计		112.99	68.86	393.45	178.27	407.82	342.99	4873.13	233.00	20.81	228.56	135.65	6995.54

研究区内废弃矿区 2015 年功能强度调整后不同分类生态系统服务价值（万元） 表 7-14

生态系统分类		供给服务			调节服务				支持服务			文化服务	总计
一级分类	二级分类	食物生产	原料生产	水资源供给	气体调节	气候调节	净化环境	水文调节	土壤保持	维持养分循环	生物多样性	美学景观	
森林	针叶	10.20	24.10	12.51	78.78	234.95	69.05	154.78	95.46	7.41	87.12	38.00	812.36
	阔叶	15.99	36.40	18.75	119.67	358.45	106.43	261.39	146.14	11.03	132.90	58.46	1265.61
	灌木	6.14	13.90	7.11	45.59	136.76	41.38	108.31	55.61	4.20	50.76	22.31	492.08
草地		0.01	0.02	0.01	0.05	0.14	0.05	0.10	0.07	0.00	0.06	0.03	0.54
农田		0.86	0.40	0.02	0.67	0.36	0.10	0.27	1.04	0.12	0.13	0.06	4.04
水域		40.68	11.69	421.51	39.15	116.44	282.20	5198.50	47.29	3.56	129.66	96.10	6386.78
裸地		0	0	0	0.26	0	1.28	0.38	0.26	0	0.26	0.13	2.56
合计		73.87	86.51	459.92	284.17	847.10	500.49	5723.75	345.86	26.33	400.89	215.08	8963.97

由上得出，研究区内废弃矿区 2015 年功能强度调整后不同分类生态系统服务总价值为 8964 万元，比 2005 年基准评估价值 6996 万元增长 1.28 倍。其中的水域河湖水系及森林服务价值占比最高。

7.4.2.5 实证分析结论与讨论

（1）实证分析结论

1）矿产资源型城市工矿点存在着大量的地质灾害隐患，矿山及周边用地多被长期废弃，周边居民的生命财产受到严重威胁，废弃矿区通过生态修复消除地质灾害隐患，更新环境，实现资源再利用，对资源型城市生态转型绿色可持续发展具有长远历史意义与重要现实意义，本节实证评估分析表明废弃矿区生态修复是矿产资源型城市生态转型可持续发展的重要途径，在其城市化区域更为重要，成效更为显著。

2）实证评估分析表明生态修复防灾避险与环境优化，是废弃矿区与城市发展协调开发建设，以及周边商业与住宅地产增值的前提条件，也是提高城市生态系统服务价值与生态转型绿色可持续发展的必然选择；采煤塌陷区土地安全性和可利用性低，土地复垦与地基工程处理为主的生态修复是城市化区域采煤塌陷区消除建设地基沉降等安全隐患，增加增值建设用地，以及增加生态系统服务供给的必要条件和重要途径。本实证分析在拓展相关理论研究的同时，提出了生态复绿安全避险景观再造土地复垦基础上的资源再利用价值的评估方法，为矿产资源型城市废弃矿区生态修复价值评估，提供理论依据与实践借鉴。

3）实证评估分析表明徐州煤炭资源型城市废弃矿区生态修复统筹土地利用生态转型，在全国具有代表性、先进性；同时，生态修复资源再利用带来的土地供应的增加与增值，又反哺下一轮生态修复工程，成为持续生态修复的源动力。

（2）讨论与建议

1）城市化区域是城市的主要组成，以人为本，满足城市发展及人们对生态系统服务不断增长的需要是城市化区域废弃矿区生态修复规划的首要目标，应融入城市国土空间规划，统筹土地利用与开发建设，与城市总体发展、空间布局相协调，与满足人们对生态系统服务不断增长的需要相适应。

2）废弃矿区生态修复与矿山、塌陷区的土地资源再利用，也包括城市化区域塌陷区形成的湿地特色资源，遵循因地制宜的"宜建则建、宜田则田、宜林则林、宜水则水"原则，本节贾汪建成区内的采煤塌陷区，其生态修复特点除形成湿地特色资源水域外，主要转化为较多的建设用地和林地、山林地，这些因素对扩大城市建设用地和增加生态系统服务功能、服务价值，促进城市生态转型起重要作用，在 2015 年与 2005 年实证评估结果比较中得以充分体现。而邻近市区的九里湖、潘安湖采煤塌陷生态修复湿地与贾汪建成区内采煤塌陷的南湖形成的 1.34 万 hm^2 规模城市城郊湿地特色资源，对增强徐州城市生态系统服务功能以及旅游资源及开发利用，更起到独特重要作用。

3）学术界对矿产资源型城市生态修复实现资源再利用价值评估相关研究，侧重于分析生态系统服务供给的数量[124]与质量[125]，忽略了城市生态修复后生态系统服务供给与需求之间的关系[126]。本节突出服务供给与需求之间的关系，印证了通过生态修复盘活矿山废弃地，是矿业城市缓解建设用地紧张困惑、提高生态系统服务有效供给，也是促进相关城市化区域生态转型的必然选择。

7.4.3　生态优势转换生态转型发展优势分析

7.4.3.1　坚持生态作为生态转型高质量发展的根本依托和最大优势

徐州坚持把生态作为推动高质量发展的根本依托和最大优势。生态优势带来生态转型正转化为产业优势、富民优势、高质量发展优势。"生态＋工业"，推动徐州的冶金、煤化工、建材等传统制造业向产业链和价值链高端攀升，推动新兴产业，高科技产业发展；"生态＋旅游业"，使徐州的旅游经济持续较快增长，产业贡献不断提高，成为地区经济新的增长点；"生态＋服务业"，带动徐州的现代物流、金融服务、服务外包三大产业蓬勃兴起。

7.4.3.2　经济发展与生态转型环境保护的统一

"十二五"以来，徐州加快产业提档升级，有序淘汰落后产能，深化工业污染治理，对环保不达标的企业坚决予以淘汰、关闭、转产，主城区范围内全面淘汰燃煤锅炉。同时，加快发展生态旅游、生态农业，建设一批独具特色的风情小镇，实现生态转型经济发展与环境保护的统一。

"绿水青山就是金山银山。"鼓楼区依托龟山汉墓和探梅园，在整治一新的丁万河边建起龟山小镇；吕梁山度假区获批省级旅游度假区，悬水湖 4A 级景区，新增省四星级乡村旅游点 8 个，有倪园村全国"最美乡村"，铜山区旅游收入连攀新高；邳州市大力发展生态经济，实施"标准化＋"战略，推动银杏苗、树、果、叶、药、景的全产业链开发，走出了一条以高新技术为引领、产业链条为纽带、绿色经济为特色的生态转型产业发展新路子。

7.4.3.3　生态环境提升促进绿色产业生态产业打造与提升的生态转型

潘安湖生态环境的显著改善，也让一些大企业纷纷落地，带动周边土地价值提升了 10 倍。潘安湖景区打造成生态文化旅游小镇的同时，2017 年，徐州市依托潘安湖的生态资源，在这里规划建设了 $20km^2$ 的潘安湖科教创新区，4 所高校已经确定入驻，3 年内迎来 4 万名大学生。未来，潘安湖科教创新区还将引进各类高端研究机构与尖端人才，打造淮海经济区人才创新基地。

7.4.4　生态转型的区域生态资源保护与共享分析

7.4.4.1　区域生态体系建设与共治的共享生态资源优化

区域生态体系建设与共治符合生态环境的整体特性与整体优化规律，以及生态转型的生态一体建设要求。区域生态体系建设与共治的共享生态资源优化有助于城乡区域、城市都市圈区域，以及江河流域生态与生态转型一体化。

建设绿色生态徐州都市圈与海淮经济区，首先要强化一体意识，完善政府区域性协调机构，对都市圈经济区城市群生态转型发展相关的区域内重大项目、产业布局、生态环境建设等进行研究，制定促进共同发展的区域政策和措施。同时，实行区域生态体系建设与共治的共享生态资源优化，促进区域生态优势转换生态转型高质量发展优势。

区域生态环境保护要求共同维护、联合治理，建立统一的排放标准和管控措施，联合对跨界河流水污染进行防治，提高区域生态安全保障能力。同时，注重区域经济发展与生态建设环境保护生态转型联动，避免各自为政，实现生态资源共享和产业发展互补，大力发展绿色经济和循环经济融入江淮生态大走廊建设。

7.4.4.2　融入江淮生态大走廊的区域生态体系一体化建设与共治

江淮生态大走廊，是南水北调工程最重要的水源地和清水走廊，对保障沿线水域生态环境、促进南水北调水质稳定达标具有重大意义；建设江淮生态大走廊，是对接长江经济带、淮河生态经济带国家战略，探索流域可持续发展的重大实践；是沿线地区破解环境资源约束，实现生态转型、经济转型、社会发展的重要抓手；是保护世界文化遗产、彰显运河文化的重要载体。徐州把参与江淮生态大走廊建设作为生态文明建设的龙头工程，在重要报告和会议中先后15次针对融入"江淮生态大走廊"建设提出要求，呼吁将江淮生态大走廊建设纳入国家生态建设规划，如图7-5所示。

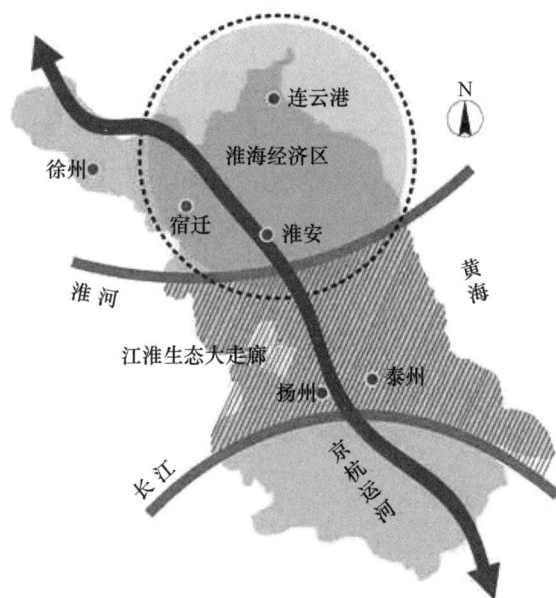

图 7-5　江淮生态大走廊
资料来源：江淮生态大走廊规划图。

徐州把融入江淮生态大走廊作为生态建设的龙头工程，重点规划布局"两轴、两湖、10 个生态特色片区、20 个生态敏感点"，打造生态景观、综合交通、产业发展、新型城镇、文化旅游"五个走廊"，着力打好治气、治水、治土三大攻坚战，让徐州天更蓝、水更清、地更绿。主要突出以下方面：

（1）落实主体功能区规划，明确生态功能分区，划定生态保护红线，构建清风廊道、绿色安全屏障，以加强管控、治理修复为主要手段，以河湖湿地保护和生态建设为重点，建设保育本底、天蓝水清的生态景观走廊。

（2）以重大交通设施规划建设为牵引，构建江河海运、铁路、公路、机场一体化综合交通体系。加快构建沿河风景路网络体系，加强与沿线城镇、特色村庄、景区景点等的充分衔接和有机联通。打造便捷高效、内外衔接的综合交通走廊。

（3）依托沿线特色资源，大力发展优势产业，加快形成科技含量高、资源消耗低、环境污染少、生态影响小的产业结构，大幅提高经济绿色化程度，基本形成具有明显竞争优势的特色产业体系，打造生态导向、产业优化的产业发展走廊。

（4）优化沿河区域城镇布局，构建"区域中心城市—县域中心城市—中心镇—特色镇（重点镇）—新型城镇社区"五级城镇体系，按照构建绿色城镇体系要求，加快沿线 15 个中心镇、15 个特色镇（重点镇）、16 个新型城镇社区建设，打造城乡统筹、协调发展的新型城镇走廊。

（5）依托京杭运河、黄河故道沿线历史文化、自然生态资源，以挖掘历史文化内涵为重点，在保护开发自然人文资源的基础上，全面提升沿线旅游公共服务水平，构建沿河生态文化旅游景观体系，打造以节点城镇为载体、以基础设施为支撑、以文化资源为纽带、以良好服务为保障的文化旅游走廊。

引进清风、阻挡（净化）浊风，打造"两廊三环"布局结构。《徐州市城市清风廊道规划》利用风向统计分析、风口研究，依据"引进清风、阻挡（净化）浊风"的规划思想：打造"两廊三环"的布局结构，即分别构建徐州市东南清风廊道和西南清风廊道。其中，东南清风廊道：以黄河为载体，联系睢宁、邳州东南部、吕梁风景区、崔贺水库、下洪水库、水口水库、杨洼水库、六堡水库、大龙湖、桃花源、临黄湿地、丰县等的清风廊道；西南清风廊道：联系汉王生态林、云龙湖风景区、泉山森林公园及京杭运河，延伸至邳州、新沂的清风廊道。

"三环"，即都市区外环、高速环、三环快速路等三环净风屏障，在城市东南、西南、东三个方向通过开敞空间引入清风，在城市东北方向通过圈层式布置环城林带阻隔净化浊风，并在清风廊道内串联城市内部的水和绿。

7.5　以人为本与民生为重点的社会转型分析

社会转型是社会经济结构、文化形态、价值观念等发生的深刻变化，社会转型是一个复杂的战略问题。社会转型又是传统社会向现代社会过渡的过程，是资源型城市社会问题解决与社会质量优化的过程。

当前我国正处在发展的重要战略机遇期与社会转型期，又处在社会矛盾凸显期。由于经济发展模式转换、体制深层次改革和全方位对外开放正在加速转型，我国社会管理的风险和难度加大，社会管理领域存在的问题比较多。搞好社会管理工作，必须加快推进以保障和改善民生为重点的社会建设，把握经济社会转型的阶段性特征推进社会建设，把保障和改善民生作为加快转变经济发展方式的根本出发点和落脚点，加快发展各项社会事业，不断实现好、维护好、发展好最广大人民根本利益，使发展成果更好惠及全体人民。

徐州持续推进社会转型，加快构建以基层党建为核心、以网格化机制为支撑、以新时代文明实践中心为引领、以基层协商民主为载体的基层治理体系，切实增强人民群众幸福感、获得感。

资源型城市的转型实质是使其摆脱对不可再生资源的依赖，谋求城市的可持续发展道路，既是向和谐社会转型的要求，也是保障能源资源供给，转变经济发展方式的重要举措，同时也是提高城市综合竞争力与城市绿色转型发展的客观要求。资源型城市的产业转型、城市转型、生态转型与社会转型是相互关联的城市转型可持续发展的一个整体。

7.5.1　率先破解历史遗留社会问题

（1）老工业基地历史包袱重、资源型城市遗留欠账多

早在"十五"期间，徐州面临煤炭资源枯竭转型发展，转型的压力一个直接的原因是历史遗留社会问题比较多，在棚户区的改造和煤矿职工的下岗再就业过程中，徐州地方政府承担了大量的历史遗留问题。

以典型的原煤炭主产区贾汪区为例，贾汪区是徐州最主要的煤矿聚集区，煤炭工矿用地和采煤塌陷区占全区面积的40%，煤炭职工和家属占全区人口的60%以上。作为计划经济时代下的资源型城市，一方面具备"城市公共服务两套体系并存"的共性，教育和医疗等呈现出城市与企业各自为政不能统筹，企业经营的短期化和城市可持续发展的目标冲突。另一方面，作为江苏的唯一煤炭基地，半个多世纪以来，徐州80%以上的煤炭供应苏南和华东地区，仅徐矿集团调往苏南原煤就接近5亿t。出于保稳定、作贡献，徐州调出的电煤价格一直都低于市场价。同时，因煤炭而形成的资源类税收进入徐州财政一般预算只有少量部分，而徐州矿务集团有限公司财政关系隶属江苏省，是多年来唯一无法享受国家财政补贴等优惠措施的国有大型煤炭企业。依托煤炭，国家先后在徐州布局建设了煤炭、机械、化工、建材、纺织、冶金等近千家国有企业，形成了以能源、原材料和装备制造业等重工业为主的工业体系。经徐州市财政局测算，国企改革中内债清偿率超过50%。其中，3家部属大型企业下放徐州后，需新增职工安置和养老成本就超过10亿元。

（2）以贾汪为代表的徐州产业转型、城市转型、生态转型的成功，奠定社会转型基础

1）煤矿塌陷区变为旅游区生态绿地率已接近50%，成为煤矿塌陷区治理的典型

到"十二五"末，以煤炭为主的采掘业占徐州全部工业产值的比重已下降5%左右，而煤矿企业的非煤炭收入已超过50%。

依靠采煤塌陷区生态修复发展三产，将服务业优先突破作为转型发展的重点。

在徐州以往的煤炭开采中，有70%左右的土地实行以租代征，而未征先采的面积较大，造成了治理主体的缺位。贾汪区大胆改革创新，尝试将采煤塌陷地失地的部分农民及"农转非"村民逐步纳入到城市居民低保范围，建立动态补偿机制。这在水面面积超过400hm²的潘安湖生态湿地公园区中得到很好体现，这一项目打造"徐州之肺"，已融入城市中心区域。

除以政府为主导的市、区两级财政投资外，投入资金的一部分采用市场化运作，为征迁地农民以及棚户区改造职工优惠的住房基本是平价，也有部分商业开发，而"商业开发的平均价格不高于全市平均价"。同时，塌陷修整区，发展高效、观光农业项目解决就业人口近 2 万人。修复的生态区发展成的旅游产业已形成了规模，吸引了周边省份大量的游客。

2）到"十二五"末，衰退产业退出和新兴产业接替的目标已基本完成

装备制造业、食品加工业、能源产业和商贸物流旅游业等接续的四大主产业逐渐形成规模。作为转型标志，一方面，以徐州工程机械集团有限公司、保利协鑫为核心的工程机械产业、光伏电产业已达到千亿元工业产值；另一方面，要将采掘业占工业产值的比重、第一产业占三次产业比重降至 5% 左右。以煤炭为主的采掘业的转型主要体现在徐州矿务集团有限公司，徐州矿务集团有限公司建设投资陕西宝鸡、甘肃平凉、贵州等煤炭资源丰富地区，打造煤电能源一体化和煤炭装备研发制造基地，由此转移了大量的技术工人。其次，则是促进资源再生，发展新兴工业园区和现代服务业园区，以及推动生态改造，将生态受损的塌陷地改造成环境优美的生态区。

3）2011 年徐州加快"五个转变"，率先破解历史遗留社会问题

社会保障水平稳步提高，着力解决重点群体就业问题，完成城乡劳动者职业技能培训 9.87 万人，新增城镇就业 10.23 万人，促进下岗失业人员再就业 7.78 万人，其中就业困难人员再就业 1.18 万人。新增农村劳动力转移 6.41 万人；城镇登记失业率为 2.55%，低于江苏省控制线 4% 目标任务。稳步提高社会保障水平，2011 年年末全市城镇职工基本养老保险、城镇职工基本医疗保险、失业保险参保人数分别为 124.37 万人（含参保离退休人员）、137.95 万人（含参保离退休人员）和 73.78 万人，分别比 2010 年年末增加 8.86 万人、4.52 万人和 2.43 万人。2011 年年末企业职工基本养老保险、城镇职工基本医疗保险、新型农村社会养老保险覆盖面稳定在 95% 以上。城镇职工养老金按时足额发放率达 100%，将城市低保、农村低保标准全面上调，高于全省平均预期。城镇居民医保参保缴费率达 98%，新农合参保率达 99.48%，基础养老金发放率达 100%。农村五保老人集中供养率达到 67%。共救助困难群众 40.7 万人次，支出救助资金 14035.4 万元。

4）历史包袱基本解决，实现由资源枯竭型城市向资源再生型城市的历史性跨越

通过实施振兴老工业基地各项政策，基本解决了国有企业改革改制中 23.3 万名下岗职工再就业与生活保障问题，完成了 12 万名职工身份置换，市区国有企业改制支付成本近 60 亿元，较好地弥补了中央和部省属企业主辅分离移交地方后出现的职工 3 险差额，对涉煤企业和关闭矿井下岗职工及时落实了转岗安置措施，全市 21333hm² 采煤塌陷地及其涉及的 43 万人口，通过分步修复治理和异地搬迁、集中补偿，较好地改善了环境生态和居民生存状态。其中，已实施采煤塌陷地复垦治理 2987hm²，实施增减挂钩项目区 211 个，完成棚户区拆迁面积 408 万 m²，购买和建设安置房 400 余万平方米，贾汪区被正式列为国家第三批资源枯竭型城市，在历史包袱基本解决的基础上，全市在全国率先实现了由资源枯竭型城市向资源再生型城市的历史性跨越绿色转型发展。

7.5.2　加强社会建设实现社会与经济全面转型发展

徐州的民生社会事业发展一度相对滞后，社会治安形势较为复杂，基本公共服务供给

不充分，社会治理特别是基层治理、基层党建工作相对薄弱。

徐州坚持把社会转型作为城市整体转型的重要内容，按照全面、协调发展的原则，围绕提升城市文明程度，特别是市民的文明水平，大力加强社会建设，实现城市社会与经济全面转型发展、全面进步。

深入实施 8 项富民工程和 6 项脱贫举措，挖掘增收潜力，拓展增收渠道，夯实民生幸福的基础。每年办好一批民生实事，推动基本公共服务均等化、标准化。加快构建以基层党建为核心、以网格化机制为支撑、以新时代文明实践中心为引领、以基层协商民主为载体的基层治理体系，不断夯实党的执政基础，切实增强人民群众幸福感、获得感，徐州先后获评"全国文明城市"和"中国最具幸福感城市"。

始终坚持以人民为中心，提升社会转型发展思想境界。徐州在推动社会转型发展的过程中，全面贯彻以人民为中心的发展思想，始终把人民利益放在最高位置，全力以赴解决老百姓"衣食住行、生老病死"等民生热点难点问题，让振兴转型成果更多更公平惠及人民。正是因为得到了广大人民群众的理解、信任和支持，徐州这些年办成了许多过去想办而没有办成的大事、解决了许多过去想解决而没有解决的难事，取得了令人刮目相看的发展成就。

7.5.3 以人为本推进社会转型提高人民群众幸福感和获得感

围绕人民最关心最直接最现实的切身利益，以加快产业振兴、经济转型，不断夯实社会转型改善民生的经济基础，真正实现发展成果全民共享，着力提升人民群众幸福感和获得感。

（1）加快推进社会事业建设

以构建"十二大体系"为抓手，统筹推进民生社会事业发展，提升保障改善民生水平，推动社会建设不断开创新局面。扎实推进为民办实事工程，社保五大险种基本实现全覆盖。坚持精准扶贫、精细脱贫，大力实施脱贫致富奔小康工程和六项脱贫举措，全力确保低收入群众同全市人民一道迈入小康社会。年均收入低于 4000 元的 87.7 万人实现全面脱贫。

（2）全力抓好富民增收

以发展产业、扩大就业、推动创业为根本，大力实施 8 项富民工程，全面推广"沙集模式"，不断优化创业环境、提高就业质量、拓宽增收渠道，让城乡居民的钱袋子持续鼓起来，城乡居民收入增长速度连续多年高于全国全省平均水平。

（3）深入实施棚户区改造

按照"政府主导、市场化推进、封闭运作、整体平衡"的原则，采取"就地、就近、异地定销房安置，团购商品房安置，货币补偿安置"等多元化安置方式，建立"上级补贴、银行信贷、政策减免、社会投资、土地运作"的资金筹集机制，大力实施棚户区改造，20 万户 62.5 万市民居住环境焕然一新。

7.5.4 以民生为重点的和谐社会转型

徐州市老工业基地的历史遗留问题为和谐社会建设带来了新矛盾和新挑战。

近些年来，徐州市坚持把改善民生作为突出任务来抓，先后实施民生幸福工程，加快构建公共服务 6 大体系，努力使绿色转型振兴发展的成果惠及全市百姓。注重扩大就业促进增收，制定实施了城乡居民收入 6 年倍增计划，有效拓展就业、创业、投资、社保、帮扶等增收渠道。十分注重办好事关民生的实事，围绕衣食住行、生老病死等民生热点难点问题，每年组织实施一批为民办实事项目，特别是在保障房、老年公寓、邻里中心等方面，都实现了从无到有、由少到多的新发展，群众生活的舒适度、满意度不断提高。

注重维护群众合法权益，努力强化公平正义意识和让百姓生活更有尊严的理念，在大力推进依法行政与司法公正的同时，努力给群众以安全感、公正感，特别是在城市棚户区改造和房地产开发中，自觉坚持依法拆迁、阳光拆迁、有情拆迁，并通过建立征地补偿动态调整机制，完善社会保障办法，较好地实现符合自身实际、具有地方特色的振兴转型发展之路。在江苏省省设区市 2018 年度高质量发展综合考核中，徐州被评为第一等次，徐州转型发展取得了重要突破。

7.6　城市转型与更新耦合的高效协调高质量发展模式创新

7.6.1　老工业基地和资源枯竭城市的振兴转型与城市更新耦合发展模式

徐州老工业基地和资源枯竭城市的振兴转型与城市更新耦合发展模式，突出以下方面：

（1）坚持以理念创新引领振兴转型与城市更新耦合发展实践

徐州作为老工业基地和资源枯竭型城市，绿色振兴转型发展的难题和矛盾始终困扰着各个方面和整个过程，如果跳不出传统的发展理念和思路，就很难找到切入点和着力点。徐州在振兴之初就提出了依托资源起步，甩开资源发展的战略思路，加速煤炭资源向电力能源转化，抢抓一批重大原材料工业项目，通过延伸加工提升传统产业、发展新兴产业、打造徐州特色的现代制造业。

在城市转型发展方向上，提出了建设具有较强创新活力、宜居魅力、综合竞争力的城市更新目标定位；在实施路径上，作出了以"三重一大"为龙头，重点突破、整体推进的科学决策。

在标准要求上，提出了保持总量指标进位、速度指标领先、结构质量指标提升的导向，坚持思路项目化、项目具体化，坚持精心、精细、精致、精品。

在组织保障和发展导向上，着力打造"善操作、会落实、能创新、敢担当"的干部队伍，对市级机关、各县（市）区、重点中心镇采取分类考核，连续 5 年设立老工业基地振兴转型实践创新奖和创新创意奖，聚焦汇集了振兴转型的强大合力。

在转型发展环境上，持续开展了"百姓办事零障碍工程"，不断营造有利于转型发展的舆论环境和社会氛围。实践证明，上述上下转型发展理念大创新、观念大转变，破解绿色振兴转型发展的难题，确保形成老工业基地转型发展的大格局和新局面。

（2）加快构建现代绿色产业体系，推动产业结构向中高端迈进

以绿色产业振兴引领老工业基地全面振兴。实现区域性绿色产业科技创新中心、先进制造业基地、现代服务业高地和现代农业发展四大任务目标，加快构建现代绿色产业体系，推动产业结构向中高端迈进。淘汰落后产能，坚持改造提升传统产业与培育壮大新兴

产业"双轮驱动",加快推进产业结构"重转轻"、产业层次"低转高"、产业链条"短转长"、产业布局"散转聚",不断提高产业层次和总体竞争力。

（3）释放政策效应与创新发展相结合实现"调高、调轻、调优、调强"产业发展

详见7.2.4中1.（2）绿色产业转型发展的创新驱动引领。

（4）坚持以结构调整推动产业升级

徐州市绿色转型振兴发展实践中不断增强危机意识和机遇意识，面对煤炭资源枯竭，大力实施走出去战略，着力构建新疆、陕甘、贵州等省外煤炭开采基地并进行国际资源布局，获取省外煤炭资源100多亿吨，有效破解了资源接替难题。面对有限能源的低效利用，大力发展煤电铝运一体化、煤盐化工一体化，突出发展光伏产业、风电产业、生物能源产业，在产业链条不断延伸中发展壮大清洁能源、环保产业、循环经济；面对重化工业比重较大、产业结构层次不高的问题，制定实施了传统产业加速调整、高新技术产业跨越发展、战略性新兴产业培育壮大、农业提档升级"四大行动"计划，全面加快技术改造、产品更新、项目推进、品牌打造步伐。

面对部分行业规模小、消耗高、污染重的问题，以铁的手腕实施上大压小、关停并转，以环境容量促进发展质量，形成产业转型升级倒逼机制；面对国际金融危机带来投资与出口的难题，在三次产业结构调整中突出发展现代服务业，形成了一大批直接配套与生产和消费的现代服务业集聚区。

（5）从依赖煤炭产业偏重工化到四大战略型新兴主导产业的多元化接续转型

以装备与智能制造、新能源、集成电路与ICT、生物医药与大健康四大战略性新兴产业作为主导产业来发展，同时以文化旅游等现代服务业为绿色接续产业的优先选择，产业发展摆脱对煤炭工业的主导路径依赖，走向产业多样化、绿色化、特色化发展之路，强化绿色产业集群及平台经济发展，有效引领了区域绿色转型发展，并为区域资源枯竭城市的绿色接续产业转型提供模式示范。

（6）多种路径选择，实现偏重工化产业结构调整与传统产业绿色转型升级

产业结构调整与传统产业绿色转型升级，实施路径包括：

1）以统筹协调，助推传统产业的链条化与集群化；

2）科技驱动，助力产品的高端化与产业结构的合理化；

3）优化产业结构布局，淘汰落后产业，形成园区的特色化；

4）注重生态保护，建构集约、绿色低碳，以及可持续发展模式；

5）创新驱动，传统产业向战略性新兴产业升级；

6）多晶硅光伏、风力发电和节能环保新能源产业，成为绿色转型发展的新引擎。

徐州工程机械集团有限公司，以销售收入6%投入自主创新，运用机械物联网工程、产品智能化等向装备制造产业高端迈进。同时，充分利用发达地区和市外优质产业资本，建成发展了两个国家级开发区和7个省级开发区，各级各类开发园区已经成为老工业基地振兴转型与城市更新耦合发展的强大引擎。

7.6.2 生态系统为主导的城市空间形态与生态格局及综合功能更新模式

7.6.2.1 生态修复变生态包袱为发展资源，促进城市景观更新

实现清洁生产、资源综合利用、生态资产资本化和绿色消费融为一体，倡导与环境和

谐的经济发展模式，在资源生态化、生态资产化的基础上实现环境、经济、生态的有机平衡，推进煤炭资源型城市绿色转型与城市更新的耦合发展。

（1）生态环境修复，变生态包袱为发展资源和生态服务价值

徐州潘安湖水镇从采煤塌陷地转变为数百亩水域的人工湿地，2017 年以来，旅游休闲人数就达到 120 多万人次，旅游直接经济效益收入近 2 亿元。众多生态环境修复带来明显的生态、经济、社会综合效益的同时，也让徐州变生态包袱为发展资源，为绿色转型与城市更新耦合，协调发展创造更有利条件。

基于 2005—2015 年土地覆盖变化的城市生态系统服务价值评估，用货币化体现"绿水青山就是金山银山"理念的城市生态系统服务价值，研究得出：徐州城市研究区（2013年的建成区范围）按生态功能强度调整的生态服务价值 2005 年 20.02 亿元，2015 年 29.27亿元，2005—2015 年总增长率为 46.19%；按 Meta 回归分析的人口与经济增长因素的2015 年调整评估生态服务价值为 107.77 亿元，总增长值为 78.51 亿元，其中森林 66.19 亿元，湿地 1.20 亿元，河湖水域 11.11 亿元。

（2）绿色转型景观更新突显城市更新的环境和谐

推进城内工业企业关停转迁、"腾笼换凤"，打造精品园林。三环路以内及外延 1km范围内污染企业已全部退出主城区。搬迁后腾出的土地，除部分用于布局建设住宅以及商贸、物流、金融、旅游等一批现代服务业项目外，市区沿街沿路 0.67hm² 以下的土地全部用于公园绿地建设，并在园林建设上，突出文化主题，让丰富的山水资源、深厚的人文底蕴与城市融为一体。

（3）生态修复城市修补的城市空间的生态格局更新

徐州生态修复城市修补的"城市双修"模式突出以下方面：

1）规划统筹引导

从多规划层面全面融入"城市双修"更新理念，以整体性、系统化、可操作性强的规划来统筹引导，在江苏省率先出台《重要生态功能保护区规划》，划分了城市发展生态功能区、水源保护涵养生态功能区等 5 类生态功能区；立足构建"两轴、两湖、多片区、多点"组成的"2 ＋ 2 ＋ 10 ＋ 20"生态空间结构更新形态，先后划定了城市蓝线、山林红线和城市绿线，编制市区绿地系统、清风廊道、海绵城市等规划，以此重塑更新生态格局、修复生态环境、保护山水特色、提高城市品质。

2）设立"双修惠民工程"板块多种渠道筹措资金落地实施

梳理找出生态问题突出、亟须修复的区域，在年度城市建设重点工程计划中单独设立"双修惠民工程"板块，通过具体工程来保障"城市双修"的更新落地实施；通过市级投资、区级投资、专项资金、市企融资、社会投资等多种渠道积极筹措资金，确保各项工程有力有序实施。

3）纳入生态文明考核体系为长效化推进提供制度保障

制定一系列地方性法规、规章和管理规定，将"城市双修"更新纳入生态文明考核体系，为"城市双修"更新长效化推进提供制度保障。

7.6.2.2　生态转型与环境质量提升，促进空间形态与城市功能更新

（1）生态修复与城市修补促进中心城市空间形态与城市功能更新

徐州市人民政府印发《关于开展"城市双修"试点城市工作实施方案》，践行绿色发

展理念，促进生态环境和城市面貌发生巨大变化，实现由"一城煤炭半城土"向"一城青山半城湖"的精彩转变。

按淮海经济区中心城市标准，高层次开展城市修补。提升城市功能品质风貌，加大基础设施提升、老城区改造、功能性项目建设力度，打造活力城市、宜居城市、精品城市。

1）坚持棚户区改造和老旧小区整治并进，把棚户区改造作为推进民生改善、产业接续和城市转型的重要抓手，主城区启动实施棚户区改造项目300余个，解决了近20万户棚户区家庭居住问题，创造了棚户区改造的"徐州模式"。

2）补齐中心城市公共设施短板和提升中心城市综合功能并举，切实增强中心城市公共服务能力。

3）塑造现代风貌和传承历史文化并行，着力提升城市魅力品位，建设有地域特色、有时代特征、有个性魅力，看得见历史、读得出文化、记得住乡愁的魅力徐州。

4）将"城市双修"纳入生态文明考核体系，为"城市双修"长效化推进与生态安全格局建立提供制度规范保障。

（2）生态修复资源再利用与环境质量提升，促进绿色转型城市更新

1）从本研究中的相关专题研究得出，徐州市区废弃矿区生态修复增加的防灾避险保险价值为26.61亿元，城市研究区宕口废弃矿区防灾避险安全受惠人口从修复前1540人增加到12290人，增加了6.98倍；2015年宕口和采煤塌陷区两类废弃矿区生态修复增加的各类建设用地总共为226.81hm^2，折算成2015年增长的土地价值总共为17.78亿元；2015年废弃矿区的生态系统服务价值为8964万元，是2005年6996万元的1.28倍，产生显著的生态环境价值效应。

2）大片城郊湿地、生态修复的大型宕口与不少的湖泊湿地景区成为徐州城市环境提升的特色资源；大片森林、城市绿地、城郊湿地、宕口废弃矿区生态修复的大型山水绿地与不少采煤塌陷的湖泊湿地，以及河湖水域生态系统服务价值明显增长，也为徐州作为徐州都市圈核心城市、淮海经济区中心城市，以及大都市的绿地生态网络建设与环境质量提升，奠定了高起点、高标准的绿色转型发展基础。

7.6.2.3 生态转型的城市空间形态更新模式

（1）研究区土地覆盖景观格局的时空变化

研究区2005—2015年土地覆盖类型转移矩阵结果显示，城市化耕地消失，其中2132.89hm^{2}土地转变为城市建设用地，其次，生态园林城市建设有1487.93hm^{2}转变为林地；随着徐州市城市发展的绿色转型与生态修复，徐州市区研究范围采石采矿用地已经全部消失，其中，有23.74hm^{2}土地得到生态修复，转变为林地，另外，20.55hm^{2}土地转变为裸地，17.08hm^{2}土地已经转变为城市建设用地；十多年生态园林建设取得了很好的成效，林地面积大量增加，其中1487.93hm^{2}土地由耕地转变而来、1333.05hm^{2}土地由城市建设用地转变而来。贾汪区研究范围耕地大量消失，主要转变为城市建设用地，转移面积为310.64hm^2，另有101.65hm^{2}的面积转移为林地；采石采矿用地也完全消失，主要转变为城市建设用地，转移面积为6.14hm^2，有5.90hm^{2}的采石采矿用地得到生态修复，转移为林地。

（2）突出生态系统主导作用的城市空间形态更新

2005—2015年，城市研究区空间格局与空间形态从山水林田湖城矿的城矿乡特征转

变为山水林湖园城的大城市特征,城市格局优化,空间形态日益趋向合理。

研究范围十多年土地覆盖空间的演变,集中反映城市更新的生态系统的主导作用更加突出,在城市与城乡生态平衡、生态安全、城市更新中,"山水林田湖草"的作用得以强化。同时,"山水林田湖草生命共同体"在延伸的城市规划区城乡区域的生态格局与生态系统服务优化中进一步突出。以"山水林田湖草"理念引领与统筹城市城乡绿地生态网络建设,城市空间格局、空间形态更新,强调结构布局、自然地貌、河湖水系与城市功能分区的协调,从整个城市-城郊-城乡生态环境考虑合理布局,通过把城郊、城乡自然引入城市,以及山水林田湖草生命共同体与城的有机结合,维护生态平衡。由此,资源型城市更新将达到更高层次。

7.6.3 区域中心城市转型更新模式

徐州区域中心城市转型更新模式突出以下方面:

(1)强化陆桥走廊东方起始区域节点支撑,构建多式联运国家物流体系

发挥全国综合交通枢纽优势,强化陆桥走廊东方起始区域节点支撑,建设现代物流中心城市,高标准打造铁路、航空、水运等现代交通"十张网",构建多式联运国家物流体系。

(2)发挥国家历史文化名城和国家生态园林城市品牌效应,建设宜业宜居宜游魅力之城

发挥服务国家历史文化名城和国家生态园林城市品牌效应,全方位增强区域性消费高地辐射带动能力,建设宜业、宜居、宜游的魅力之城。

(3)建设更具竞争力的区域性先进制造业强市

完善产城融合协同发展的功能布局,建成更具竞争力的区域性先进制造业。建设先进制造中心城市,提升"中国工程机械之都"地位,壮大以高端装备制造为龙头的现代产业集群,完善产城融合、协同发展的功能布局,建成更具竞争力的区域性先进制造业强市。

(4)建设科教文化中心城市

依托丰富的高等教育资源,大力实施科教兴市、人才强市战略,深度挖掘人力资源潜力,为老工业基地创新转型、全面振兴提供坚实人才智力支撑。

(5)建设商贸旅游中心城市

提升中心城市现代商圈建设水平,促进深度参与国际合作。建设商贸旅游中心城市,提升徐州现代商圈建设水平,放大徐州融入国家"一带一路"倡议,发挥现代综合交通枢纽的功能,提升中心城市功能,增强区域竞争力,把徐州打造成为欧亚大陆桥上重要的经济增长极,促进徐州深度参与国际合作。

(6)坚持以功能再造,加快中心城市转型

深刻认识并丰富拓展区域性中心城市建设的科学内涵,制定实施加快建设淮海经济区产业、交通、商贸物流信息、教育、医疗、文化、金融、旅游8大中心的意见,制定实施加快推进城镇化发展的意见。按照这一总方向与总框架,在中心城市功能构建上,近几年来大力实施郑徐客运专线、东三环路高架、徐贾快速通道、奥体中心、亿吨大港等具有较强承载功能的重大项目,深入开展外创示范路、内创幸福家园活动,中心城市转型发展辐射能力持续增强。

7.6.4 破解社会难题的社会转型更新模式

社会转型城市更新是社会经济结构、文化形态、价值观念等发生的深刻变化，煤炭资源型城市社会转型城市更新更是一个复杂的战略问题。

社会转型城市更新又是传统社会向现代社会过渡的过程，煤炭资源型城市社会转型城市更新更是突出社会问题解决与社会质量优化的过程。

早在"十五"期间，徐州煤炭资源枯竭转型发展，直接面临诸多历史遗留社会难题。徐州破解社会难题的社会转型更新模式，首先体现在历史遗留社会问题的率先破解，同时也集中体现在加强社会建设实现社会与经济全面转型发展，以及民生为本推进社会转型，提高人民群众幸福感和获得感等和谐社会转型的方方面面，进而形成特色鲜明的徐州破解社会难题的社会转型更新模式（详见 7.5 以人为本与民生为重点的社会转型分析）。

7.6.5 老工业基地和资源枯竭城市的棚户区改造更新模式

老工业基地和资源枯竭城市，棚户区形成时间长、面积大、问题多。徐州市把棚户区改造作为推进民生改善、产业接续和城市转型的重要抓手，创造了棚户区改造的"徐州模式"。主城区已启动实施的棚户区改造项目 300 余个，解决了近 20 万户棚户区家庭居住问题，大规模推进棚户区和城中村动迁改造，累计完成棚户区改造 4500 万 m²，30 万户城乡居民获益，实现了改善民生民计、调整经济结构、提升城市形象"一举三得"，在全国打响了棚改徐州品牌。徐州老工业基地和资源枯竭城市的棚户区改造突出以下方面：

（1）政府主导，市场运作

市政府将棚户区改造工程纳入每年的市城建重点工程，统筹组织实施，政府有关部门负责棚户区改造的政策制定、项目确定、规划编制、检查指导等工作。棚户区改造实行市场化运作，将棚户区改造与房地产开发一二级联动相结合，积极拓展融资渠道，吸引社会资金投入棚户区改造工程。

（2）市区联动，密切合作

棚户区改造工作实行属地责任制。市政府统一制定棚户区改造计划，做好统筹协调、资金调度，以及土地招、拍、挂等工作；区级政府作为实施主体，负责所在区域内的征收安置工作。市相关部门充分发挥职能作用，配合做好棚户区改造相关工作。

（3）突出重点，成片改造

优先改造连片规模大、居住环境差、使用年限久、基础设施配套不齐全、安全隐患大的棚户区。棚户区改造必须连片实施，做到改造一片、成型一片。

（4）统筹兼顾，配套建设

在推进棚户区、城中村改造中，注重优化城市空间，提升城市品位，完善配套设施，着力提升城市综合承载能力。坚持相关基础配套设施同步设计、同步施工和同步交付使用。

（5）封闭运作，政策扶持

棚户区改造项目的土地和资金全部实行封闭运作，专门用于项目建设。落实中央和省优惠政策，构建良好的政策环境。

（6）以人为本，妥善安置

根据房地产市场变化和群众需求的多样化，将货币安置与实物安置相结合，采取"就近、异地定销房安置，团购商品房安置，货币补偿安置"等方式。严格执行征收法规，切实维护被征收人的合法权益，严禁违法征收。

（7）制定支持政策措施

包括土地政策、规费政策、税收政策、征收安置政策、配建物业管理公共经营性用房政策、基础设施建设政策。

（8）强化组织实施

包括加强领导强化责任，深入调查制定方案，密切配合整体推进，强化监督提高效能。

7.7　本章研究结果分析

7.7.1　战略地位与示范带动

（1）淮河生态经济带及淮海经济区在我国区域经济发展中具有重要的战略地位，徐州作为淮海经济区中心城市处在国家重大战略交汇点及"一带一路"重要节点上，在全国区域发展格局中具有沟通南北、连接东中的战略地位。

淮海经济区具有我国东部沿海两个发达经济板块的"断裂带"和"经济低谷"崛起的重要战略地位，淮海经济区地处中国东部发达地区的经济区及西襟中原经济区的"洼地"，面临中西部竞争与沿海发达地区差距扩大等压力。作为淮海经济区的中心城市，徐州转型示范带动周边城市产业转型升级、动能接续转换、生态修复治理，突出发挥在区域发展中的辐射带动战略作用与中心城市引领作用，在加快推动区域协同发展上发挥重要作用。

（2）徐州市是我国典型的老工业基地和资源型城市，结合创建老工业城市和资源型城市产业转型示范区，走出了一条符合自身实际、具有地方特色的转型高质量可持续发展之路，在所在淮河生态经济带及淮海经济区区域，乃至全国的同类老工业基地振兴与煤炭资源型城市转型中都有很好的示范与借鉴作用。

（3）分布在淮海经济区、淮河生态经济带的老工业基地、煤炭资源枯竭城市较多。淮海经济区有 6 个老工业基地和 9 个煤炭资源型城市，徐州转型发展模式，对周边地区连片转型崛起，具有很好的借鉴和辐射带动作用，有利于打造东部地区新的经济增长极，支撑国家战略深入实施，促进形成区域协调发展格局。

（4）徐州是我国东部发达地区的次发达城市，主要经济指标总量与全国平均水平十分接近。徐州市在全国所处发展位次、发展阶段的特定性决定了其发展成效、面临挑战、问题短板都有一些区域和全国的共性特征，徐州市转型及高质量发展模式创新对全国及其所在淮河生态经济带及淮海经济区区域的许多城市中，都具有借鉴作用。

7.7.2　转型特色与方法对策

（1）突出已进入新时代和淮海经济区中心城市视野可持续发展新阶段的特点和要求

徐州在产业结构调整的基础上，实现生态、经济、社会、城市全面转型的再生期资源型城市转型特色。

再生期资源型城市转型发展采取转变方式、优化结构、聚集新要素、多元创新发展模式。侧重于推动经济提质增效，鼓励创业创新，塑造良好人居环境。徐州市坚持从发展的阶段性特征出发，着力转变发展方式，积极抢抓一系列重大政策机遇，突出老工业基地与资源枯竭城市的产业振兴转型、推进区域中心城市视野的城市绿色转型、资源枯竭城市生态转型与生态网络化转型，以及以人为本、以民生为重点的社会转型，创新转型高质量发展的徐州模式和机制制度建设。

（2）资源型城市产业结构高级化与多元化，体现产业结构的高度化和多元结构的合理化

本研究同时提出产业结构生态化及生态化转型因子，强调包括转型的要素投入结构优化、排放结构优化，以及经济增长动力。

徐州及以其为中心城市的淮海经济区产业结构高级化、多元化、合理化、生态化，应根据区域资源禀赋、产业比较优势、技术水平等条件，按照区域产业结构合理化标准，一方面重点发展战略性新兴产业和现代服务业等多元化接续产业；另一方面，对传统重化工业进行技术升级改造，提升产品附加值。主要体现在产业结构向中高端迈进转型、高新技术产业和战略性新兴产业占比明显提升转型，以及淘汰落后产能传统产业改造升级转型等方面。

（3）面临煤炭资源枯竭的接续产业转型及加快国家老工业城市和资源型城市产业转型升级示范区建设，徐州突出了以下绿色产业转型：

1）从产业偏重工化向战略型新兴主导产业多元化转型，重点将装备与智能制造、新能源、集成电路与ICT、生物医药与大健康四大战略性新兴产业作为主导产业来发展。

2）选择文化旅游作为绿色接续先导产业，区域联动发展。

3）构建振兴转型的现代产业体系。

详见7.2.4中7.2.4.3老工业基地振兴的现代产业体系构建。

（4）区域中心城市视野的城市绿色转型

城市转型的本质是发展模式和发展方式的转变，绿色发展是对新时期城市发展理念和路径的高度概括。资源型城市的绿色转型是城市经济社会可持续发展的关键和核心。徐州持续推进区域中心城市绿色转型，突出反映了从工业文明到生态文明的城市绿色转型、生态园林与水生态文明城市建设转型、生态修复与城市修补，促进中心城市绿色转型，以及中心商圈为代表的中心城市辐射带动绿色转型。

（5）煤炭资源枯竭型城市的城市化区域生态转型及生态体系建设

1）绿色发展生态修复与环境治理生态转型。面对沉重的生态包袱，负重前行，坚持绿色发展生态转型，大力实施采煤塌陷地治理与深入开展工矿废弃地复垦和采石宕口治理，以及河湖景区建设与防洪结合标本兼治，徐州从一座雄浑厚重的老工业城市，转变为宛如江南的秀美城市。

2）废弃矿区通过生态修复消除地质灾害隐患，环境更新，实现资源再利用，对资源型城市城市化区域生态转型、绿色可持续发展具有长远历史意义与重要现实意义。

3）生态修复防灾避险与环境优化，是废弃矿区与城市发展协调开发建设，以及周边商业与住宅地产增值的前提条件，也是提高城市生态系统服务价值与城市化区域生态转型绿色可持续发展的必然选择。

4）把生态作为推动高质量发展的根本依托和最大优势。

详见 7.4.3 中 7.4.3.1 坚持生态作为生态转型高质量发展的根本依托和最大优势。

5）区域生态体系的共治，符合生态整体特性规律和一体化建设要求，强化一体化意识，完善区域性政府协调机构，对都市圈经济区城市群内重大项目、产业布局、生态环境建设等进行研究，制定促进共同发展的区域政策和措施。其次实行共同维护、联合治理，建立统一的排放标准和管控措施，联合对跨界河流水污染进行防治，提高区域生态安全保障能力。同时，注重经济联动发展，避免各自为政，实现资源共享和产业互补，大力发展新型工业和循环经济。

（6）突出以人为本的社会转型

1）社会转型是社会经济结构、文化形态、价值观念等发生的深刻变化，又是传统社会向现代社会过渡的过程，是资源型城市社会问题解决与社会质量优化的过程。资源型城市的产业、城市、生态、社会转型是相互关联的转型，是可持续发展的一个整体。

2）率先破解历史遗留社会问题。依靠采煤塌陷区生态修复发展第三产业，将服务业优先突破作为转型发展的重点；打造域外煤电能源一体化和煤炭装备研发制造基地，转移了大量的技术工人；促进资源再生，发展新兴工业园区和现代服务业园区，以及推动生态改造，将生态受损的塌陷地改造成环境优美的生态区。加快"五个转变"实现跨越发展，率先破解历史遗留社会问题，并在历史包袱基本解决的基础上，在全国率先实现了由资源枯竭型城市向资源再生型城市的历史性跨越的绿色转型发展。

3）以人为本推进社会转型。围绕人民最关心、最直接、最现实的切身利益，以加快产业振兴、经济转型，不断夯实社会转型、改善民生的经济基础，真正实现发展成果全民共享，着力提升人民群众幸福感和获得感；加快推进社会事业建设，以构建"十二大体系"为抓手，统筹推进民生社会事业发展，提升保障改善民生水平，推动社会建设不断开创新局面。

7.7.3 产业转型升级路径选择与转型更新耦合发展模式创新

（1）徐州偏重工化产业结构调整与传统产业转型升级路径选择，主要突出以统筹协调助推传统产业的链条化与集群化、结构化创新；科技驱动助力产品的高端化与产业结构的合理化；优化产业结构布局，淘汰落后产业，形成园区的特色化；注重生态保护，建构集约、绿色、低碳、可持续发展模式；创新驱动、传统产业向战略性新兴产业升级；立足绿色发展，严格环境准入；坚持自主创新科技创新；加快围绕构筑以先进制造业和现代服务业为主干的现代产业体系。

（2）城市转型与更新耦合的协调高质量发展模式创新。包括老工业基地和资源枯竭城市的振兴转型与城市更新耦合发展，突出生态系统主导作用的城市空间形态与生态格局及综合功能更新，区域中心城市的转型更新，破解社会难题的社会转型更新，老工业基地和资源枯竭型城市的棚户区改造更新等模式借鉴。

（3）从创建并荣获"国家环保模范城市""国家森林城市"到"国家生态园林城市"、"国家水生态文明城市"，以及"中国人居环境奖"——全国人居环境建设领域的最高奖项，徐州市大力再造生态、深入修复生态、严格保护生态，致力把生态弱点改造成城市亮点，变历史包袱为发展优势，使优良生态成为徐州发展的核心竞争力，实现多个煤炭资源型城市转型与更新耦合协调发展的徐州模式创新。

徐州再生期资源型城市综合转型在推动经济提质增效方面，实现了转变经济发展方式，优化经济结构，摆脱对资源的依赖，实现了从主要依靠要素投入向更多依靠创新驱动转变，从能源资源粗放利用向绿色循环低碳发展转变；实施"中国制造2025"战略，推进信息化和工业化深度融合，改造提升传统产业，提升产品附加值，做优做强高新技术产业；支持企业充分运用云计算、大数据、物联网、移动互联网等新一代信息技术，加快发展智能制造、3D打印、网络化制造等新技术、新模式；在鼓励创业创新和塑造良好人居环境，打造山水园林城市。强化污染治理和节能减排，提升生态环境质量等方面都起到了很好示范作用。

第8章 转型高质量发展理论与实践研究结论与讨论

本章是综合前7章的煤炭资源型城市转型高质量发展理论与实证研究的结论与讨论。内容包括转型高质量发展理论与实践研究结论、转型高质量发展模型实证研究结论,以及转型高质量发展研究讨论及后续研究与政策建议。

8.1 转型高质量发展理论与实践研究结论

8.1.1 转型理论基础研究结论

(1)煤炭资源型城市生命周期、演化机理、发展路径、产业特性等决定其发展方式,特别是在能否持续发展上有与其他城市不同的本质差异,煤炭资源型城市转型的实质是实现城市、经济、社会的可持续发展。

(2)煤炭资源型城市转型困惑与挑战,集中反映在产业结构刚性产生对其他产业的挤出效应、煤炭资源型城市的"路径依赖"与"锁定效应""资源诅咒"固有性使失去资源优势后陷入比较劣势、资源开发造成生态破坏严重与生态修复难度大、转型过程中存在严重的利益冲突、转型的市场规模与市场化程度障碍、计划经济体制的累积影响,以及历史补偿机制与接续产业培育的缺失等多方面。

(3)煤炭资源型城市(地区)发展,必须不再局限于矿产资源禀赋,而是通过城市的自然资源,包括人文资源等各类资源综合开发利用,实现可持续发展。综合资源协调开发形成优势互补,实现产业结构的多元化,保障城市经济增长的稳定性,以集聚经济和规模经济带动城市发展,促进煤炭资源型城市生态、社会、经济协调转型高质量发展。

(4)成长期、成熟期煤炭资源型城市,侧重接续替代产业(集群)的发展新动能培育转型升级;衰退期、再生期煤炭资源型城市,侧重转变方式和优化结构的发展新动能培育,生态、经济、社会、城市全面转型。

(5)煤炭资源型城市高质量发展是解决其突出的不平衡、不充分发展的内在要求,也是其更平衡、更充分发展的外在表述。而转型发展涉及城市社会、经济、生态环境及制度建设的方方面面,是资源型城市高质量发展的必然选择。基于生态文明战略的资源型城市转型高质量发展,是以牢固树立质量第一、改革创新、生态优先、人民至上观念,以供给侧结构性改革为主线,以改革开放创新为动力,以推动绿色发展为方向,以人民对美好生活向往为导向的、新时代要求的资源型城市可持续发展模式。

(6)煤炭资源型城市转型高质量发展的前提和基础是要有包括城市生态资产在内的足够存量,在此基础上,通过供给侧结构性改革,创造包括城市生态资产在内的转型高质量发展的更多增量；更强支撑带动力；而重大产业、城市建设、基础设施项目，不断强化和提升整个城市支撑服务功能，不仅对现有经济存量的调整产生支撑带动作用，而且对新一轮转型发展所需的经济增量，也将提供强大的支撑力和承载力；煤炭资源型城市解决面临的煤炭资源枯竭及严重的环境污染问题，实现长远高质量发展，都需要科技、产业、文化创新培育转型动力机制，加快新旧动能转换改变传统发展模式；同时，释放更强的市场潜力，以及更多支持性、倾斜性的政策资源。

8.1.2 支持政策理论与实证研究结论

以徐州示范城市转型及高质量发展为例，支持政策总体上取得显著实效，财政政策针对性强，在绿色转型资金支持及产业转移生态补偿中发挥了积极有效的作用；土地管理政策向生态、可持续发展倾斜，园林绿地建设成果显著；生态环保政策在缓解热岛效应、减轻环境污染、改善水质方面效果总体也较好。

但产业发展政策有待加强；科技创新政策扶植力尚不足，滞后科技发展，支持政策实效性提升空间有待进一步挖掘。

8.1.3 转型发展模式借鉴理论与实践研究结论

（1）徐州是我国东部发达地区的次发达城市，主要经济指标总量与全国平均水平十分接近。徐州在全国所处发展位次、发展阶段的特定性，决定其发展成效、面临挑战、问题短板等都有一些区域、全国的共性特征。徐州转型高质量发展模式创新，对我国许多煤炭资源型城市转型发展和老工业基地振兴也都具有借鉴示范作用。

（2）坚持从发展的阶段性特征出发，着力转变发展方式，积极抢抓一系列重大政策机遇，创新老工业基地与资源枯竭城市转型高质量发展的徐州模式和机制、制度建设。

（3）把生态作为推动高质量发展的根本依托和最大优势。详见 7.4.3 中 7.4.3.1 坚持生态作为生态转型高质量发展的根本依托和最大优势。

（4）转型高质量发展模式和解决方案的创新借鉴。努力使优良生态成为发展的核心竞争力，不仅实现再生期资源型城市转变方式、优化结构、集新要素多元创新发展，在全国率先实现了由资源枯竭型城市向资源再生型城市的历史性跨越，而且在转型实践中创造了多个徐州模式，为全国老工业基地和资源枯竭型城市绿色转型发展，提供了可借鉴、可复制、可推广的解决方案。

8.2 转型高质量发展模型实证研究结论

对 21 个有代表性煤炭资源型样本城市实证研究得出：

（1）2005—2015 年各煤炭资源型样本城市历年转型效率整体呈现上升趋势，年均转型效率最高的城市是焦作市，其次是徐州市、枣庄市，最低的城市是双鸭山市。煤炭资源型样本城市分地区比较，东部地区和中部地区年均转型效率要好于西部地区，但西部地区转型效率增长速度较快。

第一类抚顺市、阜新市、双鸭山市等 7 个城市转型效率普遍较低，大部分都处于 0.5 以下，转型效率及变化整体情况较差；第二类，邢台市、鹤岗市、鸡西市等 8 个城市转型效率波动较大，均值处于中间位置，转型效率及变化整体情况一般；第三类焦作市、徐州市、枣庄市等6个城市转型效率大部分处在0.5以上，部分年份甚至大于1，转型效率及变化整体情况较好。

（2）2006—2015年煤炭资源型样本城市的全要素生产率呈现总体增长趋势；转型效率分解，技术进步提升相对显著，而纯技术效率和规模效率呈现负增长趋势，反映转型发展全要素生产率主要得益于技术进步。煤炭资源型样本城市中西部地区的全要素生产率最高，中部地区次之，东部地区最低，城市中焦作市、赤峰市、徐州市、淮北市、铜川市、乌海市、鸡西市等的全要素生产率较高，而七台河市、晋城市、双鸭山市、阜新市、抚顺市等的全要素生产率相对较低；7个煤炭资源型样本城市技术效率大于1，其中，朔州市、长治市、晋城市技术效率较高，朔州市的技术效率增长主要来源于纯技术效率，9个城市的技术进步增长率超过了6%，其中1个为再生型，6个为衰退型，2个为成熟型，说明发展过程中，特别是资源枯竭期后，技术进步对煤炭资源型样本城市转型发展的重要性突显；煤炭资源型样本城市中西部地区技术进步效率较高，东部地区次之与西部地区差距不大，中部地区技术进步效率较低；煤炭资源型样本城市中，年均下降幅度最大的是山西的朔州市、长治市和晋城市，表明对科技创新的重视程度有所不足，技术进步在转型发展中没有起到应有的作用，但在整体规模效率指标偏低的情况下，上述3座城市的规模效率指标均大于1，反映在生产要素与规模匹配方面较优；大部分样本城市的规模效率都小于1，反映多数煤炭资源型样本城市的生产规模与生产要素结构不匹配，制约转型效率提升，由此反映出这些城市更需要对经济结构作出调整；大部分煤炭资源型样本城市的纯技术效率大于1，反映其生产管理水平都比较好。煤炭资源型样本城市中纯技术效率西部地区最好，其次是中部地区，东部地区最低，而生产管理水平较低的煤炭资源型样本城市集中在东北地区。

2006—2015年，各煤炭资源型样本城市转型发展规模报酬变化总体以递减为主。详见3.7本章研究结果分析。

（3）煤炭资源型样本城市转型效率影响因素回归分析结果得出：经济发展水平、基础设施建设水平对转型效率提升发挥了重要作用，其作用方向不因煤炭资源型城市生命周期发展阶段与类型的不同而不同；制造业发展程度、资源依赖程度、科技创新程度、创新发展潜力、也对相应类型的煤炭资源型城市转型有较大影响，但作用方向与影响程度因城市不同类型或有所不同。

（4）2006—2015年，煤炭资源型样本城市的转型发展大部分时期处于中度失调或濒临失调的状态，总体上转型耦合协调度随时间变化呈现快速上升，"生态—经济—社会"三者间呈现着逐步协调发展的趋势，2012年是大部分煤炭资源型样本城市，从中度失调与衰退阶段进入另一个新阶段的分水岭，煤炭资源型样本城市中有10个进入濒临失调与衰退阶段，有8个进入初级协调发展阶段，尚有3个还处在原阶段。

煤炭资源型样本城市中转型耦合协调度10年均值最高的城市为徐州市，年均增长率最高的城市为赤峰市；协调度均值最低的城市阜新市尚处于失调衰退阶段，但协调关系在逐年改善。

再生期煤炭资源型样本城市的转型耦合协调度最高，增速稳定，发展较快；成熟期、衰退期煤炭资源型样本城市虽有波动，但大体保持稳定；成长期煤炭资源型样本城市的转型耦合协调度在初期提升非常明显，但后劲不足，被衰退期和成熟期煤炭资源型样本城市超越。

（5）2015年徐州市和焦作市稳居煤炭资源型样本城市综合竞争力得分最高的前两位，体现转型高质量发展成效最好；鹤岗市、石嘴山市2015年综合竞争力得分最低，反映其城市转型发展力度严重不足。

2006—2015年煤炭资源型样本城市中焦作市、赤峰市综合竞争力得分排名靠前又有较大或显著的提升，表现出很好的发展态势，转型内生动力增强较大；萍乡市、淮北市综合竞争力得分排名处于中间并有较大提升，生态环境逐渐转好，接续替代产业发展势头良好，转型内生动力有稳定增强；原综合竞争力得分落后的铜川市、双鸭山市、七台河市有明显或较大进步，转型发展取得了较好或一定的阶段性成果，生态环境状况逐步好转，转型内生动力开始增强。相比之下鹤岗市的综合竞争力得分排名降低最为明显，反映鹤岗市的发展问题较多，发展仍然过度依赖资源，接续产业培育滞后，经济增长缺乏新动能。

（6）选取煤炭资源型样本城市转型发展综合竞争力得分最高的徐州市和最低的鹤岗市进行深度分析得出：

2006—2015年徐州市煤炭资源型生态、社会、经济3个子系统的因素贡献率比较均衡，且逐年趋于更加均衡的状态，转型高质量发展取得很好成效，生态、社会、经济形成协调发展；服务业增加值占GDP比重障碍度较高，产业结构优化调整虽然取得了一定成效，但还存在一定的失衡，服务业发展动力不足，是徐州高质量发展的主要障碍。

鹤岗市生态、社会、经济3个子系统中经济系统的贡献率最低，经济发展明显滞后。发展的最大障碍是过度依赖资源型产业，产业结构失衡，服务业发展严重滞后，经济下滑。发展关键仍然是找准适合的接替产业，逐步摆脱发展对资源的依赖性。

8.3 转型高质量发展理论与实证研究讨论

（1）煤炭资源型城市转型发展目标是本研究衡量煤炭资源型城市转型效果是否达到预期目标要求的对比依据，也是研究制定相关评价指标体系的主要考虑出发点。本研究从产业、经济、生态、城市、社会转型多维视角，基于转型期特点与目的要求分析，提出煤炭资源型城市转型目标，转型效果评价的生态、经济、社会3大子系统指标体系、转型效果模型分析实证研究、相关支持政策实效性实证分析，以及转型高质量发展实践创新与模式借鉴，形成系统、深层次研究的整体。

（2）近十多年来，在新发展理念的指引下，徐州市通过综合资源协调开发和产业结构的多元化等经济发展模式更新、生态转型与环境质量提升的城市空间形态更新、破解历史遗留问题社会转型的城市更新，以全面转型、重点突破，带动全局发展，探索出可借鉴、可复制、可推广的徐州模式和解决方案。

（3）自2000年以来，资源型城市转型纳入国家发展战略，学术界对资源型城市转型理论、资源型城市生命周期、接替产业选择、转型政策等问题进行研究，但总体来说，缺乏资源型城市，特别是煤炭资源枯竭城市转型社会、经济、生态环境协调与高效、高质量发展的全面、系统、深层次研究。

（4）本研究在煤炭资源型城市产业结构格局形成与演化机理，转型实践分析与转型效率增长路径选择、支持政策实效性、高质量发展实践创新与模式借鉴等理论研究、比较研究同时，对我国不同类型有代表性煤炭资源型样本城市转型效率、转型协调发展、综合竞争力等的模型分析实证研究，拓展和丰富了资源型城市转型可持续发展理论；揭示了煤炭资源型城市转型高质量发展的内在规律；探究了煤炭资源型城市资源枯竭经济下滑、转型困境的破解方法，以及转型途径与对策，填补了相关系统深层次深化研究的空白。

8.4　后续研究与政策建议

8.4.1　资源型城市转型及高质量发展后续研究

从延伸系统研究的视角，提出后续深化研究设想，建议以下两个方面的专题作为后续立项研究的选择：

（1）资源型城市转型及高质量发展的政府行为与长效机制专题研究

政府职能、政府行为在资源型城市转型的统筹协调、规划引导、政策制定、财税支持、制度创新、公共服务、社会保障、市场监管等诸多方面起无可替代的重要作用；而资源型城市转型长效机制，则是制度、机制建设与保障不可或缺的，也是资源型城市转型高质量可持续发展所必需的。

（2）资源型城市转型及高质量发展示范基地建设专题研究

资源型城市转型及高质量发展示范基地建设是不同类型资源型城市转型实践探索和经验、模式的创新之源，也是实验、实践数据获取之源。资源型城市转型及高质量发展示范基地建设研究对于丰富、拓展资源型城市转型理论，弥补相关理论研究的不足，以及在实践探索与创新中、提高资源型城市转型及高质量发展成效，完善相关政策、举措都将起到重要作用，并为资源型城市转型高质量可持续发展提供更多科学决策的实践依据。

8.4.2　政策与机制保障建议

煤炭资源型城市转型发展也是与可持续发展紧密相关的城市转型与更新的过程。从煤炭资源型城市转型及高质量发展与更新耦合发展视角，在相关研究基础上提出以下政策与机制保障建议：

（1）合理制定国家对不同类别、不同时期煤炭资源型城市转型更新扶持政策和煤炭资源枯竭城市转型更新援助政策，以及以实施战略发展为重点的地方政府支持政策，中央财政向支持边远地区煤炭资源型城市转型倾斜。

（2）根据不同类型煤炭资源型城市转型特征与可持续发展规律，完善可持续发展长效机制与可持续发展协调评价，强化成长期、成熟期的开发秩序约束、产品价格形成、利益分配共享等机制的作用，以及衰退期、再生期的资源开发补偿机制和接续替代产业扶持机制的作用。

（3）完善主导产业选择政策和产业扶持政策，重点选择和扶持主导产业或支柱产业，在煤炭资源型城市分级财政中增加地方政府留成比例，制定重点产业、基础产业低税赋扶助政策，以支持煤炭资源型城市重点产业、基础产业发展。

（4）加强历史遗留社会问题与相关发展建设的财政支持政策扶持，根据实际情况将符合条件的煤炭资源枯竭型城市纳入国家发展整体产业及中央预算内投资支持范围，强化再就业政策，统筹安排保障性政策资金，创造条件由民生事业为主逐渐转向以民生事业、产业转型、生态保护为主。

（5）鼓励创新循环经济模式，推动资源型城市生态经济示范区等建设；支持各示范区加快建设一批具有竞争力的产业集群和产业园区，促进产业转型升级和城市更新发展。

（6）加强转型高质量发展战略迭代和动能激励机制建设。以产业发展为重点，激励不同类型煤炭资源型城市的战略迭代转型高质量发展，制定、完善切实可行的相关人力资源政策。

（7）从生态环境保护、投资环境营造、发展环境维护等各相关方面，完善煤炭资源型城市转型的支持政策体系配套。

附　录

附录一、全国资源型城市名单（2013 年）

见附表。

全国资源型城市名单（2013 年）　　　　　　　　　　　　　　　　　　　　附表

所在省 （区、市）	地级行政区	县级市	县（自治县、林区）	市辖区 （开发区、管理区）
河北 （14）	张家口市、承德市、唐山市、邢台市、邯郸市	鹿泉市、任丘市	青龙满族自治县、易县、涞源县、曲阳县	井陉矿区、下花园区、鹰手营子矿区
山西 （13）	大同市、朔州市、阳泉市、长治市、晋城市、忻州市、晋中市、临汾市、运城市、吕梁市	古交市、霍州市、孝义市		
内蒙古 （9）	包头市、乌海市、赤峰市、呼伦贝尔市、鄂尔多斯市	霍林郭勒市、阿尔山市 *、锡林浩特市		石拐区
辽宁 （15）	阜新市、抚顺市、本溪市、鞍山市、盘锦市、葫芦岛市	北票市、调兵山市、凤城市、大石桥市	宽甸满族自治县、义县	弓长岭区、南票区、杨家杖子开发区
吉林 （11）	松原市、吉林市 *、辽源市、通化市、白山市 *、延边朝鲜族自治州	九台市、舒兰市、敦化市 *	汪清县 *	二道江区
黑龙江 （11）	黑河市 *、大庆市、伊春市 *、鹤岗市、双鸭山市、七台河市、鸡西市、牡丹江市 *、大兴安岭地区 *	尚志市 *、五大连池市 *		
江苏 （3）	徐州市、宿迁市			贾汪区
浙江 （3）	湖州市		武义县、青田县	
安徽 （11）	宿州市、淮北市、亳州市、淮南市、滁州市、马鞍山市、铜陵市、池州市、宣城市	巢湖市	颍上县	
福建 （6）	南平市、三明市、龙岩市	龙海市	平潭县、东山县	
江西 （11）	景德镇市、新余市、萍乡市、赣州市、宜春市	瑞昌市、贵溪市、德兴市	星子县、大余县、万年县	

184

续表

所在省 （区、市）	地级行政区	县级市	县（自治县、林区）	市辖区 （开发区、管理区）
山东 （14）	东营市、淄博市、临沂市、枣庄市、济宁市、泰安市、莱芜市	龙口市、莱州市、招远市、平度市、新泰市	昌乐县	淄川区
河南 （15）	三门峡市、洛阳市、焦作市、鹤壁市、濮阳市、平顶山市、南阳市	登封市、新密市、巩义市、荥阳市、灵宝市、永城市、禹州市	安阳县	
湖北 （10）	鄂州市、黄石市	钟祥市、应城市、大冶市、松滋市、宜都市、潜江市	保康县、神农架林区*	
湖南 （14）	衡阳市、郴州市、邵阳市、娄底市	浏阳市、临湘市、常宁市、耒阳市、资兴市、冷水江市、涟源市	宁乡县、桃江县、花垣县	
广东 （4）	韶关市、云浮市	高要市	连平县	
广西 （10）	百色市、河池市、贺州市	岑溪市、合山市	隆安县、龙胜各族自治县、藤县、象州县	平桂管理区
海南 （5）		东方市	昌江黎族自治县、琼中黎族苗族自治县*、陵水黎族自治县*、乐东黎族自治县*	
重庆 （9）			铜梁县、荣昌县、垫江县、城口县、奉节县、云阳县、秀山土家族苗族自治县	南川区、万盛经济开发区
四川 （13）	广元市、南充市、广安市、自贡市、泸州市、攀枝花市、达州市、雅安市、阿坝藏族羌族自治州、凉山彝族自治州	绵竹市、华蓥市	兴文县	
贵州 （11）	六盘水市、安顺市、毕节市、黔南布依族苗族自治州、黔西南布依族苗族自治州	清镇市	开阳县、修文县、遵义县、松桃苗族自治县	万山区
云南 （17）	曲靖市、保山市、昭通市、丽江市*、普洱市、临沧市、楚雄彝族自治州	安宁市、个旧市、开远市	晋宁县、易门县、新平彝族傣族自治县*、兰坪白族普米族自治县、香格里拉市*、马关县	东川区
西藏 （1）			曲松县	

续表

所在省 （区、市）	地级行政区	县级市	县（自治县、林区）	市辖区 （开发区、管理区）
陕西 （9）	延安市、铜川市、渭南市、咸阳市、宝鸡市、榆林市		潼关县、略阳县、洛南县	
甘肃 （10）	金昌市、白银市、武威市、张掖市、庆阳市、平凉市、陇南市	玉门市	玛曲县	红古区
青海 （2）	海西蒙古族藏族自治州		大通回族土族自治县	
宁夏 （3）	石嘴山市	灵武市	中宁县	
新疆 （8）	克拉玛依市、巴音郭楞蒙古自治州、阿勒泰地区	和田市、哈密市、阜康市	拜城县、鄯善县	

注：表中带 * 的城市表示森工城市；资源型城市名单将结合资源储量条件、开发利用情况等进行动态评估调整。
资料来源：《全国资源型城市可持续发展规划（2013—2020年）》。

附录二、全国资源枯竭城市名单（2013年）

见附表。

全国资源枯竭城市名单（2013年）　　　　　　　　　　　　　　　附表

所在省（区市）	首批12座	第二批32座	第三批25座	大小兴安岭林区参照享受政策城市9座
河北		下花园区	井陉矿区	
		鹰手营子矿区		
山西		孝义市	霍州市	
内蒙古		阿尔山市	乌海市	牙克石市
			石拐区	额尔古纳市
				根河市
				鄂伦春旗
				扎兰屯市
辽宁	阜新市	抚顺市		
	盘锦市	北票市		
		弓长岭区		
		杨家杖子区		
		南票区		
吉林	辽源市	舒兰市	二道江区	
	白山市	九台市	汪清县	
		敦化市		

续表

所在省（区市）	首批 12 座	第二批 32 座	第三批 25 座	大小兴安岭林区参照享受政策城市 9 座
黑龙江	伊春市	七台河市	鹤岗市	逊克县
	大兴安岭地区	五大连池市	双鸭山市	爱辉区
				嘉荫县
				铁力市
江苏			贾汪区	
安徽		淮北市		
		铜陵市		
江西	萍乡市	景德镇市	新余市	
			大余县	
山东		枣庄市	新泰市	
			淄川区	
河南	焦作市	灵宝市	濮阳市	
湖北	大冶市	黄石市	松滋市	
		潜江市		
		钟祥市		
湖南		资兴市	涟源市	
		冷水江市	常宁市	
		耒阳市		
广东			韶关市	
广西		合山市	平桂区	
海南			昌江县	
重庆		万盛区	南川区	
四川		华蓥市	泸州市	
贵州		万山区		
云南	个旧市	东川区	易门县	
陕西		铜川市	潼关县	
甘肃	白银市	玉门市	红古区	
宁夏	石嘴山市			

资料来源：中国经济网 2013.12.28。

参 考 文 献

［1］李绍萍，柳光明，张学敏. 东北老工业基地碳排放与能源结构关系的实证研究［J］. 资源与环境，2017，33（8）：938—941.

［2］曹园园，璩向宁，卫萍萍. 彭阳县 2000—2010 年人类活动影响下生态环境胁迫分析［J］. 生态科学，2015，5：172—177.

［3］王晶. 中新天津生态城建设的实践研究［D］. 天津：南开大学，2011.

［4］周伟奇，韩建立. 京津冀区域城市化过程及其生态环境效应［M］. 北京：科学出版社，2017.

［5］李虹，邹庆. 环境规制，资源禀赋与城市产业转型研究——基于资源型城市与非资源型城市的对比分析［J］. 经济研究，2018，53（11）：182—191.

［6］王镝，张先琪. 东北三省能源资源型城市的市场机制建设与经济转型［J］. 中国人口·资源与环境，2018，6：170—176.

［7］白雪洁，汪海凤，闫文凯. 资源衰退、科教支持与城市转型——基于坏产出动态 SBM 模型的资源型城市转型效率研究［J］. 中国工业经济，2014，11：30—43.

［8］李江龙，徐斌. "诅咒"还是"福音"：资源丰裕程度如何影响中国绿色经济增长？［J］. 经济研究，2018，9：151—167.

［9］黄悦. 东北地区资源型城市资源诅咒效应及协调发展研究［D］. 长春：东北师范大学，2016.

［10］安淑新. 促进经济高质量发展的路径研究：一个文献综述［J］. 当代经济管理，2018，40（9）：11—17.

［11］宋晓梧. 改革与开放双轮驱动下的中国故事——评《中国对外开放 40 年》［J］. 宏观经济管理，2018，12：F0002-F0002.

［12］高岚. 我国生态环境问题及其对策［J］. 北京林业大学学报，2000，S1：53—55.

［13］仝川. 不可再生资源利用率度量指标研究［J］. 自然资源学报，2000，15（2）：123.

［14］李树媛. 可见光催化剂用于木质素解聚的研究［D］. 上海：上海师范大学，2019.

［15］国务院. 国务院关于促进资源型城市可持续发展的若干意见［J］. 中华人民共和国水利部公报，2008，1：26—28.

［16］余建辉，李佳洺，张文忠. 中国资源型城市识别与综合类型划分［J］. 地理学报，2018，73（4）：677—687.

［17］刘耀彬，吴学平，傅春. 中国煤炭城市分类及其经济运行轨迹分析［J］. 资源科学，2007，3：2—7.

［18］严振书. 中国社会转型阶段性的分析与思考［J］. 晚霞，2009，11：47—49.

［19］薄海，赵建军. 生态现代化：我国生态文明建设的现实选择［J］. 科学技术哲学研究，2018，35（2）：100—105.

［20］李彦文，李慧明．绿色变革视角下的生态现代化理论：价值与局限［J］．山东社会科学，2017，11：188—192．

［21］杨秀萍．习近平生态文明思想的科学思维方式［J］．南通大学学报（社会科学版），2018，5：7—11．

［22］方世南．绿色发展：迈向人与自然和谐共生的绿色经济社会［J］．苏州大学学报：哲学社会科学版，2021，1：15—22．

［23］赵立成，杨大海，肖瑜．改善经济环境 发展环境经济［J］．经济纵横，1999，12：49—51．

［24］袁祖怀，周敏．资源型城市转型中的市矿协同发展机理研究——以淮南市为例［J］．学术界，2012，3：218—229＋289．

［25］孙海燕．区域协调发展理论与实证研究［M］．北京：科学出版社，2008．

［26］陈妍．转型期东北地区资源型城市经济—社会—环境系统协调发展机制研究［D］．长春：东北师范大学，2019．

［27］方时姣．西方生态经济学理论的新发展［J］．国外社会科学 2009，3：12—18．

［28］R. Vernon. International investment and international trade in the product cycle [J]. QJE, 1966, 80: 190—207.

［29］Lucas R A, Minetoen, Milltown, Riltown. Life in Canadian Communities of Single Industry[M].Torron to: University of Toronto Press, 1971.

［30］Bradbury J, Hand St -Mrtin I. Winding down in a Qubic town: a case study of Schefferville [J]. The Canadian Geographer, 1983, 27 (2): 128—144.

［31］Aschmann H. The natural history of a mine [J]. Economic Geography, 1970, 46: 15—22.

［32］李成军．中国煤矿城市经济转型研究［M］．北京：中国市场出版社．2005．

［33］Joni Jupesta, Rizaldi Boer, Govindan Parayil, Yuko Harayama, Masaru Yarime, Jose A, Puppimde Oliveira, Suneeth M. Subramanian. Managing the transitio nto sustainability in an emerging economy: Evaluating green growthpolicies in Indonesia [J].Environment al Innovation and Societal Transitions, 2011, 8: 187—191.

［34］Alexandr aLawa, Terry De Lacya, G.Michael McGratha, Paul A. Whitelawa, Geoffrey Lipmanb, Geoff Buckleyc, Towards a green economy decision support system for tourism destinations [J].Journal of Sustainable Tourism, 2012, 20 (6): 823—843.

［35］李周．环境与生态经济学研究的进展［J］．浙江社会科学，2002，1（28）：10—13．

［36］DavidJ. Brunckhorst. Bioregional Planning : Resource Management Beyond the Ne Millenium [M]. Chur: Harwood Academic Pub, 2000.

［37］苏时鹏．论绿色经济网络［J］．中国人口资源与环境，2004，21（6）：10—13．

［38］陈华文．论现代绿色经济如何继承野天人合一冶的思想精髓［D］．宁德：福建省宁德市委党校，2012．

［39］索贵彬，聂雅．面向生态要技术创新的环渤海城市群生态位扩展评价研究［J］．科技管理研究，2010，8：17—19．

［40］徐岚．长三角城市经济增长指标体系的构建与评估［J］．上海经济研究，2009，7：26—30．

［41］张小刚．长株潭绿色经济发展现状及评价研究［J］．中部崛起战略，2010，9：21—23．

［42］高艳霞．营建绿色经济效益指标体系［J］．北京商学院学报，1996，5：23—24．

［43］柳泽，周文生，姚涵．国外资源型城市发展与转型研究综述［J］．中国人口·资源与环境，2011，11：161—168．

［44］赵西三，王中亚．我国资源型城市经济转型与发展研究综述［J］．中国国土资源经济，2011，9：28—31．

［45］李文彦．煤矿城市的工业发展与城市规划问题［J］．地理学报，1978，1：63—77．

［46］樊杰．我国煤矿城市产业结构转换问题研究［J］．地理学报，1993，3：218—226．

［47］肖滢，卢丽文．资源型城市工业绿色转型发展测度：基于全国108个资源型城市的面板数据分析［J］．财经科学，2019，9：86—98．

［48］潘颖．黑龙江煤炭资源型城市产业转型效果及影响因素研究［J］．煤炭技术，2022，41（3）：235—238．

［49］田玉川．新时代背景下资源型城市转型中绿色发展分析［J］．中国矿业，2019，28：40—42．

［50］汪克亮，严慧斌，孟祥瑞．煤炭资源型城市可持续发展能力评价研究：基于熵权因子分析法［J］．工业技术经济，2013，12：108—117．

［51］郝祖涛，冯兵．基于民生满意度的资源型城市转型绩效测度及群体差异研究—以湖北省黄石市为例［J］．自然资源学报，2017，8：1298—1310．

［52］刘志明，张鹏镕．煤炭资源型城市可持续发展的思考［J］．山西财经大学学报，2009，31（增刊2）：11．

［53］贾云翔．山西资源型经济转型效果评价研究［D］．太原：中北大学，2014．

［54］刘晓雯，沈万芳，段培新，等．新时代下煤炭资源枯竭型城市可持续发展转型评价［J］．中国矿业，2020，29（12）：75—82．

［55］吴战勇．矿业城市可持续发展效率评估与优化［J］．中国矿业，2017，26（2）：71—76．

［56］黄天能，许进龙，谢凌凌．资源枯竭城市产业结构转型升级水平测度及其影响因素——基于24座地级市的面板数据［J］．自然资源学报，2021，36（8）：2065—2080．

［57］张茜茜，廖和平．基于熵权TOPSIS模型的乡村土地利用转型评价研究—以重庆市渝北区为例［J］．西南大学学报（自然科学版），2018，10：135—144．

［58］田淑英，夏琦．煤炭资源型城市绿色发展效率评价及影响因素分析——基于SBM-Malmquist-Tobit模型分析［J］．河南科技学院学报，2022，42（1）：9—16．

［59］曾贤刚，段存儒．煤炭资源枯竭型城市绿色转型绩效评价与区域差异研究［J］．中国人口·资源与环境，2018，28（7）：127—135．

［60］张晶．基于超效率的煤炭资源型城市工业生态效率研究［J］．经济问题，2010，11：57—59．

［61］徐杰芳，田淑英，占沁嫣．中国煤炭资源型城市生态效率评价［J］．城市问题，2016，12：85—93．

［62］刘晓萌．资源型城市转型效果评价与预测研究—以淮南市为例［D］．淮南：安徽理工大学，2018．

［63］Callados C & Duane T P. National Capital and Quality of life: A Model for Evaluating the Sustainability of Alternative Regional Development Paths［J］. Ecological Economics, 1999, 30: 11—21.

［64］Walker T R, Young S D & Crittenden P Detal. Anthropogenic metal enrichment of sno2 and soil in north-eastern European Russia［J］. Encironmengral Pollution, 2003, 121: 11—21.

［65］Kwolek J K. Aspects of geo-legal mitigation of environmental impact from mining and associated waste in the UK［J］. Geochemical Ezploration, 1999, 31(2): 1—30.

［66］Yu J, Yao S Z, Chen R Q et al. A quantitive integrated evaluation of sustainable development of mineral resources of a mining city: a case study of Huangshi, Eastren China［J］. Resource Policy, 2005, 30: 7—19.

［67］Gross M. Populaton. Decline And The New Nature: towards experimental "refactoring" in landscape development of post-industrial regions [J]. Futures, 2008, 40 (5): 451—259.

［68］姚平，梁静国，陈培. 煤炭城市人口—资源—经济—环境系统协调发展测度与评价［J］. 运筹与管理，2008，17（5）：160—166.

［69］方创琳，鲍超，乔标，等. 城市化过程与生态环境效应［M］. 北京：科学出版社，2008.

［70］方创琳，周成虎，顾朝林，等. 特大城市群地区城镇化与生态环境交互耦合效应解析的理论框架及技术路径［J］. 地理学报，2016，71（4）：531—550.

［71］洪开荣，浣晓旭，孙倩. 中部地区资源—环境—经济—社会协调发展的定量评价与比较分析［J］. 经济地理，2013，33（12）：16—23.

［72］罗涛，张天海，甘永宏，邱全毅，张婷. 中外城市竞争力理论研究综述［J］. 国际城市规划，2015，S1：7—15.

［73］Maes W H，Fontaine M, Rongé K, et al. A quantitative indicator framework for stand level evaluation and monitoring of environmentally sustainable forest management [J]. Ecological Indicators，2011, 144 (1) : 141—154.

［74］Gardiner B, Martin R, Tyler P. Competitiveness，Productivity and Economic Growth across the European Regions [M]. London: Regional Studies Association's Regional Productivity Forum Seminar, 2004.

［75］Nguyen Q A, Hens L. Environmental performance of the cement industry in Vietnam: The influence of ISO 14001 certification [J]. Journal of Cleaner Production, 2013, (1) : 1—17.

［76］倪鹏飞. 中国城市竞争力报告 No.2——定位：让中国城市共赢［M］. 北京：社会科学文献出版社，2004.

［77］倪鹏飞，赵璧，魏劭琨. 城市竞争力的指数构建与因素分析——基于全球 500 典型城市样本［J］. 城市发展研究，2013，6：72—79.

［78］董旭，吴传清. 城市竞争力评价的理论模型、体系与方法——一个文献综述［J］. 湖北经济学院学报，2017（1）：66—72.

［79］韩学键，元野，王晓博等. 基于 DEA 的资源型城市竞争力评价研究［J］. 中国软科学，2013，6：127—133.

［80］张军扩，侯永志，刘培林，等. 高质量发展的目标要求和战略路径. 管理世界，2019，35（7）：1—7.

［81］马茹，罗晖，王宏伟，等. 中国区域经济高质量发展评价指标体系及测度研究. 中国软科学，2019，34（7）：60—67.

［82］史丹，赵剑波，邓洲. 从三个层面理解高质量发展的内涵［N］. 经济日报，2019 年 9 月 9 日.

［83］陈诗一，陈登科. 雾霾污染、政府治理与经济高质量发展［J］. 经济研究，2018，2：22—36.

［84］杜爱国. 中国经济高质量发展的制度逻辑与前景展望［J］. 学习与实践，2018，7：5—13.

［85］崔丹，卜晓燕，徐祯，等. 中国资源型城市高质量发展综合评估及影响机理. 地理学报，2021，76（10）：2489—2503.

［86］王晓楠，孙威. 黄河流域资源型城市转型效率及其影响因素. 地理科学进展，2020，39（10）：1643—1655.

［87］刘志彪. 理解高质量发展：基本特征、支撑要素与当前重点问题［J］. 学术月刊，2018，50（7）：39—45，59.

［88］Wang Y, Chen X. Natural resource endowment and ecological efficiency in China: Revisiting resourcecurse in the context of ecological efficiency［J］. Resources Policy, 2020, 66: 10—16.

［89］Ali S, Murshed S M, Papyrakis E. Happiness and the resource curse［J］. Journal of HappinessStudies, 2020, 21 (2): 437—464.

［90］王丽艳、薛颖、王振坡. 2020：城市更新，创新街区与城市高质量发展［J］. 城市发展研究，2020，1：55—64.

［91］郝文璇、仝德、刘青、冯长春. 2015：改造功能区划定与分类规划管理：来自深圳城市更新的经验和探讨［J］. 城市发展研究，2015，10：42—48.

［92］陈占祥. 城市设计［J］. 城市规划学刊，1983，4：4—19.

［93］吴良镛. 北京旧城与菊儿胡同［M］. 北京：中国建筑工业出版社，1994.

［94］丁凡、伍江. 城市更新相关概念的演进及在当今的现实意义［J］. 城市规划学刊，2017，5：87—95.

［95］边兰春、陈明玉：社会-空间关系视角下的城市设计转型思考［J］. 城市规划学刊，2018，1，18—23.

［96］郭伟明. 基于文献计量分析的国内城市更新研究综述［J］. 上海房地，2019，5：30—36.

［97］Yang, XM. et al. Study on the evolution model, process and influence factors of the coal resource-based cities' spatial structure: A casestudy of Huainan city［J］. Geographical Research, 2015, 34: 190—207.

［98］文振富. 资源型城市：难点重点都在可持续发展［J］. 求是，2010，4：30—31.

［99］唐雄，李世祥，何通通. 我国工业化中的能源问题解决措施研究［J］. 理论月刊，2013，1：124—128.

［100］宋东林，汤吉军. 沉淀成本与资源型城市转型分析［J］. 中国工业经济，2004，6：58—64.

［101］程会强，马玉荣，王海芹. 循环经济引领煤炭资源型城市绿色转型［N］. 中国经济时报，2016年12月22日.

［102］Azapagic A. Developing a Framework for Sustainable Development Indicators for the Mining and Minerals Industry [J]. Journal of Cleaner Production, 2004, 12 (6): 639—662.

［103］陈兵建，徐长玉. 资源型城市培育新经济增长点的国际经验及启示［J］. 重庆社会科学，2011，9：32—36.

［104］林毅夫. 供给侧结构性改革［M］. 北京：民主与建设出版社，2016.

［105］赵剑波，史丹，邓洲. 高质量发展的内涵研究［J］. 经济与管理研究，2019，40（11）：15—31.

［106］Ngai L, A. Pissarides. Structural change in a multi-sector model of growth [J]. American Economic Review, 97: 429—443.

［107］一言. 中国经济何以强起来［N］. 人民日报，2018年11月9日.

［108］王斌会. DEA方法的Excel实现［J］. 统计与决策，2006，5：143—144.

［109］汪茂泰，何永芳. 动态随机非参数数据包络分析法及其应用［J］. 统计与决策，2015，21：83—85.

［110］程启月. 评测指标权重确定的结构熵权法［J］. 系统工程理论与实践，2010，30（7）：1225—1228.

［111］马世骏，王如松. 社会—经济—自然复合生态系统［J］. 生态学报，1984，4（1）：1—9.

［112］王如松，欧阳志云. 社会—经济—自然复合生态系统与可持续发展［J］. 中国科学院院刊，2012，27（3）：337—345.

［113］姜磊，柏玲，吴玉鸣. 中国省域经济、资源与环境协调分析——兼论三系统耦合公式及其扩展形式［J］. 自然资源学报，2012，32（5）：788—799.

［114］李磊，潘慧玲. 区域经济与生态环境的关联耦合—以江苏省为例［J］. 技术经济，2012，31（9）：59—64.

［115］王毅，丁正山，余茂军，等. 基于耦合模型的现代服务业与城市化协调关系量化分析——以江苏省常熟市为例［J］. 地理研究，2015，1：97—108.

［116］李恒哲，李超，陈召亚，等. 基于分区的环京津土地生态服务价值及灰色预测［J］. 水土保持研究，2016，1：221—227.

［117］肖冬荣，陈伟炜. 基于灰色系统理论及关联度分析的生产总值统计模型［J］. 统计与决策，2006，23：10—11.

［118］李国平，郭江. 基于CVM的榆林煤炭矿区生态环境破坏价值损失研究——以神木县、府谷县和榆阳区为调研区域［J］. 干旱区资源与环境，2012，26（3）：17—22.

［119］乔青，高吉喜，王维，等. 生态脆弱性综合评价方法与应用［J］. 环境科学研究，2008，21（5）：117—123.

［120］谢高地，张彩霞，张昌顺，等. 中国生态系统服务的价值［J］. 资源科学，2015，37（9）：1740—1746.

［121］顾泽贤，赵筱青，高翔宇，等. 澜沧县景观格局变化及其生态系统服务价值评价［J］. 生态科学，2016，35（5）：143—153.

［122］Marcus WA, Meyer GA, Nimmo DR.. Geomorphic control of persistent mine impacts in a Yellowstone Park stream and implications for the recovery of fluvial systems [J]. Geology,2001, 29: 355—358.

［123］汤姚楠，王佳，周伟奇. 城市生态系统服务价值评估方法体系探索——以徐州为例［J］. 林业经济，2020，42（3）：27—38.

［124］李京梅，等. 基于选择实验法的胶州湾湿地围垦生态效益损失评估［J］. 资源科学，2015，37（1）：68—75.

［125］Krabbenhoft K, et al..Topoedaphic unit analysis: A site classification system for reclaimed mined lands [J]. Catena, 1993，20(3): 289—301.

［126］Kim G . Assessing urban forest structure, Ecosystem services, and Economic benefits on Vacant Land [J]. Sustainability, 2016, 8: 679—697.

后　记

本书是我在由若干高校与科研院所合作完成的"生态与社会经济可持续发展研究丛书"中撰写的理论与实践研究专著之一。

煤炭资源型城市转型发展是世界面临解决的共性难题，也是我国区域协调发展战略当前需要解决的难题。本书是在我博士后相关专项研究及前后多个相关课题、专题研究基础上，对我国煤炭资源型城市转型高质量发展系统、深层次的理论与实证研究，重点突出煤炭资源枯竭城市转型发展集中比较时期和高质量转型发展延续比较时期的深化研究，经课题、专题研究多种场合相关论证、多次补充调研与后一阶段侧重的深化研究修改成稿。本书得益于多个相关课题、专题研究的重点基础调研，包括对辽宁抚顺市、本溪市、鞍山市、阜新市，江苏徐州市贾汪区，山东淄博市的调研，尤其结合徐州研究课题，对包括徐州市贾汪区在内课题研究范围的采石、采煤矿区，以及生态修复、转型发展做的深入调查研究；整体研究的基础资料分析还包括辽中南工业区的盘锦市、葫芦岛市，以及淮海经济区与淮河生态经济带的徐州市、宿迁市、宿州市、淮北市、枣庄市、济宁市、临沂市、淮南市、平顶山市、滁州市 10 个煤炭为主的资源型城市、多个老工业基地城市；也包括《全国资源型城市可持续发展规划（2013—2020 年）》确定的 262 个资源型城市中各种类型的代表性城市和国外资源型城市中典型的、有代表性的案例分析。这些工作对于本书在研究中宏观与微观研究结合、面与点研究兼顾、模型实证分析和侧重典型的理论与实践研究、比较研究结合，特别是以实证创新填补煤炭资源型城市转型高质量发展全面、系统、深层次深化研究的空白与不足是必不可少的。

煤炭资源型城市转型高质量发展研究尚面临诸多认识不足与未解的难题，需要在实践中不断学习、不断研究深化，而深化研究涉及多个不同模型分析也需要反复比较，需要更多的时间，更多的探索。因此，本书从策划到成稿就是一个不断探索、实证创新的过程。由此，特别感谢前一阶段研究成果，得到国家重点领域创新团队负责人方创琳博导和资深学者、国家发展和改革委员会国土开发与地区经济研究所原所长肖金成博导为组长的博士后中期考核、出站考核专家评审小组的宝贵指导，以及考核全部优秀的高度评价、支持与鼓励。

在本书出版之际，除前一阶段已对提供过帮助的专家小组成员、合作导师、同仁的感谢外，还应感谢相关专题研究参与完成单位徐州市原市政园林局，以及环保局、气象局、国土资源局等政府部门给予调研、资料收集等的大力配合与支持；感谢不同课题专题研究其他调研的相关单位支持；感谢相关研究合作同仁的互相支持；同时，感谢本书参考、引用文献的相关支持；感谢本人相关论文发表的核心期刊等的支持！

感谢中国科学院"一三五"重点培养项目城市生态系统格局、过程与调（YSW2013B04）、

"粤港澳大湾区城市群生态系统辨识与物联网监管技术装备及示范"项目（课题编号：XDA23030100）和中国城市建设研究院有限公司主持的"徐州生态园林城市综合效益评价与绿色发展研究"（课题编号：C17Y16243）等项目的资助与支持！

作者